国家社会科学基金项目

满-通古斯语言文化研究文库

赵阿平 ◎ 主编

满语词汇语义及文化研究

A STUDY OF MANCHU VOCABULARY SEMANTICS AND CULTURE

赵阿平　尹鹏阁 ◎ 著

社会科学文献出版社
SOCIAL SCIENCES ACADEMIC PRESS (CHINA)

满-通古斯语言文化研究文库
编辑委员会

主 编 赵阿平
副主编 郭孟秀
委 员 赵阿平 郭孟秀 哈斯巴特尔
　　　 吴雪娟 唐 戈 阿拉腾
　　　 长 山

"满－通古斯语言文化研究文库"总序

赵阿平

在人类文明漫长的发展进程中，多种形态的诸民族繁衍生息，活动共存；彼此往来，影响交融；亲善友好，冲突战争；开拓疆域，创造文明；互动促进，协调发展，谱写了一页页壮观史篇，共同把人类社会推向前进。不同的民族语言及特有的文化，在各民族的历史进程中，发挥过或继续发挥着凝聚民族整体、振奋民族精神、鼓舞民族进步和发展的巨大作用。每一个民族的语言、文化都是人类文明的重要组成部分，是传承人类历史文明的重要内容和形式，是人类的精神资源与民族根基，是人类世代相传的文化财富。

当今世界科学技术迅猛发展，文明进步快速向前推进，人与人、民族与民族、国家与国家之间的往来、接触、交流、合作日益频繁，由此使得相互间的关系越来越密切，越来越友好。这些对于人类和平美好的未来，对于全球一体化的进程产生了巨大影响，发挥了强大的推动力。同时，在这样多元一体化历史发展的总趋势面前，一个民族或一个国家的特色文化及深层内涵显得更加珍贵，更有价值。尤其是至今仍较完好保存着人类早期社会诸多古老文明和特殊形态结构的民族，今天充分显示出其特有的价值与作用。人们在当今社会难能解释的许多科学命题，会从某些民族的发展足迹中得到启示与答案。正是这个缘故，满－通古斯语言文化研究显示出重要的价值和意义。

满－通古斯语族为阿尔泰语系三大语族之一，主要分布在中国的北方地区、俄罗斯的西伯利亚地区、蒙古国的巴尔虎地区和日本北海道的网走地区。在中国境内，满－通古斯语族包括满语、锡伯语、赫哲语、鄂温克语、鄂伦春语和历史上的女真语，主要分布在黑龙江、内蒙古自治区、新疆维吾尔自治区等省区。满－通古斯语族下分满语支和通古斯语支，满语支包括满语、女真语、锡伯语，通古斯语支包括鄂温克语、鄂伦春语、埃文基语、埃文语、涅基达尔语、赫哲语、那乃语、乌利奇语、奥罗克语、奥罗奇语、乌德盖语等。也有人认为赫哲语、那乃语属于满语支。满－通古斯语族除了与蒙古语族、突厥语族有着密切关系外，还与日本的阿伊努语、日本语、朝鲜语、美国和加拿大等地的爱斯基摩语、因纽特语、印第安语等有着千丝万缕的关系。在该族群中至今保存着人类早期文明的诸多形态和特征，并且该族群相互间关系具有诸多的神秘性与扩散性以及历史来源的复杂性和文化习俗的丰富性。另一方面，该族群中的满族及其先人，在历史发展中曾多次崛起，从渤海国、大金国的建立到一统天下的清王朝，其继承了历史封建王朝的大量遗产，但又带有不同于前代的许多民族文化特征。满族的文治武功、崛起与蹉跎、辉煌与失败，在中国历史和人类文明史上留下了鲜明的印迹。满族走过了一条独具特色的发展道路，为人类文明进程提供了极有价值的宝贵经验与教训。因而，满－通古斯语言文化研究愈来愈引人注目，成为国际学术热点。

20世纪百年来，在国际范围内经过几代专家学者的不懈努力、辛勤探索，满－通古斯语言文化研究取得重大发展，人才辈出，成果丰硕。在中国、日本、美国、韩国、蒙古国、英国、法国、德国、意大利、俄罗斯、加拿大、芬兰、葡萄牙、挪威，涌现了一代接一代、一批又一批的满学专家、满－通古斯语言文化专家。学者们从语言学、民族学、人类学、文化学、历史学、社会学、宗教学、文学、民俗学等不同角度对满－通古斯语言文字、历史文化、社会经济、宗教信仰、文献档案、文学艺术、风俗习惯、生态环境等进行了广泛深入的探讨研究，大量论著、辞书出版，结出丰硕学术成果。关于满学研究的著作、辞书已出版八百多部，关于锡伯、鄂温克、鄂伦春、赫哲语言文化研究的专著、辞书、词汇集等出版了百余部。尤其是《满语研究》《满族研究》《满学研究》等专业学术刊物的创办与发展，刊载大量最新研究成果，使满－通古斯语言文化研究领域更加展示出新的活力和生机。中国作为本领域的主力，充分展示了雄厚的理论优势，并发挥了主导与中心作用，从而将满－通古斯语言文化研究事业推向了更加成熟、更加理论化和科学化的境界。

在满－通古斯语言文化田野调查研究方面成就斐然。中国学者在20世纪40年代后期至70年代后期的30年的时间里，主要是对满－通古斯诸语进行了全面、系统的调查，收集了大量的第一手资料，并对资料进行了分析整理和归类。从80年代初至80年代末的10年中，满－通古斯诸语的专家学者先后多次到满族、锡伯族、鄂温克族、鄂伦春族、赫哲族生活区，对于他们的语言进行了拉网式的田野调查，收集了相当丰厚的第一手语言资料。其中黑龙江省满语研究所自1983年成立以来，长期坚持对东北地区满族语言文化进行调查，特别是对黑龙江省满族聚居村屯的现存满语进行了系统跟踪调查，并获取了大量宝贵的调查资料。20世纪80年代末至21世纪初，濒危语言文化抢救调查得到国家及国际的高度重视，同时，高科技的快速发展也为科研提供了先进的现代化设备，满－通古斯语言文化抢救调查及开发利用进入新阶段。

20世纪90年代以来，有的学者还打破原有的学科界限，对相关问题进行跨学科综合研究，并取得了突破性成果。如对满－通古斯语言与历史文化、满－通古斯语言文化与相关民族语言文化比较、满－通古斯语言文化与人类学等课题进行多层面、多方位综合研究，为本领域研究带来了新的活力与生机，将满－通古斯语言文化研究推向新的高度与广阔的空间。

满－通古斯语言文化研究领域取得了长足的进步，集中表现在相关研究机构的设立和后备人才的培养上。如在中国成立了中国社会科学院民族研究所满－通古斯语研究组、黑龙江省满语研究所、中国第一历史档案馆满文部、辽宁省档案馆满文组、北京社会科学院满学研究所、黑龙江省档案馆满文部、中央民族大学满学所、内蒙古大学满语研究室等研究机构，这些学术机构先后多次开办了满文满语学习班、培训班，培养出了一批满语满文研究方面的人才。同时，中央民族大学、内蒙古大学、黑龙江大学、东北师范大学等还培养出了数十名满－通古斯语言文化专业的学士、硕士和博士，为满－通古斯语言文化研究的深入发展培养了高层次人才。另外，在全国相关民族地区还成立了满－通古斯语学会、满学学会、鄂伦春研究会、鄂温克研究会、锡伯研究会、赫哲研究会等诸多学术团体，推动了满－通古斯语言文化研究的广泛深入发展。

自20世纪80年代以来，满－通古斯语言文化学术交流在国际范围内更加频繁丰富。如访问讲学、双边研讨、合作课题、交换成果、查阅资料以及田野调查等。在中国、日本、美国、德国、韩国等都举办过相关的学术研讨会。如：1992年于中国北京举办的"首届国际满学研讨会"，1996年于中国哈尔滨举办的"满－通古斯语言文化学术研讨会"，1999年于北京举办的"第二届国际满学研讨会"，2000年于中国海拉尔举办的"首届国际通古斯语言文化学术研讨会"，2000年8月在德国波恩召开的"第一届国际满－通古斯学大会"，2001年在中国哈尔滨举办的"21世纪满－通古斯语言文化与人类学学术研讨会"，2002年于中国北京举办的"第三届国际满学研讨会"，2003年于中国抚顺举办的"第四届国际满学暨赫图阿拉建城400周年学术研讨会"，2004年8月于中国呼伦贝尔举办的"国际满－通古斯语言文化学术研讨会"暨"第二届国际通古斯语言文化学术研讨会"，2009年7月于中国昆明举办的国际人类学与民族学联合会第16届世界大会之"满－通古斯语言文化与人类学学术研讨会"，2013年6月于中国哈尔滨举办的"国际满－通古斯学学术研讨会"，等等。国内外专家学者共同探讨满－通古斯语言文化诸方面的学术问题，不断推进该领域学术研究深入发展。

满－通古斯语言文化研究在20世纪百年中的重大发展，主要体现在研究成果丰硕、研究方法创新、研究机构建立、研究人才培养、学术国际交流、独立学科形成等诸方面。经海内外专家学者的长期共同努力，到20世纪90年代，满学开始从人文学科中分离出来，逐渐形成为一门独立的学科；通古斯学亦日趋发展成熟。满－通古斯学作为世界性学问，越来越引起人们的极大兴趣与关注，这一民族之学、科学之学已成为国际学术热点，在21世纪将迎来研究发展的兴旺与繁荣。

"满-通古斯语言文化研究文库"总序

21世纪，人类走进科学技术高速发展的知识经济时代，经济全球化、文化全球化，使人类文明进程充满了新的生机与希望。随着人类发展步伐日益加快，经济全球化也日益加速，强势语言文化对于周边国家以及发展中国家的渗透日趋突出，其结果是各种各样、丰富多彩的优秀传统文化的生存遇到了空前危机，进而许多民族的十分宝贵而有显著特色的语言文化开始走向濒危、面临消亡。满-通古斯语言文化面临着严峻的挑战，固有的传统文化习俗正一天天被削弱和退出历史舞台。在这种情况下，如何抢救濒临消亡的满-通古斯语言文化遗产；如何深入研究这些民族语言文化产生、发展的过程、特征及其在人类文明史中的地位与作用；如何揭示满-通古斯语族内部语言文化相互联系渗透以及同相关民族语言文化彼此间的影响与互动，从而为人类文明发展的普遍规律与特殊案例提供科学而生动的学术论证。这正是新世纪所赋予我们的重要时代课题。

世纪之交，继往开来。纵观满-通古斯语言文化研究在20世纪的百年足迹，从小到大，从局部到全面，从实践到理论，走过了一个十分成功而科学的历程。展望21世纪满-通古斯语言文化研究的发展，我们将在继续深化满-通古斯语言文化理论研究的基础上，拓展应用研究，从文化人类学的角度对满-通古斯语言文化进行多方位综合研究。满-通古斯语言文化理论深层次研究，满-通古斯语言文化与相关学科结合研究，满文文献的整理、科学分类研究，满-通古斯语言文化的抢救调查及有关资料的数字化处理、科学保存研究，满-通古斯语言文化的内部比较研究与外部相关语言文化的比较研究以及后继人才培养等将是我们继续深入开展的重要工作。

为系统总结和展示20世纪以来满-通古斯语言文化的研究成果，开创21世纪满-通古斯语言文化研究新的未来，黑龙江大学满族语言文化研究中心策划编辑出版这套"满-通古斯语言文化研究文库"系列丛书，有关专著、编著、论文集等将陆续收入本文库中。本文库侧重收录以满-通古斯语言为切入点研究该语族语言、历史、文化诸方面的论著。该文库的研究及连续出版不仅能够推动满-通古斯语言文化研究及阿尔泰学研究的深入发展，而且对语言学、历史学、文化学、人类学、民族学、宗教学、考古学、民俗学、文学、社会学等相关学科研究也将起到一定的促进作用。

这套文库的策划与编辑出版得到了本学科及相关学科专家学者的赞同与大力支持。在第一套文库编辑出版时，我们更感荣幸的是学界泰斗王锺翰先生、清格尔泰先生对本文库给予了特别的重视与指导。第一套文库的编辑出版还得到了黑龙江大学的高度重视与大力资助，尤其是衣俊卿校长和研究生处张政文处长，对于该项目的策划、实施给予了切实的关注与指导。

继第一套文库编辑出版后，在黑龙江大学高度重视与大力支持下，在张政文校长、丁立群副校长、重点建设与发展工作处张颖春处长关切指导下，承蒙社会科学文献出版社的鼎力支持，经人文分社社长宋月华、总编辑李建廷的精心策划设计，又将持续进行第二套文库的编辑出版，推出研究新成果。

可以说，该文库的持续编辑出版，不仅汇集展示了该领域研究的部分学术成果，而且凝聚着学术界、出版界等多方面的真诚关注与深切期望。作为编者，我们深感荣幸，谨致以崇高的敬意与诚挚的谢意。

我们希望今后国内外满－通古斯语言文化研究的专家学者进一步加强联系，互通信息，密切合作，对重大课题、难点课题进行联合攻关，从而取得突破性成果。21世纪是信息发达的世纪，是高科技发达的世纪，借助于最新的科技方法、手段，将使满－通古斯语言文化调查、研究、教学等诸项工作提高到一个新的层次。我们相信，在国内外学者的共同努力下，在21世纪的发展中，满－通古斯语言文化研究将取得更多的成果，发挥更大的作用，为人类文明进步做出新的贡献。

由于我们能力与资料收集的局限，呈现在读者面前的这套文库一定有诸多不足，我们恳切希望诸位给予批评指正。

2013年6月

目 录

绪　论	001
第一章　满语词汇语义概论	008
第一节　满语词的构成	009
第二节　满语词的组合类型	022
第三节　满语词汇语义结构	033
第四节　情态动词语义分析	042
第二章　满语词汇特点	050
第一节　渔猎骑射词语繁多	050
第二节　动词形态变化复杂	057
第三节　满语借词量大丰富	061
第三章　满语词汇语义辨析	066
第一节　同义词语义辨析	066
第二节　多义词语义辨析	087
第三节　同音词语义辨析	104
第四章　满语八旗制度词语文化语义	110
第一节　niru 牛录文化语义	110
第二节　jalan 甲喇文化语义	114
第三节　gūsa 旗文化语义	116

第五章　满语饮食服饰词语文化语义⋯⋯⋯⋯⋯⋯⋯⋯⋯⋯ 120

　　第一节　饮食服饰词语物质文化语义⋯⋯⋯⋯⋯⋯⋯⋯ 120

　　第二节　饮食服饰词语礼制文化语义⋯⋯⋯⋯⋯⋯⋯⋯ 132

　　第三节　饮食服饰词语政治文化语义⋯⋯⋯⋯⋯⋯⋯⋯ 140

第六章　满语动物词语文化语义⋯⋯⋯⋯⋯⋯⋯⋯⋯⋯⋯⋯ 149

　　第一节　野猪类词语文化语义⋯⋯⋯⋯⋯⋯⋯⋯⋯⋯⋯ 149

　　第二节　鹰类词语文化语义⋯⋯⋯⋯⋯⋯⋯⋯⋯⋯⋯⋯ 156

　　第三节　鹿类词语文化语义⋯⋯⋯⋯⋯⋯⋯⋯⋯⋯⋯⋯ 166

　　第四节　犬马词语文化语义⋯⋯⋯⋯⋯⋯⋯⋯⋯⋯⋯⋯ 175

　　第五节　蛇虎豹词语文化语义⋯⋯⋯⋯⋯⋯⋯⋯⋯⋯⋯ 180

第七章　满语词汇语义发展变迁⋯⋯⋯⋯⋯⋯⋯⋯⋯⋯⋯⋯ 187

　　第一节　政治词语语义发展⋯⋯⋯⋯⋯⋯⋯⋯⋯⋯⋯⋯ 187

　　第二节　文化观念词语语义变迁⋯⋯⋯⋯⋯⋯⋯⋯⋯⋯ 197

　　第三节　故宫满文门匾语义变迁⋯⋯⋯⋯⋯⋯⋯⋯⋯⋯ 209

主要参考文献⋯⋯⋯⋯⋯⋯⋯⋯⋯⋯⋯⋯⋯⋯⋯⋯⋯⋯⋯ 218

后　　记⋯⋯⋯⋯⋯⋯⋯⋯⋯⋯⋯⋯⋯⋯⋯⋯⋯⋯⋯⋯⋯ 229

绪　论

满语是满族文化的载体，承载着深厚丰富的民族文化内涵。满族及其先人在历史上曾三次崛起并建立政权，以其跨越式的发展在中国历史上留下了辉煌的足迹。在清代，满语文被定为"国语""清文"，通行全国，为推进社会发展、丰富中华民族文化宝库起了重要作用。因此，丰厚的满族语言文化遗产是我国乃至世界文化遗产中的珍宝，满族语言文化研究成为国际学术热点。

本研究在收集整理清代典籍满语书面语词汇与相关研究成果的基础上，参考相关满文文献、历史文化资料及大量现存满语资料，运用词汇语义学、文化语言学、社会语言学、结构语言学、比较语言学的理论方法，从词汇学和语义学的角度对满语词汇语义具体问题进行系统深入的研究探讨。系统、科学地描写满语词汇语义全貌，在理论上对满语词汇语义现象进行科学分类和归纳，揭示出满语词汇语义特点，力图为建构完善的满语语音、语法、词汇语义理论体系做出贡献。

一　满语词汇语义研究现状

满语词汇语义研究是满语基础理论研究的重要组成部分，作为满语基础理论与应用研究的重点、难点课题，相对于研究系统深入的满语语音、语法而言，至今研究成果甚少，仅为初步开创性探索研究。主要成果如《满族语言与历史文化》[①]《满语中的多义词、同义词、反义词》[②]《满语语义

[①] 赵阿平：《满族语言与历史文化》，民族出版社，2006。
[②] 屈六生：《满语中的多义词、同义词、反义词》，《满语研究》1986年第2期。

文化内涵探析》①《论满语词的构成》②《论满语词汇的特点》③《满语多义词与同音词的辨别与运用》④《满汉谚语语义辨析》⑤《试论满语语义与文化》⑥《满语同义词的辨析与运用》⑦《满语中动物词语的文化含义》⑧《颜色词"白色"的民族文化内涵义》⑨等。这些成果对于满语词汇语义的研究具有突破性意义，初步奠定了研究的基础，但尚未形成系统全面深入的研究成果，满语基础理论建设与学科建设亟须相应研究推进发展。

在本项目的研究过程中，我们持续对满语现存区黑龙江省富裕县三家子村、黑河等地进行了广泛而深入的田野调查，收集语音、语义、词汇、语法相关的语言材料与比较研究资料。在充分占有丰富的田野调查资料和文献资料的基础上，参阅国内外有关的文献资料与研究成果，将理论与实际相结合，对满语词与词之间的各种关系，语义的基本义、引申义、文化义进行全面、系统的科学分析和理论探讨。同时，对满语词汇语义发生变化的社会背景进行考察分析，进而对满语和相关语言进行比较研究，揭示满语词汇语义所蕴含的丰富历史文化内容及特点，为进一步揭示和研究语言词汇语义理论深层问题提供具体剖析的案例。因此，该项成果对语言学研究中的重点、难点问题——词汇语义研究具有实际的参考意义与应用价值，并且对于深入研究中国各民族的历史关系，认识中华民族多元一体格局的复杂性，促进中国少数民族语言与历史的整体研究，也具有重要的价值与意义。

在语言构成的语音、语法、词汇三要素中，词汇的历史性和文化

---

① 赵阿平：《满语语义文化内涵探析》，《满语研究》1992年第2期，1993年第1期，1994年第1、2期。
② 赵阿平：《论满语词的构成》，《满语研究》1989年第2期。
③ 赵阿平：《论满语词汇的特点》，《满语研究》1990年第1期。
④ 赵阿平：《满语多义词与同音词的辨别及运用》，《满语研究》1991年第2期。
⑤ 赵阿平：《满汉谚语语义辨析》，《满语研究》1992年第1期。
⑥ 赵阿平：《试论满语语义与文化》，《民族语文》1993年第5期。
⑦ 肖可：《满语同义词的辨析与运用》，《满语研究》1991年第1期。
⑧ 赵阿平：《满语中动物词语的文化含义》，《满语研究》1995年第2期，1996年第1期。
⑨ 肖可：《颜色词"白色"的民族文化内涵义》，《满语研究》1995年第1期。

性最为深厚。词汇语义是语言中最活跃的部分，一个民族的词汇语义系统最能反映该民族的社会变迁和文化价值取向，揭示该民族的心理素质。语言和文化之间具有密切的依存关系，各民族语言中承载着丰厚的民族文化内涵，特定的文化与特定的语言之间，有着深刻的历史和现实的内在联系，尤其是语义系统体现出更为深厚的民族历史性和文化性。语言作为文化记录的化石，生动地折射出所有文化成果与信息。因此，单纯分析各民族语言的语音和语法，不足以反映该语言的特点，必须将语言放入具体的民族之中，才能真正反映该民族语言的主要特征。其证明了内语言的存在，而且让我们注意到内语言与民族文化的依存关系。

二 满语词汇语义研究的价值

1. 学术理论价值

满语词汇语义研究可以系统、科学地描写满语词汇语义全貌，在理论上对满语词汇语义现象进行科学分类和归纳，科学概括满语词汇语义特点，在以往满语语音、语法研究成果基础上，建构完整的满语基础理论体系。本研究将全面推进满语理论研究的深化，为满语学习者、研究者提供全面、系统、科学的满语基础理论知识，以指导他们循其规律特点制定相应的学习方法与研究方法，达到实际运用的目的。

2. 历史文化价值

语言作为文化记录的化石，生动地折射出所有文化成果与信息。满族语言尤其是语义系统充分反映了满族历史文化的丰富内涵及其特征。满语词汇语义研究对于满族历史文化研究、中国民族史研究、文化人类学研究、满－通古斯诸语言文化的起源发展研究、阿尔泰诸语言文化的比较研究、满语言文化与汉语言文化关系研究等都具有重要的学术价值与应用价值，可提供科学依据与参考。

3. 满文文献研究价值

满语词汇语义的系统研究，对于满文文献翻译开发具有重要的理论与应用指导意义。在清代 268 年的历史中，汇集了浩如烟海的满文档案史料，全国现存满文档案史料二百多万件（册），内容丰富，涉及面广。大量珍贵的满文史料开发研究，对于古今社会诸学科的研究，都具有极其重要的科学价值。

4. 应用价值

本研究可为保护满族语言文化遗产与历史文化综合研究提供科学、系统、完备的基础理论指导，为满语词典的编撰与满语数据库的建设提供科学可靠的依据。

三　主要研究内容、基本观点及研究思路、研究方法、创新之处

1. 主要内容

本书运用词汇语义学、文化语义学、结构语言学、社会语言学、历史语言学、文化语言学等多种理论方法，主要以清代典籍满语书面语词汇及相关满文文献、历史文化资料为研究对象，并以大量现存的满语语音、语义、词汇、语法相关语言材料为参考，从词汇学和语义学的角度对满语词汇语义具体问题进行系统深入的研究探讨。

（1）满语词汇特点研究

满语词汇特点研究是满语词汇语义研究的首要任务。满语作为具有悠久历史的民族语言，既有人类交际工具的共同性，又具有以特定民族形式来表达思想的民族特点。正是由于满语具体的语言特点，才使其成为重要的民族标志。满语词汇特点研究主要涉及满语词汇的构词特点和方法、满语词的组合类型、满语词汇的民族文化特点。

（2）满语词与词之间的各种关系研究

满语词与词之间的各种关系研究是本课题研究的重要方面。语义学的研究内容主要在于词语的意义和结构，词与词间的各种意义关系（如同

义词、反义词)。本研究主要从满语词与词之间的各种关系切入,如同义词、多义词、反义词、同音词等,分析词语之间的细微差别。

(3)满语词汇语义与历史文化研究

满语词汇语义与历史文化是本课题研究的重点。语言是文化的载体,在语言构成的语音、语法、词汇三要素中,词汇的历史性和文化性最为深厚。词汇文化语义正是通过研究一种语言所蕴含的文化内涵来发掘文化与语义的作用规律。词汇作为语言意义的主要载体,在其产生之初,从形式到内容便带上了该语言民族的文化烙印。一个民族的词汇语义系统最能反映该民族的社会变迁和文化价值取向,揭示该民族的心理素质。因此,词汇语义研究又与社会语言学、历史语言学、文化语言学、应用语言学、心理语言学等学科有关。本研究通过对满语词义分析、满语词汇与文化关系、满语名物词的释义、满语特有词语的文化语义等,阐释满语词汇语义的文化内涵及其演变。

2. 基本观点及研究思路

(1)基本观点

其一,满语作为具有悠久历史的民族语言,既有人类交际工具的共同性,又具有以特定民族形式表达思想的民族特点。正是满语具体的语言特点,才使其成为重要的民族标志。满语由于长期受汉语等周边语言的影响,不仅在语音结构以及语音组合规律等方面产生了一定的变化,在语义结构上也发生了一些变异,在语义上受社会环境影响,发生引申、转换等变化。满语在与汉语等相关语言的接触中,产生影响、吸收、融合等现象。

其二,在语言构成的语音、语法、词汇三要素中,词汇的历史性和文化性最为深厚。词汇是语言中最活跃的部分,一个民族的词汇系统最能反映该民族的社会变迁和文化价值取向,揭示该民族的心理素质,因此,词汇语义研究又与社会语言学、历史语言学、文化语言学、应用语言学、心理语言学等学科有关。

其三,满语词汇语义研究可以系统、科学地描写满语词汇语义全貌，对满语词汇语义现象进行科学分类和归纳，科学概括满语词汇语义特点，在以往满语语音、语法研究成果基础上，建构完整的满语基础理论体系。

（2）研究思路

本研究在收集整理清代典籍满语书面语词汇与相关研究成果的基础上，参考相关满文文献、历史文化资料及大量现存满语材料，运用词汇语义学、文化语义学、结构语言学、社会语言学、历史语言学、文化语言学等多种理论方法，从词汇学和语义学的角度对满语词汇语义具体问题进行系统深入的研究探讨。系统、科学地描写满语词汇语义全貌，在理论上对满语词汇语义现象进行科学分类和归纳，科学概括满语词汇语义特点，在以往满语语音、语法研究成果基础上，建构完整的满语基础理论体系。通过对满语词汇语义的分析释义，揭示其内蕴的文化现象。将理论研究与应用研究相结合，揭示满语民族词汇特点，深入研究满族历史文化、民族关系，探索满语词汇语义形成、演变、发展的规律，为推进民族语言学、阿尔泰学、民族学研究提供实证科学依据。

3. 研究方法

运用语义阐释法、构词分析法、文化结构分析法、文化背景考察法、语言比较法、文化差异比较法等对满语词汇语义及历史文化内涵进行多方位综合研究。通过对满语词汇语义的分析释义，系统、科学地描写满语词汇语义全貌，揭示其内蕴的文化现象，探索满语词汇语义形成、演变、发展的规律。将理论研究与应用研究相结合，配合满族语言文化田野调查与满文史料、历史文化资料研究，揭示满语词汇民族特点，深入研究满族历史文化及民族关系。

4. 创新之处

（1）本课题是对满语词汇语义的全面、系统研究，具有基础理论研究与应用研究的创新性。

（2）通过对满语词汇语义的分析释义，揭示其内蕴的文化现象及历时的复杂性与共时的交叉性。

（3）对于揭示满语民族词汇特点，深入研究满族历史文化、民族关系等具有科学价值与重要意义。

第一章　满语词汇语义概论

词在语言中占有重要地位，每一个词都是语言的微观世界，是文献、文化的缩影。而词的核心是词义，因此，研究词所承载的语义便成为语言学研究的重点课题之一。满语词汇语义研究是满语基础理论研究的重要组成部分，主要研究满语词的内部构造、词的形成发展及其规范、语词之间的语义联系、词义运动及词义系统。

本研究运用词汇语义学、文化语义学、结构语言学、历史语言学等理论方法，主要对满语词的构成、满语词的组合类型、满语词汇语义结构进行分析。满语词的构成类型，可以分为根词、派生词、合成词三类。满语词的组合类型，根据词与词之间的不同结构关系，可归纳为主谓结构、动宾结构、联合结构、偏正结构、补谓结构、后置结构、方位结构、数量结构、助动结构、同位结构十种基本结构。满语词汇的语义结构，主要是对满语词根与附加成分的语义关系进行概略分析，讨论的附加成分，是具有一定代表性的现象。通过分析这些词根（词干）与附加成分的语义关系，对满语词的结构研究具体化、深入化，从而客观了解满族早期语言的构词心理特征及其语义结构特点。

本书采用的满语词汇以清代典籍满语书面语词汇及相关满文文献为依据，主要来源于清朝《御制清文鉴》[①]《御制增订清文鉴》[②]《御制五体清文

[①] 清圣祖玄烨敕撰《御制清文鉴》二十卷，清康熙四十七年武英殿刻本。
[②] 清高宗弘历敕撰《御制增订清文鉴》四十七卷，清乾隆三十六年武英殿刻本。

鉴》①《清文总汇》②《大清全书》③《同文广汇全书》④等,并以调查的现存满语词汇语料为参考,从词汇学和语义学的角度对满语词汇语义的具体问题进行系统深入的研究探讨。

第一节　满语词的构成

词是语言中可以独立运用的最小单位,是由词素构成的,是比词素高一级的单位;词素是音义结合的最小单位,是词的构成要素,不能独立运用。一个词可以由一个词素构成,也可以由两个或者更多的词素构成。例如,anakū jui(遗腹子)这个词是由 anakū(钥匙)与 jui(儿子)这两个词素构成的,但在另外的语言片段里,anakū 与 jui 就不是词素而是词了。如 jui de anakū bi(儿子有钥匙)一句中的 anakū 与 jui 都是能独立运用的词,只不过都是一个词素构成的词罢了。anakū 与 jui 一经组合在一起,就失掉了各自的独立性,被固定在一起成为一个整体,作为一个新的语言单位,表达一个新的思想内容。所以 anakū jui 是由两个词素构成的一个词,两个词素之间的关系非常紧密,不允许插进其他成分。

一　满语词的构成要素

词素　它是词的构成要素,它包括词的一切构成部分,如词根、前缀、后缀、中缀、词尾等。在不同的语言里,词素的表现形式也各不相同。就满语而言,主要有以下两种。

词根　它是词的主要组成部分,是词义的基础,又称词根词素。如 asuci(网户)的 asu(网)、bithesi(笔帖式)的 bithe(书)、bonombi(下雹了)的 bono(雹)、budalambi(吃饭)的 buda(饭)等。这些词

---

① (清)志宽、培宽等编《清文总汇》,光绪二十三年荆州驻防翻译总学刻本。
② 《御制五体清文鉴》,民族出版社,1957。
③ (清)沈启亮编《大清全书》,康熙二十二年京都宛羽斋刻本。
④ 《同文广汇全书》,康熙三十二年听松楼藏版。

根都可单独构成词。

附加成分 它是依附于词根的词素，即加在词根上表示不同的词汇意义或语法关系的部分，又称附加词素。附加词素主要有下列两种。

1. 后缀 加在词根后面的构词成分，如 namusi（库丁）的 si、ulgiyaci（猪皮）的 ci、boiguji（主人）的 ji、hūlhatu（惯盗）的 tu 等。

2. 词尾 加在词根或后缀之后只表达语法意义的词素，如 jihe（来了）的 he、araha（写了）的 ha、tucike（出了）的 ke、dosika（进了）的 ka、hahasi（男人们）的 si、eyute（姐姐们）的 te 等。

词素既可以构形，也可以构词。前者表示语法意义，后者表示词汇意义。另外，词干必须有词根词素，可以包括附加词素，也可以没有附加词素。词干表示词汇意义，是不变的部分，属于构词法的范围。词尾与词干不同，词尾表示语法意义，是可变的部分，属于构形法的范围。

二 满语词的构成

满语词按其构造可以分为根词、派生词、合成词三类。

（一）根词

根词是词汇里最原始、最单纯、最基本的词，是基本词汇的核心。在根词的基础上可以产生出许多别的词来。

根词大多数是单音节的或双音节的，以双音节的根词为最多，三个音节的根词较少。

单音节的根词，如：

deo	弟弟	non	妹妹	jui	儿子	šan	耳朵
boo	房子、家	šun	太阳	biya	月亮	na	地
bi	我、有	si	你	be	我们	ai	什么
se	岁	sun	（牛）奶	sui	罪	juwan	十
bi-	有	je-	吃	te-	坐	se-	说
ce-	支起	ša-	瞧	doo-	渡	tū-	打（鼓）

双音节的根词，如：

ama 爸爸	eme 妈妈	eyun 姐姐	ahūn 哥哥
uju 头	gala 手	yasa 眼睛	bethe 脚
abka 天	muke 水	edun 风	aga 雨
emu 一	jakūn 八	dehi 四十	minggan 千
ihan 牛	ulgiyan 猪	morin 马	honin 羊
omi- 喝	etu 穿	yabu 走	ili- 停、站立
sabu- 看见	tuci 出	dosi 入	amga- 睡

三个音节的根词，如：

oforo 鼻子	nimaha 鱼	umiyaha 虫	julergi 南、前
amargi 北、后	ajige 小	mederi 海	nenehe 从前
cimari 明天	enenggi 今天	amala 后	fejergi 下

（二）派生词

派生词是在词根上加各种构词附加成分构成的。同一个词根加不同的构词附加成分可以构成不同的派生词。

下面介绍一下满语中常用的构词附加成分。

1. 构成名词的构词附加成分

接在名词词干上派生出名词的构词附加成分主要有 si、ci、tu、hi、ji、ju、ri、kū、ku、can、cen、lon、bun、tun、cin 等。

（1）在名词的词干上缀以附加成分 si 构成的派生名词。例如：

sejen 车 —— sejesi 车夫　　usin 田 —— usisi 农夫
mucen 锅 —— mucesi 厨子　　yafan 园 —— yafasi 园丁
ihan 牛 —— ihasi 犀　　namun 库 —— namusi 库丁
okto 药 —— oktosi 医生　　alban 官（家）—— albasi 当差人

（2）在名词的词干上缀以附加成分 ci 构成的派生词。例如：

sejen 车 —— sejeci 车户　　ihan 牛 —— ihaci 牛皮
buda 饭 —— budaci 厨子　　adun 牧群 —— aduci 牧马人
asu 网 —— asuci 网户　　ulgiyan 猪 —— ulgiyaci 猪皮

011

cagan 书 —— cagaci 书吏　　　　niman 膻羊 —— nimaci 羊皮

（3）在名词的词干上缀以附加成分 tu、hi 构成的派生名词。例如：

meihe 蛇 —— meihetu 鳝鱼　　　　yali 肉 —— yalitu 胖子

algin 名望 —— algintu 有名望者　　hūlha 小偷 —— hūlhatu 惯盗

niyaki 鼻涕 —— niyakitu 流鼻涕的人　dobi 狐狸 —— dobihi 狐狸皮

（4）在名词的词干上缀以附加成分 ji、ju、ri 构成的派生名词。例如：

bana 地方 —— banaji 土地神　　　boigon 户 —— boigoji 主人

jeku 粮食 —— jekuju 稷、五谷之神　boigon 土 —— boigoju 社、土地神

afaha 单子 —— afahari 签子　　　buka 公绵羊 —— bukari 土蝼

hengke 瓜 —— hengkeri 瓟（小瓜）　tugi 云 —— tugiri 荷包豆

（5）根据元音和谐律在名词的词干上分别缀以附加成分 kū、ku 构成的派生名词。例如：

muduri 龙 —— mudurikū 兽吻　　　tonio 棋 —— tonikū 棋盘

nimašan 芝麻雕 —— nimašakū 快船　use 种子 —— useku 篓斗

mengse 幔子 —— mengseku 门帘　　fengse 盆子 —— fengseku 小盆子

（6）根据元音和谐律在名词的词干上分别缀以附加成分 can、cen、lon、bun、tun、cin 等构成的派生名词。例如：

mihan 小猪仔 —— mihacan 野猪仔

suhe 斧子 —— suhecen 小斧子

yarha 豹 —— yarhacin 狻　　　　doro 道 —— dorolon 礼

tuwali 类 —— tuwalibun 类别　　　deo 弟 —— deocin 悌

fulen 故事 —— fuletun 古董

从以上所举例词中可以看出，以辅音 n 结尾的名词后接附加成分派生新的名词时，其辅音 n 绝大多数脱落。

接在动词词干上派生名词的构词附加成分主要有 kū、ku、han、gan、hen、ba、be、si、su、ci、ju、ri、bun、cun、fun、tun、li、tu、n 等。[1]

---

[1] 赵阿平：《满语词汇语义研究》，《西北民族研究》2015 年第 1 期。

（1）根据元音和谐律在动词词干上分别缀以附加成分 kū、ku 构成的派生名词。例如：

soktombi 醉 —— siktokū 醉鬼　　hašambi 刷 —— hašakū 刷帚
obombi 洗 —— obokū 脸盆　　bodombi 算 —— bodokū 算盘子
alimbi 承受 —— alikū 盘子　　kambi 围 —— kakū 闸门
fiyotombi 放屁 —— fiyotokū 屁板虫
sifimbi 插 —— sifikū 簪子　　erimbi 扫 —— eriku 扫帚
sitembi 撒尿 —— siteku 尿炕精　　niyelembi 碾 —— niyeleku 碾子
nerembi 披 —— nereku 斗篷　　jembi 吃 —— jeku 粮食
injembi 笑 —— injeku 笑柄　　birembi 擀 —— bireku 擀面杖
efimbi 戏耍 —— efiku 戏具

（2）根据元音和谐律在动词词干上分别缀以附加成分 han、gan、hen 构成的派生名词。例如：

hadambi 钉 —— hadahan 钉子　　lifambi 陷 —— lifahan 陷泥
hašambi 围、挡 —— hašahan 帷帐
nirumbi 画之 —— nirugan 画
jasimbi 寄 —— jasigan 信
fadambi 使法术 —— fadagan 法术
sumbi 解 —— suhen 疏　　juktenmbi 祀 —— juktehen 寺

（3）根据元音和谐律在动词词干上分别缀以附加成分 ba、be 构成的派生名词。例如：

olhombi 慎惧 —— olhoba 小心、谨慎
kirimbi 忍耐 —— kiriba 能忍耐的人
kicembi 勤 —— kicebe 勤勉　　serembi 知觉 —— serebe 精细人

（4）在动词词干上分别缀以附加成分 si、ci、ju、ri 构成的派生名词。例如：

tukiyembi 举 —— tukiyesi 举人　　uculembi 唱 —— uculesi 歌童
karmambi 保 —— karmasi 主保　　kadalambi 管 —— kadalasi 主管
ulebumbi 喂 —— ulebusi 牛羊吏

kūwalambi 揭剥 —— kūwalaci 磨毛皮的板

ukambi 逃 —— ukanju 逃人　　bukdambi 折 —— budari 折子

（5）在动词词干上分别缀以附加成分 bun、fun、tun、li、n、tu 构成派生名词。例如：

ejembi 记 —— ejebun（传）记　　narambi 恋 —— naracun 恋

hadumbi 割 —— hadufun 镰刀

sektembi 垫 —— sektefun 垫子、坐褥

ejembi 记 —— ejetun 志　　uhumbi 卷 —— uhutu 手卷

belhebi 备 —— belhetu 储将　　bucembi 死 —— buceli 鬼魂

anahūnjambi 谦让 —— anahūnjan 让

niyecembi 补 —— niyecen 补丁

接在形容词词干上派生出名词的构词附加成分主要有 si、ki、tu、ri、kū、ca、cun 等。

（1）在形容词词干上分别缀以附加成分 si、ki 构成的派生名词。例如：

asikan 小些 —— asikasi 小物件、小东西

ambakan 大些 —— ambakasi 大些的

hanci 近 —— hanciki 近处　　goro 远 —— goroki 远处

（2）在形容词词干上分别缀以附加成分 tu、ri、kū、ca、cun 构成的派生名词。例如：

hūlhi 糊涂 —— hūlhitu 糊涂人　　ehe 恶 —— ehetu 镜（兽名）

turga 瘦 —— turgatu 瘦人　　halhūn 热 —— halhūri 胡椒

wangga 香 —— wanggari 香橼　　ehe 恶 —— ehecun 嫌隙

halukan 温暖 —— halukū 厚棉裤

sahahūn 淡黑 —— sahalca 黑貂皮

接在个别数词词干上派生名词的构词附加成分主要有 tu、da 等。例如：

minggan 千 —— minggatu 千总　　mingga 千 —— minggada 千户

tanggū 百 —— tanggūda 百户

2. 构成动词的构词附加成分

由名词派生的动词

（1）在名词词干上直接缀以动词词尾 mbi 构成的动词。以辅音 n 结尾的名词构成动词时，辅音 n 多数脱落。例如：

arsun 芽 —— arsumbi 发芽　　gecen 霜 —— gecembi 下霜

aga 雨 —— agambi 下雨　　　hefeli 肚子 —— hefilibi 怀之

yamji 晚 —— yamjibi 天黑　　irgebun 诗 —— irgebumbi 作诗

bono 雹 —— bonombi 下雹子　tarkiyan 闪 —— tarkiyambi 打闪

应该指出，虽然动词词尾 mbi 不是构词附加成分，而是表示语法意义的部分，但在满语中，有些名词词干上缀以动词词尾 mbi 确实能构成一个词，这是满语构词法中的一个特点。从而也正说明了在有些语言里，构词法和构形法不是截然分开的。

（2）根据元音和谐律在名词词干上分别缀以附加成分 li、le、lo，其后再加动词词尾 mbi 构成的派生动词。例如：

amtan 味 —— amtalambi 尝　　buda 饭 —— budalambi 吃饭

bata 敌 —— batalambi 为仇　　amsun 膳 —— amsulambi 用膳

edun 风 —— edulambi 中风　　erun 刑 —— erulembi 用刑

ithe 书 —— bithelembi 寄书

undehen 板子 —— undehelembi 打板子

horon 威 —— horolombi 施威　ošoho 爪 —— ošoholobi 用爪

doro 礼 —— dorolombi 行礼　 donho 石灰 —— doholombi 抹石灰

（3）根据元音和谐律在名词词干上分别缀以附加成分 ne、ne、nu、ra、re，其后再加动词词尾 mbi 构成的派生动词。例如：

niyahara 嫩叶 —— niyaharanambi 生、长（嫩叶）

niyaki 脓 —— niyakinambi 生脓

belge 粒 —— belgenembi 结（粒）

ulu 梁、脊 —— ulunumbi 起（梁、脊）

nikan 汉人 —— nikanrambi 说汉语

manju 满州 —— manjurambi 说满语

menen 呆子 —— menerembi 麻木

（4）根据元音和谐律在名词词干上分别缀以附加成分 da、de、do、to、tu、mi、ša、še，其后再加动词词尾 mbi 构成的派生动词。例如：

arga 办法 —— argadambi 用计　　jili 怒 —— jilidambi 生气

ceku 秋千 —— cekudembi 荡（秋千）

bušuku 精怪 —— bušukudembi 招惹（精怪）

yobo 戏谑人 —— yobodombi 取笑、戏谑

holo 假、谎 —— holdombi 撒谎、虚假

goho 卖俏人 —— gohotombi 卖弄

ulin 财 —— ulintumbi 贿赂　　　　bele 米 —— belelimbi 碾（米）

doko（衣）里儿 —— dokolimbi 放（衣里儿）

šusiha 鞭子 —— šusihašambi 乱打（鞭子）

nimaha 鱼 —— nimahašambi 打鱼

hebe 谋、议 —— hebešembi 商议

uru 是（非）—— urušembi 同意

由形容词派生的动词

（1）在形容词词干上直接缀以动词词尾 mbi 构成的动词。（以辅音 n 结尾的形容词在构成动词时，其辅音 n 多数脱落。）例如：

ice 新 —— icembi 染、漂（白）　　bayan 富 —— bayambi 富裕

jalu 满 —— jalumbi 满

bolgo 清、净 —— bolgombi 弄干净

necin 平 —— necimbi 惹，侵犯

（2）根据元音和谐律在形容词词干上分别缀以附加成分 la、le、ra、re、ša、še，其后再加动词词尾 mbi 构成的派生动词。例如：

hūdon 快 —— hūdulambi 快　　hahi 急 —— hahilambi 紧急

beki 坚固 —— bekilambi 加固

016

untuhun 空 —— untuhulembi 空虚

teksin 齐 —— teksilembi 齐之　　amba 大 —— ambarambi 扩大

hatan 暴躁 —— hatarambi 暴戾

ehe 坏、恶 —— eherembi 反目、变坏

mangga 难 —— manggašambi 为难　tulhun 阴 —— tulhušembi 阴

narhūn 细、密 —— narhūšambi 精细、密

（3）根据元音和谐律在形容词词干上分别缀以附加成分 ja、je、da、de、do，其后再加动词词尾 mbi 构成的派生动词。例如：

katun 勉强 —— katunjambi 勉强　　urgun 喜 —— urgunjembi 高兴、喜悦

faksi 巧 —— faksidambi 用巧　　dalhūn 琐碎 —— dalhūdambi 絮叨

osohon 暴虐 —— osohodombi 暴虐　onco 宽 —— oncodombi 宽容

beliyen 痴呆 —— beliyedembi 发呆

由数量词派生的动词

在极少数的数量词词干上直接缀以动词词尾 mbi 或根据元音和谐律在其词干上缀以附加成分 le、li、lo、de 等，其后再加动词词尾 mbi 构成的派生动词。（以辅音 n 结尾的数量词在构成派生动词时，其辅音 n 多数脱落。）例如：

tebeliyen（一）抱（草）—— tebeliyembi 搂抱

fulmiyen（一）捆（草）—— fulmiyembi 捆之

uhun（一）包（药）—— uhumbi 包之

juru 双 —— jurulembi 成双

buktan（一）堆（土）—— buktalimbi 堆之

hontoho 一半 —— hontoholombi 分一半

dobton 套 —— dobtolombi 装在套内

juwe 二 —— juwedembi 二心

由副词派生的动词

在极少数的副词词干上直接缀以动词词尾 mbi 或根据元音和谐律在

其词干上缀以附加成分 le 等，其后再加动词词尾 mbi 构成的派生动词。（以辅音 n 结尾的副词在构成派生动词时，其辅音 n 脱落。）例如：

  dahūn 复 —— dahūmbi 复（旧） ele 更、益加 —— elembi 足、盈
  umesi 很 —— umesilembi 着实 uhe 总、共 —— uhelembi 总共
  uheri 一共 —— uherilembi 总之、共之

由动词派生的动词

（1）在有些动词词干上缀以附加成分 mbu，其后再加动词词尾 mbi 构成的派生动词。例如：

  wasimbi 下、瘦、降 —— wasimbumbi 降（旨）
  wesimbi 上、涨、升 —— wesimbumbi 奏、题
  ubaliyambi 翻转、改变 —— ubaliyambumbi 翻译
  duyembi 穿透、冲钻 —— duyembumbi 露出

（2）根据元音和谐律在一些动词的词干上缀以附加成分 kiya、giya、hiya、kiye、hiye、niye 等，其后再加动词词尾 mbi 构成的派生动词。例如：

  jalumbi 满 —— jalukiyambi 满（数）
  aliyambi 等待 —— aliyakiyambi 且走且等
  bodombi 算计 —— bodonggiyambi 自言自语算计
  adulambi 放牧 —— adunggiyambi 作践
  dasimbi 盖、掩闭 —— dasihiyambi 撑拂
  sesulambi 骇 —— sesukiyembi 打冷战
  necimbi 惹、侵 —— necihiyembi 平抚
  ebembi 泡 —— ebeniyembi 浸泡
  ekiyembi 减、埙 —— ekiyeniyembi 耗损

3. 构成形容词的构词附加成分

接在名词词干上派生出形容词的构词附加成分主要有 ngga、engge、nggo。

第一章 满语词汇语义概论

根据元音和谐律分别在一些名词词干上缀以附加成分 ngga、engge、nggo 构成的派生形容词。以辅音 n 结尾的名词在构成派生形容词时，其辅音 n 脱落。例如：

ahūn 兄长 —— ahūngga 年长的 —— ahūngga omolo 长孙

ihan 牛 —— ihangga 牛的 —— ihanggaaniya 丑年

morin 马 —— moringga 骑马的 —— moringga niyalma 骑马的人

ergen 命、气息 —— ergengge 有命的 —— ergengge jaka 生灵

gebu 名字 —— gebungge 出名的 —— gebungge tacihiyan 名教

kubun 棉花 —— kubungge 棉的 —— kubungge hoošan 棉纸

ošoho 爪 —— ošohonggo 有爪的 —— ošohonggo ilha 鹰爪花

boco 颜色 —— boconggo 有色的 —— bocongge okto 颜料

coko 鸡 —— cokonggo 鸡的 —— cokonggo aniya 酉年

接在动词词干上派生出形容词的构词附加成分主要有 su、cun、cuka、cuke、shūn、hūn、hun 等。

（1）在一些动词的词干上分别缀以附加成分 su、cun 构成的派生形容词。例如：

ejembi 记 —— ejesu 有记性的　ulhimbi 晓得 —— ulhisu 敏、睿

dahambi 投顺 —— dahasu 贞顺

onggombi 忘 —— onggosu 没有记性的

akdambi 信赖 —— akdacun 可信　akambi 悲伤 —— akacun 可悲的

elembi 足 —— elecun 足　　　hairambi 爱惜 —— hairacun 可惜

（2）根据元音和谐律在一些动词的词干上分别缀以附加成分 cuka、cuke 构成的派生形容词。例如：

akdambi 信赖 —— akdacuka 可信的

hairambi 爱惜 —— hairacuka 可惜

saišambi 夸奖 —— saišacuka 可夸、可嘉

fancambi 气恼 —— fancacuka 可气的

eimembi 讨厌 —— eimecuke 可厌恶的

buyembi 爱 —— buyecuke 可爱的

019

erembi 指望 —— erecuke 可指望的

ferguwembi 惊奇、赞叹 —— ferguwecuke 神奇、非常的

（3）根据元音和谐律在一些动词的词干上分别缀以附加成分 shūn、hūn、hun 构成的派生形容词。例如：

ijimbi 梳、捋 —— ijishūn 顺　　urembi 熟 —— ureshūn 熟

manambi 破烂 —— manashūn 破烂

banjimbi 过日子、殷实 —— banjishūn 殷实

hafirambi 夹、逼迫 —— hafirahūn 狭窄

yadambi 穷困 —— yadahūn 贫穷　　wasimbi 下、降 —— wasihūn 下、卑

wesimbi 上、升 —— wesihun 贵

bešembi 浸透 —— bešehun 糊涂、昏庸

dekdembi 泛起、浮起 —— dekdehun 略高的

接在形容词词干上派生出形容词的构词附加成分主要有 ngga、ngge、nggo、linggū、linggu 等。

（1）根据元音和谐律在一些形容词词干上分别缀以附加成分 ngga、ngge、nggo 构成的派生形容词。以辅音 n 结尾的形容词在构成派生形容词时，其辅音 n 脱落，下同。例如：

wa 香 —— wangga 香的 —— wangga sogi 香菜

halfiyan 扁 —— halfiyangga 扁的 —— halfiyangga tongken 扁鼓

sabi 吉祥 —— sabingga 吉祥的 —— sabingga orho 瑞草

dube 尖 —— dubengge 有尖的 —— dubengge huwesi 有尖的小刀

ice 新 —— icengge 新的 —— icengge sejen 新车

hošo 方 —— hošonggo 方的 —— hošonggo dere 方桌

（2）根据元音和谐律在个别的形容词词干上分别缀以附加成分 nggū、nggu 构成的派生形容词。例如：

amba 大 —— ambalinggū 魁伟　　yadan 馁 —— yadalinggū 弱

ehe 坏 —— ehlinggu 庸碌

（三）合成词

由两个或两个以上的词根词素按照一定的规则合成的词叫合成词。

满语中的合成词以名词居多，名词性的合成词从结构关系上看，可以分为以下三种类型。

1. 联合结构

两个地位平等的词根词素结合起来表示一个新的名词。例如：

anakū 钥匙 + sejen 车 —— anakū sejen 跨车
jeku 粮食 + aga 雨 —— jeku aga 谷雨（节令）
aniya 年 + inenggi 日 —— aniya inenggi 元旦
niohe 狼 + sube 筋 —— niohe sube 黄花菜
hehe 女人 + keli 连襟 —— hehe keli 妯娌
ijishūn 顺 + dasan 治 —— ijishūn dasan 顺治（清世祖章皇帝年号）

2. 修饰结构

两个或两个以上地位不平等的词根词素结合起来表示一个新的名词，前面的词根词素修饰后面的词根词素。表示修饰的词根词素通常是形容词、形动词或带有修饰色彩的名词。例如：

ujen 重 + cooha 兵、军 —— ujen cooha 汉军
niowanggiyan 绿 + uju 头 —— niowanggiyan uju 绿头牌
tob 正 + duka 门 —— tob duka 端门
sure 聪明 + han 汗 —— sure han 天聪（清太宗文皇帝年号）
sabingga 吉祥的 + hoošan 纸 —— sabingga hoošan 挂钱
acabungga 相合的 + boji 契 —— acabungga boji 合同
selengge 铁的 + moo 树 —— selengge moo 铁树
eldengge 有光的 + wehe 石头 —— eldengge wehe 碑
boconggo 有色的 + hoseri 盒子 —— boconggo hoseri 五彩盒
boshonggo 有腰的 + tampin 壶 —— boshonggo tampin 腰子壶
aliha 承受的 + da 头领 —— aliha da 大学士

021

bargiyara 收 + asarara 藏 + falgangga 所——bargiyara asarara falgangga 收掌所

belhere 预备的 + hafan 官 —— belhere hafan 供应官

onggoro 忘的 + orho 草 —— onggoro orho 合欢草

ulgiyan 猪 + cecike 雀 —— ulgiyan cecike 翠鸟

umpu 山楂 + debse 糕 —— umpu debse 山楂糕

nikan 汉人 + yoo 疮 —— nikan yoo 杨梅疮

mase 麻子 + usiha 星星 —— mase usiha 核桃

ancun 耳坠 + ilha 花 —— ancun ilha 探春花

singgeri 鼠 + huhun 奶头 —— singgeri huhun 肉瘤子

3. 由两个或更多的词根词素运用句法关系合成的名词

例如：

moo 树 + i 的 +hasi 茄子 —— moo i hasi 柿子

boo 家 +ci 由 +tucike 出了的 +temgetu 凭证——boo ci tucike temgetu 度牒

nomhon 忠厚 + sufan 象 + ujire 养的 + boo 房子——nomhon sufan ujire boo 驯象房

mujilen 心 + be 把 + unenggi 诚 + obura 作为 + tanggin 堂 —— mujilen be unenggi obura tanggin 诚心堂

通过对满语词的构成的分析，我们清楚地看到，掌握词素和构词法，是以简驭繁、有效地扩大词汇量的一个重大途径。懂得构词法，善于分析一个词的词素构成，对于掌握新词、扩大词汇量有很大的帮助。

第二节　满语词的组合类型

词的组合可长可短，变化无穷。但分析起来，都是由一些最基本的结构一层套一层组合而成的，在此所要探讨的就是在满语中词与词相结合时究竟有哪些最基本的结构类型。词组是按照一定的语法规则组合起来的一组词，词组是句子内部结构的单位。根据词与词之间的不同结构关系，满语词组的基本结构类型可归纳为主谓、动宾、联合、偏正、补谓、后置、方位、数量、助动、同位十种。

一、主谓结构

主谓结构反映陈述对象和陈述内容的关系。其作用是提出一个主题，然后对这个主题做出说明。主题部分称为主语，说明部分称为谓语。满语的主谓结构是主语在前，谓语在后。例如：

amila coko /hūlaha	公鸡叫了	muke/šumin	水深
jafatarangge/cira akū	约束不严	icengge/sain	新的好
tese/generakū	他们不去	yasa/niowanggiyan	眼馋
dube/tucike	头绪有了		

主谓结构在各种语言中是一种很普遍的结构类型。

二 动宾结构

动宾结构是包含支配成分和受支配成分的结构关系。支配成分由及物动词充当，表示行为动作（谓语）；受支配成分表示行为动作所及的对象（宾语）。满语中的动宾结构都是宾语在前，谓语（动词）在后，动宾结构经常要用格助词 be 连接支配成分与受支配成分。例如：

hešen be feshelembi	展界	fafun hergin be necihe	有干法纪
wesire be ilibumbi	停升	fafulaha be jurcembi	违禁
fulun be ilibumbi	停俸	baita be dekdebuhe	生事
tušan be akūmbumbi	尽职	gebu be baicambi	点卯
feirangge be tucibumbi	出陈	elhe be baimbi	请安

有些动宾结构中的支配成分与受支配成分之间，有时也可不用格助词 be 连接。例如：

gebu halambi	更名	atuhūn fudembi	送嫁妆
edun tuwambi	出恭（大便）	buda jembi	吃饭
ton arambi	充数	ejen ilimbi	做主

bithe yabubumbi 行文　　　　hūturi baimbi　换锁

有时，一个动宾结构中有两个性质不同的宾语。在这样的动宾结构中，其支配成分多为使动态及物动词。这个使动态及物动词所表示的行为动作不仅涉及一个人或一个事物，而且涉及另一个人或另一个事物，这样就有了两个对象或事物受一种行为动作支配或影响的成分，语言学上叫作双宾语。例如：

jui be bithe be hūlabumbi　让儿子念书

šabisa be falan be eribumbi　让学生们扫地

jui 与 šabisa 为动作的间接对象，称为间接宾语。bithe 与 falan 都是行为动作的直接对象，称为直接宾语。在含有双宾语的动宾结构中，直接宾语与间接宾语的位置可以互换，而又不影响这个动宾结构所表达的意义。

三　联合结构

联合结构的构成成分在语法上是平等的，即各成分之间只有同等功能或作用的关系，在句子中起同样的作用。联合结构中的各成分之间有时可用 jai、bime 连接。另外，在满语中，能构成联合结构的词主要是名词、形容词、动词。下面分别加以说明。

1. 由名词构成的联合结构

hafan cooha	官兵	ama eme	父母
muke boihon	水土	šun biya	日月
buda sogi	饭菜	gala bethe	手足
dergi wargi julergi amargi	东西南北	eyun jai non	姐姐和妹妹

2. 由形容词构成的联合结构

labdu komso	多少	wesihun fusihūn	贵贱
yadahūn bayan	贫富	tarhūn turga	胖瘦
onco bime golmin	宽而长	wa bime kufuyen	香而脆
weihuken ujen elhe hahi	轻重缓急		

kicebe hibcan tondo akdun　　　　勤俭忠信
jušuhun jancuhūn gosihon furgin　酸甜苦辣

3. 由动词构成的联合结构

bilume gosimbi	抚绥	hafuname umhimbi	谙练
giyatarame sirenggebumbi	侵蚀	fargame amcambi	追赶
huwekiyendume yendenumbi	激发	eršeme ujimbi	侍养
elhešeme tookabumbi	耽延	hoššome serimbi	诈骗

salime efeleme šerime jobobume　把持诈害
uculeme songome sureme toome　歌哭叫骂

四　偏正结构

偏正结构反映修饰与被修饰的关系，修饰者为"偏"，被修饰者为"正"，在句子成分分析中把前者称为定语或状语，把后者称为中心语。这种由修饰语（定语或状语）和中心语构成的结构称为偏正结构。所谓"偏"与"正"，是就结构而言的，并不是说在意义上中心语比修饰语重要。在满语中，偏正结构的位次一般是"偏"在前、"正"在后，但在极个别的偏正结构中也有"正"在前、"偏"在后的情况。

满语中的偏正结构主要由两个轴心（中心语）构成，即一个是以名词为轴心构成的名词性偏正结构，一个是以动词为轴心构成的动词性偏正结构。

1. 名词性偏正结构

如前所述，名词性偏正结构以名词为中心语，其修饰语可由名词（包括方位名词）、代词、形容词、数词、形动词、摹拟词等充当。下面分别举例说明。

以名词充当修饰语的名词性偏正结构。例如：

ama i mahala	父亲的帽子	alban i morin	官马
singgeri i uncehen	老鼠的尾巴	ba i ten	地基

antaha i usin　　　客田　　　hafan i bithe　　官帖
baitai turgun　　　事由　　　birai fejilen　　河工

从以上各例中可以看出，当名词充当修饰语时，名词则以其属格形式出现在名词性偏正结构中。

以方位名词充当修饰语的名词性偏正结构。例如：

julergi nahan　　南炕　　　amargi deyen　　后殿
dergi femen　　　上嘴唇　　wargi hecen　　　西城
tulergi golo　　　外省　　　dorgi namun　　　内库
dergi mederi　　　东海　　　fejergi femen　　下嘴唇

以代词充当修饰语的名词性偏正结构。例如：

mini gucu　　　　我的朋友　　ini ahūn　　　　她的哥哥
beyei boo　　　　自己的房子　enteke niyalma　这样的人
teiteke basucun　那样的笑话　ere ba　　　　　这样的地方
weri i jaka　　　人家的东西　eaten baita　　　一切事情

从以上各例可以看出，当人称代词、指己代词、部分指示代词充当修饰语时，都以其属格形式出现在名词性偏正结构中，其他能起修饰作用的代词可直接修饰中心语。

以形容词充当修饰语的名词性偏正结构。例如：

fe gucu　　　　　　故友　　　wesihun antaha　　贵客
hošonggo dere　　　方桌　　　ergingge jaka　　　生灵
buyecuke niyalma　 可爱的人　ihangga aniya　　　丑年
geburengge tacihiyan 名教　　ice biya　　　　　新月

以数词充当修饰语的名词性偏正结构。例如：

jakūn ihan　　　八头牛　　　sunja honin　　五只羊
ilan sejen　　　三辆车　　　emu suhe　　　　一把斧子
juwe niyalma　　两个人　　　nadan se　　　　七岁
ilaci niru　　　第三牛录　　jai inenggi　　　次日

以形动词充当修饰语的名词性偏正结构。例如：

uculeme bisire niyalma　正在唱歌的　　tuwara urse　　观众

jetere jaka	吃的东西	duleke baita	过去的事情
onggoho bihe baita	曾忘过的事情		
geterakū niyalma	不长进的人		
genehekū ba	没去过之处	omihakū arki	没喝过的酒
dulekele ba	所过之处	bisirele jaka	所有的东西

从以上各例可以看出，当形动词充当修饰语时，形动词可以其现在—正在时形动词形式、现在—将来时形动词形式、过去时形动词形式、否定式形动词形式、"所有形"形动词形式出现在名词性偏正结构中。

以摹拟词充当修饰语的名词性偏正结构。例如：

ser sere gūnin	区区之意	kalang sere uran	当啷有声
ara fara sere jilgan	嚎啕之声		

从以上各例可以看出，当摹拟词充当修饰成分时，必须借助动词 sembi 的现在—将来时形式出现在名词性偏正结构中。

2. 动词性偏正结构

动词性偏正结构以动词为中心语，其修饰语可由副词、形容词、副动词、数量、摹拟词等充当。下面分别加以说明。

以副词充当修饰语的动词性偏正结构。例如：

ambula gūwacihiyalambi	大骇	ishunde tacimbi	互相学习
julesi yabumbi	往前走	uthai genembi	马上去
ainci šanggaha	想是成了	aifini saha	早已知道了
balai gisurembi	胡说	emke emken tolombi	一一地数

在满语中，绝大多数以副词充当修饰语的动词性偏正结构是中心语在后，其修饰语在前。但也有极少数以副词充当修饰语的动词性偏正结构，不是中心语在后，而是修饰语在后。例如：

nicume saka	一合（眼）	forgošome jaka	刚一转（身）

以形容词充当修饰语的动词性偏正结构。例如：

hūdun yabumbi	快走	ehe tacimbi	学坏
cira kadalambi	严管	labdu jembi	多吃

| labdukan i tebumbi | 多多地装 | elheken i eyembi | 缓缓地流 |
| saikan i eje | 好生记着 | getuken i selgiye | 申明 |

以副动词充当修饰语的动词性偏正结构。例如：

bakcilame tembi	对坐	elhešeme wambi	缓决
etenggileme latumbi	强奸	amcame fungnembi	追封
getukeleme futalambi	清丈	wakalame wesimbumbi	参赛
hadahai tuwambi	盯着看	songgohoi gisurembi	哭着说
ebitele jefu	往饱里吃	soktotolo omi	往醉里喝
bucetei daharakū	抵死不从	waliyatai afambi	死战

以数词充当修饰语的动词性偏正结构。例如：

| emu inenggi aliyaha | 等了一天 | emu mudan genehe | 去了一次 |
| ilan aniya hūlaha | 读了三年 | emu hūntahanomiha | 喝了三盅 |

以摹拟词充当修饰语的动词性偏正结构。例如：

bur seme deyehe	扑啦一声飞了	lang lang seme jembi	大口地吃
jar seme gisurembi	不停地说		
šuwarang seme banjimbi	长得细高		

从以上四例可以看出，当摹拟词充当动词性偏正结构修饰语时，必须借助动词 sembi 的进行副动词形式出现在结构中。

在偏正结构中，除了以名词为轴心（中心语）构成的名词性偏正结构和以动词为轴心构成的动词性偏正结构外，还有以形容词为轴心构成的形容词性偏正结构。充当形容词性偏正结构的修饰语主要是副词。例如：

| umesi furgin | 很辣 | jaci halhūn | 很热 |
| ambula labdu | 颇多 | gemu sain | 都好 |

一般来说，形容词性偏正结构是中心语在后，修饰语在前。但是，当否定副词 waka akū 修饰形容词时，则中心语在前，修饰语在后。例如：

| sain waka | 不好 | urgun akū | 不乐 |

五 补谓结构

这种结构反映说明和被说明的关系。在句子成分分析中把被说明的部分称为谓语，把说明的部分称为补语。谓语由动词、形容词等充当，补语由名词、代词、动名词等充当。补语是补充、说明谓语动词所表示的行为动作的趋向、对象、手段。补谓结构需用格助词 de、ci、deri、i 连接说明部分与被说明部分。

1. 用格助词 de 连接的补谓结构

boo de mariha	回家了	urumci de genembi	去乌鲁木齐
min de buhe	给我了	hoton de dosika	进城了
edun de lasihibuha	遭风了	bure de edelembi	缺支
tušan de isinambi	到任	weile de gelembi	畏罪

2. 用格助词 ci 连接的补谓结构

tušan ci wasimbi	升任	harbin ci bederembi	回哈尔滨
tacikū ci jurambi	由学校动身	tušan ci uksalambi	解任
deo ci den	比弟弟高	min ci fulu	比我强

3. 用格助词 deri 连接的补谓结构

sangga deri dosimbi	由孔入	tiyan jin deri genembi	由天津去
beiging deri jimbi	从北京来	šeri deri tucimbi	从泉出

4. 用格助词 i 连接的补谓结构

ihan i ušambi	用牛拉	muke i obombi	用水洗
boso i uhumbi	用布包	tuwa i fiyakūmbi	用火烤

六　后置结构

后置结构是后置词用于名词、代词、动词等后面构成的。在后置结构中，要求后置词前面的实词具有一定的格助词或一定的时制形式。根据后置词所表达的意义，可将后置结构分为以下九类。

1. 表示时间的后置结构

例（1）tere jihe manggi，bi uthai genembi. 他来了以后我就去。

例（2）non yabure onggolo uthai jasigan be minde buhe. 妹妹走之前就把信给我了。

例（3）ama bisire fonde，eniye uthai nimehe. 爸爸在世的时候，妈妈就病了。

例（4）julgeci ebsi ere ba uthai musengge inu. 自古以来，这个地方就是我们的。

2. 表示处所的后置结构

例（5）besergen i dele teki. 请在床上坐。

例（6）doohan i ebele doonhajifi sartabume andubuki. 过桥这边来消遣消遣吧！

例（7）hoton i dule isibufi beneki. 送到城外吧！

例（8）fulehe boihon i dolo mutumbi. 根长在土中。

3. 表示方向的后置结构

例（9）muse ini baru tacimbi. 我们要向她学习。

例（10）boo i dosi tuwaci，antahasa buda jeme bi. 往屋内一看，客人们正在吃饭。

4. 表示范围的后置结构

例（11）duin ici jugūn akū，alin i noho. 四下无路，竟是山。

例（12）ere niyalma angga i canggi bumbi sembi. 这个人光嘴上说给。

例（13）bi urunakū hūsun i ebsihe icihiyambi. 我一定尽力办。

例（14）falangga i gubci niyalma gemu genembi. 全所人都去了。

5. 表示状态方式的后置词

例（15）banjihangge ulgiyan i gese. 长得跟猪一样。

例（16）edun i ici delišembi. 随风荡漾。

例（17）ama uculere de amuran，eme maksire de amuran. 爸爸好唱歌，妈妈好跳舞。

例（18）eyun tacire mangga. 姐姐善于学习。

例（19）gūnin i cihai balai yabumbi. 恣意妄为。

例（22）soktoro de guwelke. 小心醉了。

6. 表示目的的后置词

例（21）bi sini jalin gvwa niyalma de tantabuha. 我为了你被别人打了。

例（22）i tacire jalin inenggi dulin seme gemu deyerakū. 她为了学习，连中午都不休息。

7. 表示替代的后置结构

例（23）bi sini funde etuku adu be oboki. 我替你洗衣服吧！

例（24）minbe mini funde udu debtelin bithe be udabureo. 请让她替我买几本书！

8. 表示对象的后置结构

例（25）deo gucu i emgi yabuha. 弟弟与朋友一起走了。

例（26）bi sini sasa genembi. 我与你同去。

9. 表示排除的后置结构

例（27）mini tulgiyen we sinde aisilame mutembini. 除我以外，谁能帮助你呢？

例（28）mini non manju gisun be tacireci tulgiyen，kemuni irgebun be irgebume bahanambi. 我的妹妹除学习满语外，还会题诗。

七　方位结构

方位结构通常由普通名词或专有名词与方位名词构成。在方位结构中，方位名词在后，普通名词或专有名词在前，其间要用格助词 i 连接。

例如：

cicigar i wargi	齐齐哈尔以西	harbin i dergi	哈尔滨以东
taktu i julergi	楼的前边	jugūn i dalba	路旁
ula i ebergi	江这边	boo i amargi	屋后
hūwa i tulergi	院外	hefeli i dorgi	腹内
fu i hošo	院角	muke i oilorgi	水面
dere i ninggu	桌子上头	besergen i fejergi	床下

八　数量结构

数量结构是由数词和量词构成的。数量结构是数词在前，量词在后。例如：

emu fali mujilen	一颗心	emu farsi tugi	一片云
emu gubsu ilha	一朵花	emu uhun tokto	一包药
juwe dobton bithe	两套书	lan fulmiyen orho	三捆草
sunja hule bele	五石米	jakūn gingge yali	八斤肉
emu moro buda	一碗饭	emu hūntahan arki	一盅酒
ilan mudan jihe	来了三次	emu miyaoocan sindaha	放了一枪

九　助动结构

助动结构是助动词用于一些体词之后构成的。详见下面的例句。

例（29）aniya biya niyengniyeri uju sembi. 把正月叫孟春。

例（30）mukden sere gebulehebi. 名为盛京。

例（31）be gucu ohobi. 我们成为朋友了。

例（32）moo i abdaha niowanggiyan oho. 树叶绿了。

例（33）juwan niyalma tome emu faidan obumbi. 每十人为一列。

例（34）ere emgeri iningge oho. 这个已经成为他的了。

十　同位结构

同位结构又称为复指结构，由前后两个对注的部分组成，这两个对注的部分在句子中是同格关系。详见下面的例句。

例（35）amba bi tuwaci, honan i goloi lin cing de jeo ere juwe chang de beneci acara ciyaliyang be halafi, jeku i dooli de beneci, juwere jeku be dahalame buhe babe kooli de aniya i dubede boolafi bodobumbi.

该臣查得，豫省应解临清、德州二仓钱粮改解粮道，随漕支放，例应年终报销。

例（36）aha joo hūi gingguleme wesimburengge. 奴才兆惠谨奏。

例（37）eyun boo ing sikse jihe. 姐姐宝英昨天来了。

以上十种基本结构类型说明了满语中词与词的组合关系。满语中的句子是由这些结构套起来形成的，句子里面各个成分之间的关系一般不会超出这十种基本的结构类型。

第三节　满语词汇语义结构

满语词汇语义研究主要涉及满语词汇的语义结构及特点研究，本书满语词语主要来源于清朝《御制清文鉴》[1]《御制增订清文鉴》[2]《清文总汇》[3]《御制五体清文鉴》[4]《大清全书》[5]《同文广汇全书》[6]等。

词的构成在各种语言中都占有极重要的地位。各种语言的构词方法有各自的特点。通过对满语构词的分析，可以看到其具有极强的构词性，并且满语词汇语义结构也具有自身特点，即由词根（词干）接缀各种附加成分（也称为词缀）构成不同意义的派生词，由两个或两个以上的词素按一定规则组合起来而构成的合成词。合成词从组合结构来看，有三种类型：

---

[1] 清圣祖玄烨敕撰《御制清文鉴》二十卷，清康熙四十七年武英殿刻本。
[2] 清高宗弘历敕撰《御制增订清文鉴》（四十七卷），清乾隆三十六年武英殿刻本。
[3] （清）志宽、培宽等编《清文总汇》，光绪二十三年荆州驻防翻译总学刻本。
[4] 《御制五体清文鉴》，民族出版社，1957。
[5] （清）沈启亮编《大清全书》，康熙二十二年京都宛羽斋刻本。
[6] 《同文广汇全书》，康熙三十二年听松楼藏版。

联合型、修饰型、聚集型。在此主要对满语词根与附加成分的语义关系进行概略分析，讨论的附加成分，主要是一些基本的、具有一定代表性的现象，而且这些附加成分并非在每个词里都适用，有些附加成分只是用于很小的范围内或用在极个别情况下。通过分析这些词根（词干）与附加成分的语义关系，对满语词的结构研究具体化、深入化，从而客观了解满族早期生活的构词心理特征及其语义结构特点。

一　满语派生词语义结构分析

1. 由名词词根（词干）接缀附加成分构成派生词

在名词词根（词干）后接缀附加成分可以构成派生名词、派生动词、派生形容词。

（1）由名词派生名词

在名词词根（词干）后接缀附加成分 si、ci、tu、hi、ji、ju、ri、kū、ku、can、cen、cin、lon、bun、tun 等构成派生名词，构成与原名词相关的职业技能者名词或构成与词根（词干）意义相关的某类人的名称，或附加于指动物的名词上构成该动物皮的名词。如：

sejen 车 —— sejesi 车夫	usin 田 —— usisi 农夫
mucen 锅 —— mucesi 厨子	yafan 园 —— yafasi 园丁
ihan 牛 —— ihasi 犀	namun 库 —— namusi 库丁
okto 药 —— oktosi 医生	alban 官（家）—— albasi 当差人
sejen 车 —— sejeci 车户	ihan 牛 —— ihaci 牛皮
buda 饭 —— budaci 厨子	adun 牧群 —— aduci 牧马人
asu 网 —— asuci 网户	ulgiyan 猪 —— ulgiyaci 猪皮
cagan 书 —— cagaci 书吏	nima 膻羊 —— nimaci 羊皮
meihe 蛇 —— meihetu 鳝鱼	yali 肉 —— yalitu 胖子
align 名望 —— algintu 有名望者	hūlha 小偷 —— hūlhatu 惯盗
niyaki 鼻涕 —— niyakitu 流鼻涕的人	dobi 狐狸 —— dobihi 狐狸皮
bana 地方 —— banaji 土地神	boigon 户 —— boigoji 主人

第一章　满语词汇语义概论

jeku 粮食 —— jekuju 稷、五谷之神　　boigon 土 —— boigoju 社、土地神
afaha 单子 —— afahari 签子　　buka 公绵羊 —— bukari 土蟞
hengke 瓜 —— hengkeri 跤（小瓜）　　tugi 云 —— tugiri 荷包豆
muduri 龙 —— mudurikū 兽吻　　tonio 棋 —— tonikū 棋盘
nimašan 芝麻雕 —— nimašakū 快船
use 种子 —— useku 篓斗
mengse 幔子 —— mengseku 门帘　　fengse 盆子 —— fengseku 小盆子
mihan 小猪仔 —— mihacan 野猪仔
suhe 斧子 —— suhecen 小斧子
yarha 豹 —— yarhacin 狻　　doro 道 —— dorolon 礼
tuwali 类 —— tuwalibun 类别　　deo 弟 —— deocin 悌
fulen 故事 —— fuletun 古董

从以上所举例词中可以看出，以辅音 n 结尾的名词后接附加成分派生新的名词时，其辅音 n 绝大多数脱落。

（2）由名词派生动词

在名词词根（词干）上直接缀以动词词尾 mbi 构成派生动词，构成的动词所表示的行为结果语义与名词词根（词干）语义相关。例如：

aga 雨 —— agambi 下雨　　ufa 面 —— ufambi 磨面
use 种子 —— usembi 下种　　yamji 晚 —— yamjimbi 天黑
hašan 帷幔 —— hašambi 围挡、护短、刷
hūlha 贼、盗 —— hūlhambi 偷盗

根据元音和谐律在名词词根（词干）上分别接缀附加成分 la、le、li、lo、na、ne、nu、ra、re、da、de、do、tu、du、mi、ša、še、šo、jo 等，其后再加动词词尾 mbi 构成派生动词，所构成的动词表示的行为结果语义亦与名词词根（词干）语义相关。例如：

tarni 咒语 —— tarnilambi 念咒　　jemden 弊端 —— jemdelembi 作弊
gohon 钩子 —— goholombi 钩　　doro 礼 —— dorolombi 行礼
buktan 堆 —— buktalimbi 堆放、堆积
cilcin 疙瘩 —— cilcinambi 长疙瘩

035

ilha 花、秤星 —— ilhanambi 开花、眼花

belge 粒 ——belgenembi 结粒　　juhe 冰—— juhenembi 冻冰

ulu 梁、脊 —— ulunumbi 起梁、起脊

manju 满洲 —— manjurambi 说满语

jaman 吵嚷 —— jamarambi 吵闹、喧闹

menen 呆子 —— menerembi 麻木

bayan 富 —— bayandambi 渐富

beliyen 痴 —— beliyedembi 痴想

holo 假、谎 —— holotombi 撒谎、虚假

ulin 财 —— ulintumbi 贿赂　　　　bolgo 清—— bolgomimbi 斋戒

šusiha 鞭子 —— šusihašambi 乱打（鞭子）

nimaha 鱼 ——nimahašambi 打鱼

hebe 谋、议 —— hebešembi 商议

uru 是（非）—— urušembi 同意

doholon 瘸子 —— dohošombi 瘸

contoho 豁口 —— contohojombi 开

以辅音 n 结尾的名词构成派生动词时，辅音 n 多数脱落。

（3）由名词派生形容词

根据元音和谐律在一些名词词根（词干）上分别接缀附加成分 ngga、ngge、nggo 等，构成派生形容词，使名词形容词化，所表现的语义相当于汉语的"有……的"。例如：

šajin 禁约、法令 —— šajingga　法定的 —— šajingga baksi 法师

kooli 定例、规矩、法制 —— koolingga 有法制的 —— koolingga gisu 法言

jergi 等、品级、次 —— jergingge 相等的 ——jergingge ton 相等的数

feyen 刃 ——feyengge 有刃的 —— feyengge huwesi 有刃的刀

boljon 波、约 —— boljonggo 简约的、有规矩的、恂（封谥用字）—— boljonggo giyūn wang 恂郡王

horon 威武——horonggo 威武的、有力的——horonggo yangsangga deyen 武英殿

以辅音 n 结尾的名词在构成派生形容词时，其辅音 n 脱落。

2. 由动词词根（词干）接缀附加成分构成派生词

（1）由动词派生名词

在动词词根（词干）上分别接缀附加成分 si、ci、su、ju、cun、ri、bun、fun、tun、li、tu、n 等构成派生名词，所构成的名词语义与动词词根（词干）语义相关。例如：

dahambi 降服、跟随 —— dahasi 舍人

dahalambi 跟随、追赶 —— dahalasi 跟子

dalambi 为首、比量 —— dalaci 主首

dahambi 降服、跟随 —— dahasu 贞顺

ejembi 记 —— ejesu 记忆　　ukambi 逃 —— ukaju 逃人

isembi 惧怕 —— isecun 惧怕

butumbi 入蛰 —— buturi 粉刺、小疙瘩

calambi 差错 —— calabun 差错、过失

ebumbi 下来 —— ebubun 下程

ijimbi 梳理 —— ijifun 梳子　　　hadumbi 割 —— hadufun 镰刀

hūlhambi 偷盗 —— hūlhatu 惯盗

delhemb 分开 —— delhetu 开档人

ejembi 记 —— ejetun 志　　bucembi 死 —— buceli 鬼魂

fonjimbi 问 —— fonjin 学问、问语　gashūmbi 起誓 —— gashūn 盟

根据元音和谐律在动词词根（词干）上分别接缀附加成分 kū、ku、han、gan、hen、ba、be 等，构成派生名词，所构成的名词语义亦与动词词根（词干）语义相关。例如：

tatambi 拉扯、抽、绞 —— tatakū 抽屉、柳罐

turambi 倒、澄沥 —— turakū 瀑布

huwešembi 烙 —— huwešeku 烙铁

isembi 惧怕 —— iseku 惧怕的人

lifambi 陷 —— lifahan 陷泥

hūsimbi 围、包裹 —— hūsihan 女裙

jasimbi 捎信、寄信 —— jasigan 信

jabdombi 得当、凑手 —— jabdogan 闲暇

huwejembi 遮挡、树屏 —— huwejehen 围屏

kirimbi 忍耐 —— kiriba 能忍耐的人

kicembi 勤 —— kicebe 勤勉

（2）由动词派生动词

在动词词根（词干）上接缀附加成分 mbu、kiya、giya、hiya、kiye、hiye、niye 等，其后再加动词尾 mbi 构成派生动词，所构成的动词语义与动词词根（词干）语义相关。例如：

wesimbi 升、上、涨 —— wesimbumbi 启奏、提

yarumbi 引导 —— yarkiyambi 引诱

adulambi 放牧 —— adunggiyambi 作践

dasimbi 盖、掩闭 —— dasihiyembi 撑拂

necimbi 惹、侵 —— necihiyembi 平抚

sesulambi 骇 —— sesukiyembi 打冷战

ebembi 泡 —— ebeniyembi 浸泡

（3）由动词派生形容词

在动词词根（词干）上接缀附加成分 su、cun、cuka、cuke、shūn、hūn、hun 等派生形容词，所构成的形容词语义与动词词根（词干）语义相关。例如：

ulhimbi 晓得 —— ulhisu 聪颖　　ulhimbi 晓得 —— ulhicun 知晓

jilambi 慈爱 —— jilacuka 可怜的

jobombi 穷苦、忧愁 —— jobocuka 可怜的

kenehunjembi 疑惑 —— kenehunjecuke 可疑的

huilambi 污染 —— huilashūn 褪色的

gocimbi 抽、退落 —— gocishūn 谦虚

ekiyembi 减、损 —— ekiyehun 缺少、匮乏

deyembi 歇息、安逸 —— deyehun 久逸

3. 由形容词词根（词干）接缀附加成分构成派生词

（1）由形容词派生名词

在形容词词根（词干）上分别接缀附加成分 si、ki、tu、ri、kū、ca、cun、ba、wan 等构成派生名词，所构成的名词语义与形容词词根（词干）语义相关。例如：

asikan 小些 —— asikasi 小物件　　goro 远 —— goroki 远方

hūlhi 糊涂 —— hūlhitu 糊涂人　　halukan 温暖 —— halukū 厚棉裤

hetu 横、旁、厢（房）—— heturi 旁岔、小事

sahahūn 淡黑 —— sahalca 黑貂皮　ehe 恶 —— ehecun 嫌隙

kiri 忍耐 —— kiriba 忍耐、残忍　　dalhūn 粘 —— dalhūwan 粘杆子

（2）由形容词派生动词

在形容词词根（词干）上直接缀以动词词尾 mbi 构成派生动词，所构成的动词语义与形容词词根（词干）语义相关。例如：

kiri 忍耐 —— kirimbi 忍耐、潜藏　cibsen 静寂 —— cibsembi 安静

bolgo 洁净、清秀 —— bolgombi 保持洁净、决胜负

ešen 歪斜 —— ešembi 倾斜、刮去　　ildun 便 —— ildumbi 相熟

在形容词词根（词干）上分别接缀附加成分 la、le、mi、ra、re、ša、še、ja、je、da、de、do、lo 等，其后再加动词词尾 mbi 构成派生动词，所构成的动词语义亦与形容词词根（词干）语义相关。例如：

baturu 勇 —— baturulambi 奋勇

dursuki 相似 —— dursukilembi 效法

bolgo 洁净、清秀 —— bolgomimbi 斋戒、效斋

buya 小的、零杂 —— buyarambi 小做、小用

hetu 横 —— heturembi 拦截

banuhūn 懒惰 —— banuhūšambi 懒惰

etuhun 强盛、强壮 —— etuhušembi 好胜逞强

katun 勉强 ——katunjambi 勉强　urgun 喜 —— urgunjembi 喜悦
dufen 荒淫 ——dufedembi 荒淫无度
dalhūn 粘 —— dalhūdambi 絮叨
moco 拙钝、蠢笨 —— mocodombi 举动笨拙
doosi 贪 —— doosidambi 贪赃
doshon 宠爱 —— dosholombi 宠爱

（3）由形容词派生形容词

在形容词词根（词干）上根据元音和谐律分别接缀附加成分 ngga、ngge、nggo、linggū、linggu 等构成派生形容词，所构成的形容词语义与形容词词根（词干）语义相关。例如：

ganio 怪异——ganingga 怪异的　jekdun 贞 —— jekdungge 贞
horon 威武——horonggo 威武的　amba 大 —— ambalinggū 魁伟
ehe 坏—— ehelinggu 庸碌

由以上例词可以看出，满语词汇中名词、动词、形容词的派生能力极强，其他诸如副词、数词、量词亦均有派生能力，在此不一一列举。通过这种构词方法，在原有词的基础上派生出大量新词，从而丰富了满语词汇。

二　满语合成词语义结构分析

满语的合成词是由两个或两个以上的词素按一定规则组合起来构成的词，满语中的合成词以名词居多。名词性的合成词从结构关系上看，可以分为联合型结构、修饰型结构、聚集型结构三种类型。

1. 联合型结构

两个地位平等的词根词素结合起来表示一个新的名词，新的合成词语义与两个构词词素有着内在的联系，但语义构成联合新义。例如：

anakū 钥匙 + sejen 车 —— anakū sejen 跨车
hehe 女人 + keli 连襟—— hehe keli 妯娌
aniya 年 + inenggi 日 —— aniya inenggi 元旦
niohe 狼 + sube 筋 —— niohe sube 黄花菜

jeku 粮食 + aga 雨 —— jeku aga 谷雨（节令）
ijishūn 顺 + das 治 —— ijishūn dasan 顺治（清世祖章皇帝年号）

2. 修饰型结构

两个或两个以上地位不平等的词根词素结合起来表示一个新的名词，前面的词根词素修饰后面的词根词素。表示修饰的词根词素通常是形容词、形动词或带有修饰色彩的名词。例如：

ujen 重 + cooha 兵、军 —— ujen cooha 汉军
tob 正 + duka 门 —— tob duka 端门
niowanggiyan 绿 + uju 头 —— niowanggiyan uju 绿头牌
sure 聪明 + han 汗 —— sure han 天聪（清太宗文皇帝年号）
sabingga 吉祥的 + hoošan 纸 —— sabingga hoošan 挂钱
acabungga 相合的 + boji 契 —— acabungga boji 合同
selengge 铁的 + moo 树 —— selengge moo 铁树
eldengge 有光的 + wehe 石头 —— eldengge wehe 碑
boconggo 有色的 + hoseri 盒子 —— boconggo hoseri 五彩盒
boshonggo 有腰的 + tampin 壶 —— boshonggo tampin 腰子壶
aliha 承受的 + da 头领 —— aliha da 大学士
bargiyara 收 + asarara 藏 + falgangga 所 —— bargiyara asarara falgangga 收掌所
belhere 预备的 + hafan 官 —— belhere hafan 供应官
onggoro 忘的 + orho 草 —— onggoro orho 合欢草
ulgiyan 猪 + cecike 雀 —— ulgiyan cecike 翠鸟
umpu 山楂 + debse 糕 —— umpu debse 山楂糕
nikan 汉人 + yoo 疮 —— nikan yoo 杨梅疮
mase 麻子 + usiha 星星 —— mase usiha 核桃
ancun 耳坠 + ilha 花 —— ancun ilha 探春花
singgeri 鼠 + huhun 奶头 —— singgeri huhun 肉瘤子

3. 聚集型结构

由两个或更多的词根词素运用语法关系合成的名词，构成的新词为构词各词素的聚集合成意义。例如：

moo 树 + i 的 + hasi 茄子 —— moo i hasi 柿子

boo 家 + ci 由 + tucike 出了的 + temgetu 凭证 —— boo ci tucike temgetu 度牒

nomhon 忠厚 + sufan 象 + ujire 养的 + boo 房子 —— nomhon sufan ujire boo 驯象房

mujilen 心 + be 把 + unenggi 诚 + obura 作为 + tanggin 堂 —— mujilen be unenggi obura tanggin 诚心堂

满语合成词还有由借词与满语词结合构成的词汇，体现了民族语言文化的接触影响。例如：

funglu bele	俸米	cai muke	茶水
俸禄 米		茶 水	
yuwei coko	越鸡	ging hecen	京城
越 鸡		京 城	
han gurun	汉朝	ginliyan ilha	金莲花
汉 国		金 莲 花	
ciyanliyang cifun	赋税	dengji orho	灯草
钱 粮 税		灯 草	

通过对满语词汇语义结构的分析，我们可以清楚了解到满族早期语言的构词心理特征及其语义结构特点，同时掌握词素和构词法，这是以简驭繁、有效扩大词汇量的一个重要途径。

第四节 情态动词语义分析

情态语义来源于话语人主体，其语义内容、体现手段、标记形式丰富多样。情态语义表示话语人对所言内容的态度、评价，在言语交际过程中发挥着积极而独特的作用。

在自然语言语义学中，意义理论不仅包含语义分析，而且包含语用分析，由此才能决定句子如何被用于建构陈述，才能为讲话者的意向和语境给出相关的条件。这就是说，在一定意义上，语用的具体过程是意向和语境得以实现的物质基础。同时，这种语用的物质条件性决定了语境的本体论意义上的实在性，即决定了在语境实在的基础上去实现语形、语义和语用的统一。可见，"语境至少是实体、时间、空间和对象的集合"。语句表征的意向性及其意义正是在这个集合中被交流、被完成、被确定的。这样一来，语言陈述在形式上的丰富性和价值趋向上的内在性，均在语境中获得了统一。所以在语义学的框架内，"理解是语境的事情"。在一个特定的语境中，一个陈述或表征所具有的确定意义，事实上是语境所给定的一种本质特性或者价值趋向；在语境中对相关特性或价值趋向的选择，是由与语境一致的特性条件决定的。语境决定特性或价值趋向，而特性或价值趋向决定意义。意义表现为特性或价值趋向的"值"或"函项"。[①]

满语的情态语义既具有语言的共性，又具有本身的独特性。本节主要从认知、情感、意向等方面对满语情态语义范畴的功能进行分析探讨，重点探讨几个满语常用情态动词 ombi（可以）、acambi（应该）、mutembi（能）、bahanambi（会）的语义，说明语用的作用。

在句子中，满语情态动词用于谓语中心动词之后，并与其联合组成合成谓语，其要求前面的中心动词在词根或词干上接缀固定的附加成分。满语情态动词与其前面的谓语中心动词联合组成合成谓语在句中充当句子成分时，该合成谓语动词的语法变化则体现在情态动词的词尾变化上。[②] 以下分别说明情态动词 ombi（可以）、acambi（应该）、mutembi（能）、bahanambi（会）等词的语义及用法。

[①] 郭贵春：《语义学研究的方法论意义》，《中国社会科学》2007 年第 3 期。
[②] 刘景宪、赵阿平、赵金纯：《满语研究通论》，黑龙江朝鲜民族出版社，1997。

一 ombi（可以）的语义及用法

情态动词 ombi 在合成谓语中要求前面的中心动词在词根或词干上接缀附加成分 ci，表达"可以……"之意，该合成谓语动词的语法变化则体现在情态动词的词尾变化上。

例（1）niyalma be cira i tuwaci ojorakū, mederi muke be hiyase i miyalici ojorakū.

人不可貌相，海水不可斗量。[①]

句中"tuwaci ojorakū"为情态动词"ombi"（可以）与中心动词"tuwambi"（看）构成的合成谓语，"tuwambi"在词根上接缀附加成分"ci"而构成"tuwaci ojorakū"，"ojorakū"为"ombi"的否定式，意为"不可看"。"miyalici ojorakū"为情态动词"ombi"（可以）与中心动词"miyalimbi"（量）构成的合成谓语，"miyalimbi"在词根上接缀附加成分"ci"而构成"miyalici ojorakū"，"ojorakū"为"ombi"的否定式，意为"不可量"。

例（2）bi sinbe aisilaci ombi.

我可以帮助你。

句中"aisilaci ombi"为情态动词"ombi"（可以）与中心动词"aisilambi"（帮助）构成的合成谓语，"aisilambi"在词根上接缀附加成分"ci"而构成"aisilaci ombi"，意为"可以帮助"。

例（3）jeci ojoro jaka umesi labdu.

可以吃的东西很多。

句中"jeci ojoro"为情态动词"ombi"（可以）与中心动词"jembi"（吃）构成的合成谓语，"jembi"在词根上接缀附加成分"ci"而构成"jeci ojoro"，意为"可以吃"。

例（4）sakdarangge dahūn ciksin oci ojorakū., ciksirengge dahūn asihan oci ojorakū.

[①] 《同文广汇全书》，听松楼藏版。

老者不可复壮，壮者不可复少。①

句中"oci ojorakū"为情态动词"ombi"（可以）与中心动词"ombi"（成为）构成的合成谓语，"ombi"在词根上接缀附加成分"ci"而构成"oci ojorakū"，"ojorakū"为"ombi"的否定式，意为"不可复为"。此句中的两个动词"ombi"，前者为单独作谓语的动词，意为"成为"，非情态动词；后者则为情态动词"可以"，不能单独在句中作谓语，且应位于中心动词之后，与其组成合成谓语。

二 acambi（应该）的语义及用法

情态动词 acambi 在合成谓语中要求前面的中心动词在词根或词干上接缀附加成分 ci，表达"应该……"之意，该合成谓语动词的语法变化则体现在情态动词的词尾变化上。

例（5）si mimbe akdaci acambime imbe akdaci acarakū.

你应该相信我，而不应该相信他。

句中"akdaci acambime"为情态动词"acambi"（应该）与中心动词"akdambi"（相信）构成的合成谓语，"akdambi"在词根上接缀附加成分"ci"而构成"akdaci acambi"，意为"应该相信"；其后的"akdaci acarakū"，"acarakū"为"acambi"的否定式，意为"不应该相信"。

例（6）ere baita ambura harhūsaci acambi，balai niyalma de firgembuci ojorskū.

此事应该特别细致，不可随意泄露于人。

句中"harhūsaci acambi"为情态动词"acambi"（应该）与中心动词"harhūsambi"（细致）构成的合成谓语，"akdambi"在词根上接缀附加成分"ci"而构成"harhūsaci acambi"，意为"应该细致"。

例（7）boode marici acarengge utehai yabuki.

该回家的就走吧。

句中"marici acarengge"为情态动词"acambi"（应该）与中心动

---

① 季永海:《满语语法》，中央民族大学出版社，2011。

045

词"marimbi"（返回）构成的合成谓语，"marimbi"在词根上接缀附加成分"ci"而构成"marici acarengge"，意为"应该回的"，"acarengge"为"acambi"现在—将来时"的字结构形"动名词形式。

例（8）ere baita be adarame icihiyame gamaci acara babe sini lashalara de bi.

这个事该如何处理在于你决断。

句中"gamaci acara"为情态动词"acambi"（应该）与中心动词"gamambi"（处置）构成的合成谓语，"gamambi"在词根上接缀附加成分"ci"而构成"gamaci acara"，意为"应该处置"，"acara"为"acambi"的现在—将来时形式。

三 mutembi（能）的语义及用法

情态动词 mutembi 在合成谓语中要求前面的中心动词在词根或词干上接缀附加成分 me，表达"能……"之意，该合成谓语动词的语法变化则体现在情态动词的词尾变化上。

例（9）bi banidai uthai udu kai, adarame galame mutembi.

我生来就这样，怎么能改。

句中"galame mutembi"为情态动词"mutembi"（能）与中心动词"galambi"（改变）构成的合成谓语，"galambi"在词根上接缀附加成分"me"而构成"galame mutembi"，意为"能改"。

例（10）bi ne geneme muterakū, cimari geneci ombi.

我现在不能去，明天可以去。

句中"geneme muterakū"为情态动词"mutembi"（能）与中心动词"genembi"（去）构成的合成谓语，"genembi"在词根上接缀附加成分"me"而构成"geneme muterakū"，"muterakū"为"mutembi"的否定式，意为"不能去"。

例（11）maka sefu angga alacame mutembio akuun.

不知先生能否答应？

句中"alacame mutembio"为情态动词"mutembi"（能）与中心动

词"alacambi"（答应）构成的合成谓语，"alacambi"在词根上接缀附加成分"me"而构成"alacame mutembio"，"mutembio"为"mutembi"的疑问式，意为"能吗"。

例（12）sirdan gabdame muterengge sirdan gabdambi, beri dadame muterengge beri dadambi.

能射箭的射箭，能拉弓的拉弓。

句中"gabdame muterengge"为情态动词"mutembi"（能）与中心动词"gabdambi"（射）构成的合成谓语，"gabdambi"在词根上接缀附加成分"me"而构成"gabdame muterengge"，"muterengge"为"mutembi"现在—将来时"的字结构形"动名词形式，意为"能射的"。其后的"dadame muterengge"为情态动词"mutembi"（能）与中心动词"dadambi"（拉）构成的合成谓语，"dadambi"在词根上接缀附加成分"me"而构成"dadame muterengge"，"muterengge"为"mutembi"现在—将来时"的字结构形"动名词形式，意为"能拉的"。

四　bahanambi（会）的语义及用法

情态动词 bahanambi 在合成谓语中要求前面的中心动词在词根或词干上接缀附加成分 me，表达"会……"之意，该合成谓语动词的语法变化则体现在情态动词的词尾变化上。

例（13）gurun be dasame bahanambi, cooha be baitarame bahanarakū.

善治国，不善用兵。（康熙朝《清文虚字指南编》）

句中"dasame bahanambi"为情态动词"bahanambi"（会）与中心动词"dasambi"（治理）构成的合成谓语，"dasambi"在词根上接缀附加成分"me"而构成"dasame bahanambi"，意为"善治理"。其后的"baitarame bahanarakū"为情态动词"bahanambi"（会）与中心动词"baitarambi"（用）构成的合成谓语，"baitarambi"在词根上接缀附加成分"me"而构成"baitarame bahanarakū"，"bahanarakū"为

"bahanambi"的否定式形式，意为"不善用"。

例（14）hendure balama, gono micume bahanahakū bade, uthai feliyere be tacici ombio.

常言道："还没有会爬就学走吗？"

句中"micume bahanahakū"为情态动词"bahanambi"（会）与中心动词"micumbi"（爬）构成的合成谓语，"micumbi"在词根上接缀附加成分"me"而构成"micume bahanahakū"，"bahanarakū"为"bahanambi"的否定式形式，意为"不会爬"。

例（15）dambagu gocime bahanara niyalma dambagu dargaci acambi.

会抽烟的人应该戒烟。

句中"gocime bahanara"为情态动词"bahanambi"（会）与中心动词"gocimbi"（抽）构成的合成谓语，"gocimbi"在词根上接缀附加成分"me"而构成"gocime bahanara"，"bahanara"为"bahanambi"现在—将来时形动词形式，意为"会抽的"。

例（16）bi dambagu gocime bahanarakū, arki omime bahanambi.

我不会抽烟，会喝酒。

句中"gocime bahanarakū"为情态动词"bahanambi"（会）与中心动词"gocimbi"（抽）构成的合成谓语，"gocimbi"在词根上接缀附加成分"me"而构成"gocime bahanarakū"，"bahanarakū"为"bahanambi"的否定式形式，意为"不会抽"。其后的"omime bahanambi"为情态动词"bahanambi"（会）与中心动词"omimbi"（喝）构成的合成谓语，"omimbi"在词根上接缀附加成分"me"而构成"omime bahanambi"，意为"会喝"。

五 情态动词的语义分析

由以上几个满语常用情态动词可见，在交际中，人们通过语言来更清楚地表达自己的想法、交流感情，也就是说，人们在心理上有使自己的叙述更主观化的欲求。这种主观化的欲求导致了词义的变化，即由具体的实在的词义向抽象的词义的演变。ombi（可以）、acambi（应该）、mutembi（能）、bahanambi（会）由于语言使用者的主观化欲求而产生了主观性的表现。说话人用ombi（可以）、acambi（应该）、mutembi（能）、bahanambi（会）来表达自己的主观想法和情感。词义的演变过程即语法化，是通过语用推理来实现的。

从以上例句中可见，说话人用ombi（可以）、acambi（应该）、mutembi（能）、bahanambi（会）来表达不同的语义域，即"内容域""认识域""情感域""言语行为域"等，ombi（可以）、acambi（应该）、mutembi（能）、bahanambi（会）在不同语义域之间有所区别，说话人在用ombi（可以）、acambi（应该）、mutembi（能）、bahanambi（会）来表达实际的可能、对可能的主观想法、主观情感以及言语行为时在语义、句法上有制约作用。

从认识域中ombi（可以）、acambi（应该）、mutembi（能）、bahanambi（会）的区别来看，说话人在表达自己的想法时，常常把ombi（可以）和acambi（应该）、mutembi（能）和bahanambi（会）区别开来表达不同的语义，它们出现的句法环境也有不同。以下从主观性程度和主观量的角度对它们在语义和句法上的区别进行解释。

当说话人表达"可以"时，如果是突出强调，需用acambi（应该）来表达，如例句（5）（6）（7）（8）；如果是愿望的情态，可用ombi（可以）来表达，如例句（1）（2）（3）（4）。这种强调程度对ombi（可以）、acambi（应该）的语义和句法有着制约作用；说话人表达强调情态时，acambi（应该）表达主观强度大，ombi（可以）表达主观强度小。

当说话人表达"可能"时，如果是很有把握，用mutembi（能）来表达，如例句（9）（10）（11）（12）；如果是较有把握，用bahanambi（会）来表达，如例句（13）（14）（15）（16）。这种确信程度对mutembi（能）和bahanambi（会）的语义和句法有着制约作用；说话人表达可能时，"能"表达主观量大，"会"表达主观量小。

关于满语情态语义系统研究有诸多内容需要分析探讨，在此仅为初步探讨，还有待于进一步深化研究。

第二章　满语词汇特点

各种具体语言，作为人类的交际工具，当然具有共同性。而具体语言是以特定的民族形式来表达思想的一种工具，因此，其又具有民族特点。就其共同性与民族特点而论，民族特点是主要的。没有这种特点，就会丧失其为独立语言的资格，与另一种语言同化了。正是因为各种具体语言有其特点，语言才成为重要的民族标志。

词汇是语言的建筑材料，是语言里全部词的总称。没有词汇，就不成其为语言，所以词汇在语言系统中占有极其重要的地位。我们要学习、掌握、研究一种语言，充分发挥这种语言在社会中的作用，就必须对这一语言的词汇有深刻的了解，而对这一语言词汇的特点进行深刻的了解尤为重要。只有了解、掌握了语言词汇的民族特点，才能循其规律、特点制定相应的学习方法与研究方法，从而更好更快地掌握、研究这一语言，以达到实际运用的目的。本章就满语词汇的几个重要特点，依据乾隆朝《御制五体清文鉴》[1]与光绪朝《清文总汇》[2]，参照有关史籍，进行分析与探讨，以供满语学习、研究者参考。

第一节　渔猎骑射词语繁多

语言是社会的产物，是随着社会的产生而产生，又随着社会的发展而

---

[1] 《御制五体清文鉴》，民族出版社，1957。
[2] （清）志宽、培宽等编《清文总汇》，光绪二十三年荆州驻防翻译总学刻本。

第二章　满语词汇特点

发展的。因此，社会生活的内容便在语言词汇中得到直接的充分的反映。满族及其先人长期生息繁衍于祖国东北的"白山黑水"地带，因其所处的地理环境、自然条件及历史背景，便形成了满族及其先人的社会生活特点。满族早期社会生活的主要活动内容为渔猎、牧业、征战，农业生产则处于次要地位。由此，便产生了与之相适应的大量词语。

一　狩猎

在东北山脉的密林中，有着大量的禽鸟野兽、山珍特产，这些成为满族先民的基本生活来源。在长期的猎取过程中，满族先民对众多的禽兽有着细微的观察与认识，由此便形成了异常丰富的关于禽兽方面的词汇。以鸡类为例：

junggiri coko	锦鸡	yahana coko	火鸡
guwanggala coko	鹍鸡	alhari coko	山花鸡
jihana coko	金钱鸡	satangga coko	松鸡
niyo coko	水鸡	simelen coko	泽鸡
engge fulgiyan itu	石鸡	nuturu	沙鸡
cuse moo i itu	竹鸡	fiyelenggu	树鸡
suihetu coko	吐绶鸡		

有关鸡类的词汇颇多，难以尽举。不仅每种鸡各有专用词语，而且还有一鸡多名者。如 suihetu coko（吐绶鸡）就有七个别名，[1] 分载为：

junggitu coko	避株		
junggisun coko	锦带功曹	suihetu gasha	绶鸡
mersetu coko	珍珠鸡	junggila gasha	锦囊鸡
fulgiyan suihetu coko	红色吐绶鸡	furgi coko	潮鸡

又据《清文总汇》所载，释为"suihetu coko 吐绶鸡，头红，背翅棕黄兼杂。若摇头则头上出二肉角，颔下出一肉袋，又有别名七"。即上举之。[2]

---

[1] 《御制五体清文鉴》卷30"鸟类"，第4143页；补编卷4"鸟类"，第4833~4835页。
[2] （清）志宽、培宽等编《清文总汇》卷6，第25页。

051

再如 junggiri coko（锦鸡）亦有六个别名，《清文总汇》载"junggiri coko 锦鸡，又别名，yanggidei 华虫、biyanggidei 𪇀、tugidei 天鸡、šunggidei 文鹬、ildedei 鵗鸏、fulgidei 鷩雉"[1]。《御制五体清文鉴》将此七个名称分载。[2]

仅一种鸡，竟有专用词语七八种之多，其丰富程度便可见之。分析其原因，可能有几方面情况：其一，可能是根据此鸡的形态、颜色、年龄、性别等主要特征而命名的；其二，可能为不同历史时期对此鸡称谓发生变化而积累了诸多名称；其三，可能为不同地域对此鸡各有不同称谓而集为多名；等等。这个问题还有待于进一步考证与探讨，在此暂不深析。

有关雕类的专用词语至少有十六种，雁类的专用词语亦有十几种之多，诸如形形色色的珍禽异鸟的词语更是种类繁多，不胜枚举。至于走兽类词汇，不仅分类详细，而且形态描绘生动。仅以鹿为例：

buhū	鹿	mafuta	公鹿
jolo	母鹿	eniye buhū	母鹿
ayan buhū	马鹿	suwa buhū	梅花鹿
uncehen golmin buhū	麈	iren	野鹿角
oron buhū	角鹿	fiyaju	鹿羔
urgešen	一岁鹿	šolonggo	二岁鹿
lorbodo	三岁鹿	ninkime baimbi	母鹿寻子

ninkimbi 或 nirkimbi　牡鹿寻牝

hiyancilaha 或 sesilehe　夏鹿牝牡分群

umanambi　鹿打泥　　gūwayambi　鹿等兽蹭树

kūwacambi 鹿等兽远处见人恶声叫[3]

其他诸如野猪、熊、羊、狍等各类的专用词语皆有十余种之多，鼠类的专用词语竟达三十余种，这是一般民族语言所不及的。

满族先民在长期猎取丰富自然物产的过程中，积累了丰富的狩猎经验，发明了各种各样的狩猎工具，形成了多种多样的狩猎方式方法。由

---

[1] （清）志宽、培宽等编《清文总汇》卷10，第32页。
[2] 《御制五体清文鉴》卷30"鸟类"，第4142页；补编卷4"鸟类"，第4832~4833页。
[3] 《御制五体清文鉴》卷31"兽类"，第4249~4252页；卷31"走兽动息类"，第4289~4291页。

此，便产生了大量相关的词语。如狩猎工具相关的词语，在《御制五体清文鉴》中载录了五十五个，涉及捕猎各种禽兽的专用网、专用套子、串笼、滚笼木笼、吹筒、木筒、粘杆子、鸟媒子、囮子、夹子、跌包、犁刀、地弩、木墩、压木、弸子、弓箭、络子、鹿哨子、鹿套头等诸类。①

狩猎为长年活动，一年四季各有狩猎专用词语。② 例如：

otorilambi 或 soome abalambi	春蒐
ulun gidambi 或 usin i jalin	夏苗
sahadambi 或 wame abalambi	秋狝
hoihalambi 或 kame abalambi	冬狩

狩猎方式方法相关的词汇极为详细。例如：

aba	打围	adambi	排列行围
ulgiyan tumbi	打野猪围	argambi	山上赶兽
undašambi	春雪上赶兽	muran	哨鹿围
uturi	围两头	aba sindambi	放围
uturi acambi	合围	anambi	推围
gocimbi	紧围	songko faitambi	寻踪
ura tebumbi	拦兽使回	dolimbi	赶兽使回
ahūrambi	吓伏卧兽		

二 渔业

满族先民依山傍水而居，不仅受益于丰富的山林资源，而且还享有大量的江河特产。渔业与狩猎相并进行，从而使满族先民的生活来源得以稳定。人们对鱼类的认识、分类及丰富的捕捞技术经验，皆充分地反映在词汇中。例如河鱼类词语就有七十多种。③

nimaha	鱼	ajin	鳇鱼
kirfu	鳟鱼	jelu	白肚鳟鱼

---

① 《御制五体清文鉴》卷22 "打牲器用类"，第3061~3075页。
② 《御制五体清文鉴》卷9 "畋猎类"，第998~1011页。
③ 《御制五体清文鉴》卷31 "河鱼类"，第4460~4478页。

niomošon	细鳞白	fuseli	鲭鱼
takū	鳑鱼	mujuhu 或 hardakū	鲤鱼
siri	鲤鱼拐子	haihūwa	鳊花鱼
fu nimaha	草根鱼	falu	黑鳊花鱼
fonksonggi	松花鱼	duwara	鲇鱼
geošen	狗鱼	horo	黑鱼

有关捕鱼的词汇[①]如：

butha	渔猎	buthašambi	行鱼猎
dangdalimbi	下拦河网	nimahašambi	打鱼
herembi	捞鱼	šudaombi	兜网中鱼
hūrhadambi	大网打鱼	hajilambi	下赶网
tubilembi	罩鱼	tonjimbi	击水打鱼
harhūdambi	搅水呛鱼	welmiyembi	钓鱼
sekembi	鱼上饵	girin efulembi	敲冰打鱼
malašambi	椎冰震小鱼	fegeceku	毒鱼药

有关各种渔具的词汇更是不胜枚举，其源于满族先民发达的渔猎生产方式。

三　畜牧

满族先民所居之地，既有富饶的山水，又有辽阔繁茂的草原，这是畜牧业发达的良好条件。因此，畜牧业生产便成为满族早期社会生活的又一重要内容。当时所驯养的牲畜种类很多，诸如马、牛、羊、骡、猪、鸡、鸭、鹅、犬等皆有。而其中尤以马为盛，因马具有广泛的用途，狩猎、生产、征战、朝贡、贸易皆离不开马。畜牧业的发达，反映在词汇上，便形成了大量有关词语。据初步统计，畜牧业相关的词语多达六百余个。[②] 其中有关马的种类、形态、毛色、肢体、牧养、使用等的词语竟

[①]《御制五体清文鉴》卷 22 "打牲类"，第 3035~3044 页；卷 22 "打牲器用类"，第 3059~3060 页。
[②]《御制五体清文鉴》卷 31 "牲畜部" "马匹类"，第 4297~4453 页。

达 449 个之多。① 其丰富程度，实属罕见。

如种类有：

morin	马	jakūn kuluk	八骏
kuluk jerde	赤骥	borro kara	盗骊
ginbar keire	华骝	argūma sarla	浴洼骏
kulutu fulan	苍龙骥	cabaga suro	雪团花
kukela alaha	碧云骣	jahaltu sirga	锦膊骢

如年龄类有：

unaha	马驹	sucutu	二岁马
artu	三岁马	saifatu	四岁马
daha	小马		

如形态类有：

doronggo	马稳重	dayancambi	马摇脖子
hebengge	马随手	julungga	马柔和
cira	马强壮	ondosombi	马耐远
modo	马蠢笨	saiburu	小走
joran	大走	uncehen aššame yabumbi	颠着走
tur seme	淌走	fekumbumbi	跃马
kunggur seme	众马走声	aihadambi	马撒欢

如毛色类有：

fulan	青马	suru	白马
suiha fulan	粉青	boro fulan	沙青
tolbotu	菊花青	ulu	喜鹊青
jerde	红马	kara	黑马
cohoro 或 tobtoko 豹花			

如牧养类有：

| adun | 牧群 | adulambi | 牧放 |

---

① 《御制五体清文鉴》卷 31 "马匹类"，第 4317~4453 页。

tuwakiyambi	看守	kederembi	巡视
suwangkiyabumbi	使啃草	ulebumbi	喂养
ilerembi	拴着啃草	ibembi	添草料
bordombi	喂肥	tarhūlambi	使上膘

四 骑射

满族最早为游猎兼畜牧的氏族和部落的共同体。在游牧部落间，"战争便成为每一个这种自然形成的集体的最原始的劳动形式之一，既用以保护财产，又用以获得财产"①。由于渔猎、畜牧与战争的需要，善骑射便成为满族最主要的特征之一。重骑射为满族历代之风，甚至在1636年，满族统治者皇太极还采取了历史上有名的"国语骑射"政策，用以保持本民族的主要特点。长期的骑射之风，便形成了相适应的大量词语。据《御制五体清文鉴》载录，有关骑射类的词语多达二百余个。②

例如：

gabtan	射	icitai	右手射
hasutai	左手射	some gabtambi	乱射
tatambi	拉弓	darambi	拉满
niyamniyan	马箭	šusihalambi	打鞭
morin bargiyambi	收马	solbimbi	搭扣
cecerembi	弓硬难拉	uksalambi	撒放
tulfambi	箭弓并回	golaha	放箭手动
fiyelembi	骗马	fiyelebuku	骣架
momorsombi	射箭慌张	kalumime	箭透皮
niyamniyambi	射马箭	gabtambi	步射
gabsihiyalambi	轻骑	singgiyambi	步箭
ferhelembi	大指勾弦	cecikelembi	二指捏扣射

---

① 〔德〕马克思：《资本主义生产以前各形态》，人民出版社，1956，第27页。
② 《御制五体清文鉴》卷8"征伐类"，第906~909页；"步射类"，第939~958页；"骑射类"，第959~966页；"骗马类"，第967~973页。卷9"畋猎类"，第997~1025页。

kalfin	一挑箭	gunggulembi	向上射
juki	弓拉的浅	cirhūmbi	拉满又退回
šorgimbi	箭箭中一处	goimbi	（箭）中

第二节　动词形态变化复杂

在满语各类词中，动词数量不仅多而且最为活跃，其形态变化极为丰富。在句子中，根据动词的形态变化而确定句子的意义，因此，动词在满语中的地位极为重要。对于满语，要想学懂弄通、灵活运用，了解、掌握动词的各种形态变化是最关键的问题。

满语动词按形态划分，可分为有形态变化动词和无形态变化动词。无形态变化动词量很少，常见的仅有几个，如 bi（有、在）、akū（没有）、waka（不是、非）、inu（是）、joo（算了、免了、罢了）。大部分为有形态变化动词，其由词干与词尾两部分组成，词尾皆为 mbi，形态变化发生在词尾和词中，词干不变。动词的形态变化主要为时、态、式三种，时、态、式皆属语法范畴。时表示动词某种时间概念的语法形式，态表示动词某种状态的语法形式，式表示动词某种语气的语法形式。当动词发生形态变化时，其一为词尾 mbi 脱落，在词干上接缀附加成分，表达各种不同的语法意义；其二为动词词干与词尾之间缀以中缀附加成分，表达多种相异的语法意义。

在满语有形态变化的动词中，大部分动词的形态变化有一定的规则，可称之为有规则动词；还有一部分动词的某些形态变化无规则，可称之为无规则动词，这类动词数量很少。下面我们以有规则形态变化动词为例，看其多种形态变化形式，了解其表达的多种语法意义。

一　动词时制变化形式及其语法意义

以有规则形态变化动词 tuwambi（看）为例，看其时制变化形式及其语法意义。

1. 现在—正在时

例（1）bithe be tuwame ilihabi. 正在看书。

例（2）bithe be tuwamahabi. 正在看书。

例（3）bithe be tuwame bi. 正在看书。

例（4）bithe be tuwafi bi. 正在看书。

例（5）bithe be tuwahai bi. 一直在看书。

以上五个例句皆为动词 tuwambi 现在—正在时的表现形式。例（1）（2）（3）虽然表现形式不同，但语法意义相同。例（4）（5）两种表现形式的语法意义则稍有不同，例（4）表示所陈述的动作行为仍然会持续下去，例（5）表示所陈述的动作行为一直进行。

2. 现在—将来时

例（6）bithe be tuwara. 将要看书。

3. 过去时

例（7）bithe be tuwaha. 看书了。

例（8）bithe be tuwahabi. 已经看过书了。

例（9）bithe be tuwaha bihe. 曾经看过书。

例（10）bithe be tuwambihe. 曾看书来着。

二 动词的情态变化形式及语法意义

继续以有规则形态变化动词 tuwambi（看）为例，看其情态变化形式及其语法意义。

例（1）bithe be tere be tuwabumbi. 让他看书。（使动态）

例（2）bithe be tede tuwabumbi. 书被他看了。（被动态）

例（3）bithe be tere tuwanambi. 他去看书。（方向态）

例（4）bithe be tere tuwanjimbi. 他来看书。（方向态）

例（5）bithe be tuwanumbi. 一齐看书。（齐动态）

三 动词的语气变化形式及其语法意义

仍然以有规则形态变化动词 tuwambi（看）为例，看其语气变化形式及其语法意义。

例（1）bithe be tuwarakū. 不看书。（现在时否定式）

例（2）bithe be tuwahakū. 没有看书。（过去时否定式）

例（3）bithe be tuwambio. 看书吗？（现在—将来时疑问式）

例（4）bithe be tuwahao. 看书了吗？（过去时疑问式）

例（5）bithe be tuwahakūn. 没有看书吗？（过去时否定式疑问式）

例（6）bithe be tuwarakūn. 不看书吗？（现在—将来时否定式疑问式）

例（7）bithe be tuwame tuwarakū. 看不看书？（现在—将来时选择疑问式）

例（8）si bithe be tuwa. 你看书！（直接命令式）

例（9）tere be bithe be tuwakini. 让他看书！（间接命令式）

例（10）si ume bithe be tuwara. 你不要看书！（禁止命令式）

例（11）si bithe be tuwaki. 请你看书。（请愿式）

例（12）si bithe be tuwarao. 请你看书。（请愿式）

例（13）si bithe be tuwarahū. 恐怕你看书。（虚拟式）

四 动词的副动词、形动词、动名词形式及其语法意义

满语动词除时、态、式的变化形式以外，还可在动词词干上接缀各种附加成分，构成副动词、形动词、动名词。

1. 动词的副动词形式

根据副动词的各种形态所表示的不同语法意义，可将其分为十种：并列副动词、顺序副动词、条件（假设）副动词、连续副动词、直至副动词、极尽副动词、延伸副动词、未结副动词、伴随副动词、程度副动词。下面仍以动词 tuwambi（看）为例，看其变化形态与意义。

例（1）tere bithe be tuwame hergen be arambi. 他看书写字。（并列副动词）

例（2）tere bithe be tuwafi geli hergen be arambi. 他看了书后又写字。（顺序副动词）

例（3）bi bithe be tuwaci uthai urgunjembi. 我一看书就高兴。（条件副动词）

例（4）si bithe be tuwaci uthai jicina. 你若看书就来吧。（假设副动词）

例（5）tere tuwahai seolembi. 他一直看着思考着。（连续副动词）

例（6）tere getukeleme tuwatala teni nakaha. 他直到看明白方罢。（直至副动词）

例（7）tere bithe be tuwanggala neneme sefu i tacibure be dojimbi. 他看书之前先请教老师。（未结副动词）

例（8）tere bithe be yooni tuwatai teni nakaha. 他把书全看明白方罢。（极尽副动词）

例（9）tere bithe be tuwaralame hergen arambi. 他边看书边写字。（伴随副动词）

例（10）tere majige getukeleme tuwashūn, uthai tuwarakū oho. 他稍微看明白些，就不看了。（程度副动词）

2. 动词的形动词、动名词形式

当动词构成形动词、动名词时，其形态变化与动词时、式的一些形态变化相同，但其表示的语法意义不同，这要根据具体的语言环境来判断。例如：

例（1）bithe be tuwame bisire niyalma. 正在看书的人。（现在—正在时形动词）

例（2）bithe be tuwara niyalma. 看书的人。（现在—将来时形动词）

例（3）bithe be tuwaha niyalma. 看了书的人。（过去时形动词）

例（4）bithe be tuwarakū niyalma. 不看书的人。（现在—将来时否定式形动词）

例（5）bithe be tuwahakū niyalma. 没有看书的人。（过去时否定式形动词）

例（6）bi tere bithe be tuwame bisire be sabuha. 我看见他正在看书。（现在—正在时动名词）

例（7）bi tere bithe be tuwara be sabuha. 我看见他看书。（现在—将来时动名词）

例（8）bi tere bithe be tuwaha be sabuha. 我看见他看书了。（过去时动名词）

3. 动词的"的字结构形"形式

动名词还有一种形式称为"的字结构形"动名词，是在现在—正在时形动词形式、现在—将来时形动词形式、过去时形动词形式、否定式形动词形式后面接缀附加成分 ngge 所构成的动名词。例如：

例（1）bithe be tuwarangge oci mini non inu. 看书者是我妹妹。

例（2）bithe be tuwahahūngge hūdun tuwacina. 没有看书的快看吧。

例（3）sini tuwahangge be bi inu gemu tuwaha. 你看过的我也都看了。

通过以上例句，我们看到了动词 tuwambi 的多种形态变化形式及其表达的种种语法意义，由此可知，满语动词的形态变化的确是丰富而复杂的。根据满语动词的特点及其在语法结构中所占的地位，我们应重视对其了解与掌握。只有熟练掌握大量形态变化丰富的动词，才能达于学好用好满语的目的。

第三节　满语借词量大丰富

各种语言都有一定数量的借词，而满语当中的借词则更多一些，这是满族特殊的发展历史所致。满族具有悠久的历史渊源，经历了漫长而复杂的变化历程。满族及其先人在历史发展过程中，不断地与其他民族接触、交融，与汉族的交往尤为频繁、密切，因此相互影响，相互促进，语言的影响与借用便成为自然。满族共同体形成于明代末年（17世纪初年），这样一个新兴的民族，与历史悠久、经济文化发达的汉族相比，许多方面是比较落后的，因而必然要受到先进民族更多的影响。并且满族是一个充满活力的民族，具有蓬勃向上、发展进取、善于学习、取长补短的特点，对于新鲜事物，采取积极学习吸收的态度，此亦成为满族社会飞速向前发展的重要原因之一。满族人在学习吸收先进文化与科学技术的同时，亦吸收了大量本民族所需要而原来没有的词语，并将这些词语加以改造，使其适应本民族语言的内部规律，成为满语词汇的组成部分。大量借词的采用，使得满语词汇趋于丰富，臻于完善。满语中的借词主要来源于汉语，这一点在满族入主中原后更为明显，官名、行政区名等几乎全部借用。满语借词其次来源于蒙古语、藏语、梵语等。满语借词涉及政治、经济、文化、军事、佛教、生活等诸方面，主要为名词、动词和量词。其有以下几种类型。

一 直接借词

直接借词是音义一起借用的词，主要为名词和量词。例如：

hūwangdi	皇帝	hūwangheo	皇后
hūwang taidzi	皇太子	wang	王
hūwang guifei	皇贵妃	gungju	公主
taiši	太师	taifu	太傅
c'yming	敕命	jiyanggiyūn	将军
lama	喇嘛	doose	道士
gobi	戈壁	funglu	俸禄
boobai	宝贝、玉玺	hūbe	琥珀
loo	牢狱	ce	册
ciyanliyang	钱粮	giyoocan	教场
giyoošun	孝顺	ging	京、经、更
baisin	百姓	timu	题目
cuwan	船	cai	茶
hose	盒子	giyose	饺子
dengjan	灯盏	mabu	抹布

jang	丈	c'yi	尺
fuwen（fon）	分	li	厘
hoo	毫	gin	斤
mu	亩	ku	库

二　借音转义

借音转义是仅借某词的发音，而意义有所不同的词。例如：

yoose 音为汉语"钥匙"，而满语义为"锁头"。
panse 音为汉语"盘子"，而满语义为"棋盘"。
ben 音为汉语"本"，而满语义为"有本领之人"。
giyaban 音为汉语"夹板"，而满语义为"夹棍"。
dise 音为汉语"底子"，而满语义为"稿"。
kiyangkiyan 音为汉语"强健"，而满语义为"强健、有本事、英雄、豪杰、毅（封谥用字）"等。

这类词数量不多，但遇到时应注意音与义的区别。

三　借词加附加成分

在所借词后附加合乎满语构词规律或特点的成分而构成的新借词。例如：

giyantu	铜	fungse	浆粉
puseli	铺子	hoseri	盒子
baise	白菜	miyori	秒
dangpuli	当铺	maise	麦子
fengse	盆	jungken	钟
dunggu	洞	laihū	赖皮
polori	筐箩	ingtori	樱桃
giyalan	间	pingguri	苹果
giyangnambi	讲、论	fampilembi	封
boolambi	汇报、上报	dacilambi	打听、打探

pil<u>e</u>mbi	批	cil<u>e</u>mbi	涂漆
maima<u>š</u>ambi	做买卖	šan<u>g</u>nambi	赏

四　借词加注

在借词后加注说明其类别，一般用于专有名词。例如：

tai šan <u>alin</u>	泰山（山）	šeo šan <u>alin</u>	首山（山）
u hiya šan <u>alin</u>	巫峡山（山）	hūwang ho <u>bira</u>	黄河（河）
hūwang hai <u>mederi</u>	黄海（海）	non giyang <u>ula</u>	嫩江（江）
siyoo šui <u>muke</u>	潇水（水）	siyang šui <u>muke</u>	湘水（水）
dzui ung ting <u>ordo</u>	醉翁亭（亭）	lan ting <u>ordo</u>	兰亭（亭）
nan yang <u>ba</u>	南阳（地名）	tong guwan furdan	潼关（关）
taišeo hafan	太守（官）	bujengši hafan	布政使（官）
jafu <u>bithe</u>	札付（文）		

五　合成词

由借词与满语词结合构成的词汇。例如：

funglu bele	俸米	cai muke	茶水
	俸禄　米		茶　水
yuwei coko	越鸡	ging hecen	京城
	越　鸡		京　城
han gurun	汉朝	ginliyan ilha	金莲花
	汉　国		金莲　花
ciyanliyang cifun	赋税	dengji orho	灯草
	钱粮　税		灯　草

满语借词在构词和形态变化上，具有满语固有词汇同样的语法变化功能。

随着满族入关建立统治，满汉族的交融更为密切广泛。满族在政治上虽然处于统治地位，但在经济、文化以及语言上都受到汉族更为强烈的影响，此乃历史发展必然规律所致。满族统治者为维护和加强统治，实行文武并治政策。一方面采取严厉的统治措施：强化军政、圈地、八旗驻防垦荒，强迫汉人投充、剃发易服等。一方面吸取、采用汉族的封建思想文化，对汉族地主及其知识分子进行笼络与利用。提倡满族人学习汉语文，汉族人学习满语文，并用汉语文开科取士。这在客观上加强了满汉文化的交流，更促进了满族人对汉族文化的学习与吸收，满语中的汉语借词亦随之增多。在此情况下，满族统治者为了保持本民族的主要特点，又不得不三令五申地提倡"国语骑射"。为了排斥汉语借词，乾隆朝采取了具体措施：废弃借词、创制新词，改造借词，使之满语化。刊行《御制增订清文鉴》，增加了"新定国语五千余句"。尽管如此，效果甚微。由于人们长期使用借词而难以接受新词，便出现了新旧词并用的现象，这些词虽音形有别，而意义相同。对此，我们在学习运用中应注意掌握。

通过以上分析，我们初步了解到满语词汇的主要特点，可见语言词汇的特点是与社会发展状况、民族特点密切相关的。通过了解、掌握满语词汇特点，不仅有助于我们学习、运用满语，而且有助于我们对满族发展史、满族与其他民族的关系史等进行深入的探讨与研究。

第三章 满语词汇语义辨析

满语词与词之间的各种关系研究是本研究的重要方面。语义学的研究内容主要在于词语的意义和结构、词与词间的各种意义关系。本部分主要对满语词与词之间的各种关系进行分析，如同义词、多义词、同音词等，分析词语之间的细微差别。

第一节 同义词语义辨析

社会交际需要人们运用丰富多彩的词汇表达思想感情。要准确、无误、鲜明、生动地表达思想感情，准确掌握词义是十分重要的。同义词在语言的运用中为人们准确、细致地表达思想提供了多种选择的可能，因而，同义词的辨析便成为语言研究工作中的重要内容了。只有仔细辨明同义词在意义、感情色彩、用法等方面的差别，才能在运用中达于细致准确、恰如其分。同义词又具有民族特点，两种语言中意义相当的两个词，其所具有的同义关系是不同的。所以，学习一种语言必须掌握其同义关系。尤其是进行翻译工作，更需要了解两种语言的语义对应，深入了解原文的确切含义。在译文中选用意义、色彩相等的词语，由此达于恰如其分地转述原意。以下从几方面对满语同义词的细微差别进行辨析，以达于准确掌握、运用之目的。

同义词是指意义相等或相近的词。意义相等的同义词，代表同一的事物或概念，只是在修辞色彩等方面有细微的差别。例如 eme（母亲）、ama（父亲）、ahūn 或 agu（兄长）一般是书面用语或敬称，比较庄重，而 eniye（娘）、jeje（爹爹）、age（阿哥）一般用于口语呼叫，比较亲切，满语中这类同义词为数不多。大多数同义词是意义相近的同义词，这类同义词代表的事物或概念有很大的共同性，但在意义、感情色彩或用法方面有细微的差别，即"同中有异"。也有少部分同义词的意义基本相同，可以通用或连用。

一 意义的差别

1. 词义轻重的差别

有些同义词的意义基本相同，但在程度上有着轻重的差别。其中以动词、形容词、副词居多。例如：

beyembi　　寒　　　　niombi　　　透骨寒

这两个词都有"寒冷"的意思。前者为一般的寒冷，而后者的寒冷之义则是"刺骨寒冷钻疼"，表示极冷，在程度上较前者为重。例如：

例（1）emu hehe jodorakū oci, embici beyere be alirengge bi.
一女不织，或受其寒。（《圣谕广训》）

例（2）tubai nahan niome šahūrun, teci ojorakū.
那里的炕冰（骨头）凉，坐不得。（《清文启蒙》卷二）

例（3）ini gala be sefareci juhe i adali niome šahūra ofi, ……．
握其手，冷如冰，……。（《择译聊斋志异·莲香》）

gelembi　　害怕　　　sesulambi　　　　惊骇
golombi　　惊怕　　　gūwacihiyalambi　惊吓、惊愕

这四个动词都有"害怕"的意思，但词义轻重不同。gelembi 的词义是遇到困难、危险等心中不安或发慌；而后三个词的词义是由于意外的刺激惊慌害怕，除含有"害怕"之义外，还有"惊慌"的意思。可见 gelembi 的词义较后三个词的词义轻。而后三个词相比较，词义轻重程度基本相同。例如：

例（4）yobodome hendume, agu si emhun teci hutu dobi de gelerkūn, injeme jabume, haha niyalma hutu dobi de gelere aibi.

戏曰：君独居不畏鬼狐耶？笑答云：丈夫何畏鬼狐。(《择译聊斋志异·莲香》)

例（5）ere arbun be tuwafi, ambula golohoi.
睹此状，大惧。(《择译聊斋志异·画皮》)

例（6）ede ju hiyoo liyan sukdun cirgabuhai mamun akū, meng lung tan gūnin golohojohoi mašan baharakū.
朱气结而不扬，孟心骇而无主。(《择译聊斋志异·画壁》)

例（7）senggi jolhoro gese eyefi, farpi bucere hamika, geren gūwacihiyalafi,……．
血溢如涌，眩瞀殒绝，众骇，……。(《择译聊斋志异·张诚》)

例（4）（5）（6）（7）分别用了四个含有"害怕"之义的词，由于词义轻重不同，分别表达了不同程度的意义。如果把 gelembi 用于例（5）（6）（7）中，便不能充分表明句中人惊慌害怕的程度，而减弱了句子的生动性。

fayambi　　花费　　mamgiyambi　　奢费

这两个词都有"花费"的意思。但前者仅有"花费"之义，而后者除"花费"之义外，还有"过分、大量"的意思。显然前者词义轻，后者词义重。例如：

例（8）emu biyai sidende ududu biyai caliya be fayambi.
一月费数月之粮。(《圣谕广训》)

例（9）ume mamgiyame fayame, ulin nadan be facihiyara,……．
勿奢而费，耗其赀财，……。(《圣谕广训》)

umesi	很、最	hon	最、太、极
dembei	甚、极	ambula	颇、博、大
jaci	最、甚、太		

这五个程度副词都有"很、最"的意思，但相比较而言，词义轻重有差别。umesi 在一般情况下常用，表示程度"相当高"。而后四个副词所表示的程度除"相当高"外，还含有"超越、极至"之义，词义都较 umesi 为重。例如：

例（10）ini dukai šabisa umesi geren, yamjishūn erinde yooni isanjifi, …….

其门人甚众，薄暮毕集，……。（《择译聊斋志异·劳山道士》）

例（11）emu gašan i niyalma hūdi bade sulhe uncara de amtan umesi jancuhūn, hūda jaci mangga.

有乡人货梨于市，颇甘芳，价腾贵。（《择译聊斋志异·种梨》）

例（12）ju el ulhiyen i mutufi, fujurungga ambalinggū yala buyecuke, tuttu seme, banitai hon beliyen.

珠儿渐长，魁梧可爱，然性绝痴。（《择译聊斋志异·珠儿》）

例（13）tuwara de nokai ja, yabure de dembei mangga.

看之容易，做之甚难。（《重刻清文虚字指南编》）

例（14）ere baita sara niyalma akū bihe, li hūwa donjifi ambula gūwacihiyalaha.

此事人无知者，李闻之，大骇。（《择译聊斋志异·珠儿》）

例（15）yargiyan i usin tarire de ambula tusa ombi.

实于农田大有裨益。（道光朝《明兴阿等奏折》）

例（11）中用了两个程度副词 umesi 与 jaci，前者只表示"梨味很香甜"，没有达到"超越、极至"的程度。而后者所表示的"价腾贵"，则说明"梨价飞涨"，达到了"超越、极至"的程度。由于这两个副词运用得恰如其分，使其语意精确、生动。

yebe　　稍愈　　duleke　　痊愈了、过去了

这两个词都有"病愈"的意思，但是词义轻重有别。前者表示"病稍愈"，但未痊愈；后者则表示"病痊愈了"，在程度上强于前者。例如：

例（16）ede jendu okto be sile muke de barabufi omibuci, udu inenggi ulhiyen i yebe ofi, mama jui gemu urgunjehe.

潜以药入汤水杂饮之，数日渐安，父子俱喜。（《择译聊斋志异·贾儿》）

例（17）cang da yong geteke manggi, šun i elden fa de jalu fosofi, cendeme ilifi, nimeku šuwe duleke, ede gūnin i dolo ele endurin seme akdaha.

常大用既醒,红日满窗,起试,病苦失,心益信其为仙。(《择译聊斋志异·葛巾》)

yebe 与 duleke 除在"病愈"之义上的程度差别外,还有完全不同的意义。tuleke 是多义词,有"痊愈了""过去了""火着了"几种意义,而 yebe 仅有"稍愈"之义,这与 duleke 的另外两个词义是完全不同的。所以,更应该注意区别运用。

teyembi　歇息　　jirgambi　安逸、逸乐、受用

这两个词都含"休息"之义,但在程度轻重、时间长短及形式上都有差别。

teyembi 指暂时停止活动,缓一缓精力与体力,在形式上很简单。jirgambi 所指的休息则是长时间的安闲舒适,有享受之义,而且在形式上也是多样的。例如:

例(18)yo jung emhun tatara boo de teyere de, emu jakūn uyun se isire ajige jui puseli de giohame baimbi.

(乐)仲独憩逆旅,有童子方八九岁,丐食肆中。(《择译聊斋志异·乐仲》)

例(19)mini gūnin de, suweni geren irgen usin niyalma de hūsutuleci acambi, ume jirgara be baime suilara de sengguwere,…….

愿吾民尽力农桑,勿好逸恶劳,……。(《圣谕广训》)

满语中有许多同义词在程度上轻重不同。诸如:

wacihiyašambi 发急、着急 —— fathašambi 咆躁、烦躁

genggiyen 光、明、聪明、清 —— gehun 光亮、明亮、明明白白、清清楚楚

halukan　热、温、暖　——　halhūn　热、温

eru　　　强壮　　　　——　kiyangkiyan　强健、豪强

baicambi　查勘、考察　——　getukelembi　查明

以上各组词义皆是前者词义轻,后者词义重。因而,对这类同义词的选用,应注意准确、恰当,以利于语意的精确表达。

2. 范围大小的差别

有些同义词指称同类事物，但意义范围有大有小。例如：

na 地　　ba 处、地方、里数　　usin　田地
falan　　屋内地、场院、里巷　　hūwa　院子地

这几个词都指"地方"，但所包括的范围却有大小之别。na 泛指天地四方之地，范围最大；ba 所指的是"某地""某处"，范围较小；而 usin 仅用于"田地"；另外，falan、hūwa 只是指屋内地与院子地，其范围更小。由此，对各词的选用，能表示不同的意义范围。例如：

例（20）umesi jiramin tumen jaka be alihangge be na sembi.

至厚而载万物者为地。（《重刻清文虚字指南编》）

例（21）abka na ini cisui banjinara aisi be umesi buhekū sere ba akū，…….

天地未尝不与以自然之利，……。（《圣谕广训》）

例（22）terei ba yūn nan，guwangsi de ujen acahabi.

那个地方与云南、广西接壤。①（《出使交趾纪事》）

例（23）hafan cooha isinaha jakade tesu ba i tanggūt urse gemu hūlhai data be jafafi okdome alibume dahaha.

官兵所到，本地番人，皆擒贼献目以降。（《平定金川方略》）

例（24）bi alin tokso de bederefi usin yalu be tuwakiyame bihe.

吾退居田园，躬耕桑野。（《异域录序》）

例（25）damu golmin salungga aha teile funcefi, etuku sufi hūwai wehe de deduhe.

惟长须奴独留，脱衣卧庭石上。（《择译聊斋志异·贾儿》）

例（26）si ere falan be ainu erirakū，dere be inu dasihiyarakū.

这个地你怎么不扫，桌子也不掸。（《清文启蒙》卷二）

de 时候　　fonde　时候、时节
nerginde　之际　　andande　之际、之间

---

① （清）邬黑：《出使交趾纪事》，康熙二十三年殿刻本。

sidende　之际、之间　　erin　　时间、时辰

以上各词皆指"时候"，但各词所表示的时间范围大小不同。例如：

例（27）baita icihiyara de，tondo oso.

办事的时候要公。(《重刻清文虚字指南编》)

例（28）warkū mejige be donjiha de，ini cisui wasimbi kai.

闻不杀之消息（时），自然下山。(乾隆朝《重抄本满文老档》)

例（29）tuwara de ja gojime，yabure de mangga.

看时容易做时难。(《清文启蒙》卷三)

例（30）siowan de i fonde，gurung ni dolo gurjen becunubure efin be wesihulere jakade，aniyadari irgen ci gaimbihebi.

宣德间，宫中尚促织之戏，岁征民间。(《择译聊斋志异·促织》)

例（31）bi asiha i fonde inu aniya hacin i ucuri be buyeme erembihe.

我少年的时候，也爱盼望年节来着。(《清文启蒙》卷二)

例（32）tolome baicara nerginde，gaitai icen hafan halaci ojorakū.

盘查之际，不可顿易生手。(《重刻清文虚字指南编》)

例（33）aga agara sidende，kiceme baitalarangge jing teisu.

下雨之际，正好用功。(《重刻清文虚字指南编》)

例（34）majige andande，tulhun tugi duin ergi ici dekdehe.

须臾之间，阴云四起。(《重刻清文虚字指南编》)

例（35）hetume tuleme yabure hūdai niyalma meihe morin honin ere ilan erinde saikan seremšeme yabu.

如有过往客商人等，可于巳、午、未三个时辰结伴过岗。(《水浒传》)

例（36）duin ergi tenggin i jahūdai be tuwaci，emu erin de wacihiyame ubaliyaka.

四顾湖舟，一时尽覆。(《择译聊斋志异·织成》)

例（37）tuwaci，aniyadari ts'ang neifi bele sindara de puseli neihe hūdai urse teisu teisu bele be udafi iktabume asarafi，hūda wesike erinde tucibufi uncambi.

窃见，每年开仓放米之时，铺户贾人俱纷纷买米积贮，俟价昂时粜卖。

072

第三章　满语词汇语义辨析

由以上例句可见，de 所指的"时候"泛指时间，范围广泛；fonde 一般指过去的某一时期或某一段时间，范围小于 de；nergide、andande、sidende 所指时间则是事情发生之际，范围更小；而 erin 仅指具体的时辰、时刻，范围最小。

deijimbi　焚烧　　　　　tekdebumbi　焚烧（纸钱）

这两个词都为"焚烧"之义，但使用的范围不同。例如：

例（38）jai ineggi tehe boo tuwa tuibufi, badarakai ududu giyalan boo, dere deretu besergen jergi jaka be duijifi yooni yaha fulenggi ohobi.

次日居舍灾，延烧数屋，只案床榻，悉为煨烬。（《择译聊斋志异·青蛙神》）

例（39）hangsi ineggi ojoro jakade, tuttu buda doboro nure hisalarangge bi, boihon nonggire jiha tekdeborengge inu bi.

因为是清明日子，所以有供饭奠酒的，也有添土焚化纸钱的。

例（40）fe ineggi tangse de gamafi, tangse de lakiyaha hoošan, sitan mooi sasari tekdebumbi.

除夕，送赴堂子，与堂子内所挂净纸及神杆同化之。[①]（《钦定满洲祭神祭天典礼》）

由例句可以看出，deijimbi 泛指各类物品的焚烧，使用的范围广；而 tekdebumbi 仅指"纸钱"的焚烧，使用的范围很小。

ilambi　开花　　　　neimbi　开启

这两个词都为"开"之义。前者仅为"开花"之开，使用范围很小。后者则泛指开启，使用于各类事物，范围较为广泛。例如：

例（41）nenden amala ilha ilafi, eici fulgiyan eici šanyan.

先后开花，或红或白。（《荷花》）

例（42）seibeni ulandume gisurehe bade, furdan neire juleri amala urunakū agambi, tucire dosire ucuri urunakū galambi sehe bihe.

先前相传曰："开关前后必雨，出入之际必晴。"

[①]（清）允禄等奉敕修纂《钦定满洲祭神祭天典礼》，乾隆四十五年内府朱格抄本。

例（43）tafulare jugūn be ambula neihe.

广开言路。（《重刻清文虚字指南编》）

例（44）fang šeng yasa sohiha, neici ojorakū.

（方）生眯目，不可开。（《择译聊斋志异·瞳人语》）

例（45）ere beri i tebke be, bi inu neime muterakū, absi mangga na.

这个弓的垫子我也开不开，好硬啊。[①]（《续编兼汉清文指要》）

例（46）uce neifi tuwaci, dule šahūn ambarame nimarahabi nikai.

打开房门一看，原来下了白花花的大雪了。

二 感情色彩的差别

带有情态色彩的同义词，表达了人们对事物的爱与憎、肯定与否定的不同态度。表示肯定态度的词称为褒义词，表示否定态度的词称为贬义词。此外，还有一些不含褒贬意义的词，称为中性词。例如：

hibcarambi 节俭　　jibgešembi 吝　　hairambi 舍不得、可惜

这三个动词都有"俭省"之义。但所不同的是：hibcarambi 指用财物有度，是褒义词；jibgešembi 指过分爱惜财物，当用而不用，是贬义词；hairambi 则指爱惜财物，舍不得用，不含褒贬义。例如：

例（1）malahūn hibcan be wesihulefi, ulin i baitalara be hairarangge.

尚节俭以惜财用。（《圣谕广训》）

例（2）coohome deribun de malhūšarakū hibcararakū oci, urunakū gasara aliyara de isinara be henduhebi.

盖言始不节俭，必至嗟悔也。（《圣谕广训》）

例（3）booci tucike niyalma jibgešeme hairandara be ulhirakū.

出家人不解吝惜。（《择译聊斋志异·种梨》）

sure 聪明　　　　mergen 智　　　jalingga 奸

这几个词都有"机敏"的意思，但其表达的情态却不同。sure 指智

[①]（清）富俊辑《续编兼汉清文指要》，嘉庆十四年三槐堂刻本。

力强、敏慧，是褒义词；mergen 指聪明、智慧，对事物能迅速地、灵活地、正确地理解和解决，也是褒义词；而 jalingga 则是指狡诈虚滑，为贬义词。例如：

例（4）gungdzi i gebu dzai cang, tere fonde juwan ninggun se, kemuni šu fiyelen arame muterakū, tuttu seme umesi sure.

公子名在昌，时年十六，尚不能文，然绝慧。（《择译聊斋志异·业生》）

例（5）niyalma de enduringge bisire arsari bisirengge ai turgun seci mentuhun i banin adali akū ofi kai.

人之有圣有凡，是何缘故，乃贤愚之性不同也。（《重刻清文虚字指南编》）

例（6）etuhun jalingga urse de sidenderi giyatarabure, …….

致被豪猾之中饱，……。（《圣谕广训》）

例（7）jalingga ehe baita de amuran urse, ememungge koimali arga i acuhiyadame šusihiyembi, …….

而奸顽好事之徒，或诡计挑唆，……。（《圣谕广训》）

saikan　好看、美　　　　hojo　俏、佳
giltukan　俊秀　　　　　goiman　俏浪

以上几个形容词都指容态之美。saikan、hojo、giltukan 谓容态秀美、俏丽，是褒义词；而 goiman 所指则是轻浮淫荡之美，是贬义词。例如：

例（8）juwan nadan jakūn se isimeliyan, arbun giru absi hojo.

年可十七八，姿态艳绝。（《择译聊斋志异·巧娘》）

例（9）narhūšame cincilaci, saikan hojo juru akū.

审谛之，娟丽无双。（《择译聊斋志异·阿宝》）

例（10）celmeri beye saikan nonggibumbi, irgašara yasa sektu serebumbi, niyalmai jalan de tenteke hojo ningge akū.

弱态生娇，秋波流慧，人间无其丽也。（《择译聊斋志异·青凤》）

这几个句子将容态娇美的少女形容得栩栩如生、俏丽无比，充满赞美之情。而若将句中的 saikan 或 hojo 改为 goiman 一词，便会改变句子的情态色彩，转为另一种语意了。

buyeršembi　羡慕　　　silenggišembi　垂涎

这两个词都含"爱慕"之义，但情态色彩有别。buyeršembi 指心生爱慕，是褒义词；而 silenggišembi 则指因爱慕贪欲而口涎下垂，是贬义词。例如：

例（11）banjire niyalma be sabuha dari, uthai buyeršembi.

每见生人，则羡之。（《择译聊斋志异·莲香》）

例（12）abkai fejergi i baturu haha gemu buyeršembi ci gurun de dahahabi.

天下勇士皆慕而归齐。（《满蒙汉合璧教科书·尚勇》）

例（13）ulin boobai be sabuci ilan jušuro golmin silenggi silenggišembi.

见财宝垂涎三尺。

yarhūtambi 引导　　　yarkiyambi 引诱

这两个词都有"引进"的意思。前者为导引入正之义，是褒义词；后者则是以奸利陷人于恶、诱使为非之义，是贬义词。例如：

例（14）si julesi yarhūdaki.

请你在前导引吧。（《重刻清文虚字指南编》）

例（15）jortai emgeri ibembi emgeri bederembi, tuttu ilan inenggi yarkiyara jakade, hūwang dzu i coohai sirdan gemu wajiha.

来往诱之，一连三日，黄祖军箭尽绝。（《三国志》卷三）

kiyangkiyan 英雄、豪杰　　etenggi 强梁、奸强

这两个词都指"强者"，但所表达的情态不同。前者指才能勇武过人，为褒义词；后者则指强横有势力者，含有恃势欺人之义，是贬义词。例如：

例（16）geren kūwaran i ton i cooha de urunakū kiyangliyan etuhun ningge be sonjofi niyeceme dosimbu.

各营额兵务选补精强。（乾隆朝《敕》）

例（17）amba i ajige be dailara, etenggi i yadalinggū be dailara, amba nimaha i ajige nimaha be bulire adali kai.

大之伐小，强之伐弱，犹大鱼之吞小鱼也。（《满蒙汉三合教科书·徐偃王》）

例（18）ume etenggi akdafi yadalinggū be bukdašara，…….

毋倚强以凌弱，……。(《圣谕广训》)

kundulembi 致恭、恭敬 —— kuturcembi 屈奉、逢迎

yalihangga 富态 —— tarhūn 肥胖

以上两组同义词，都带有情态色彩，前者为褒义词，后者为贬义词。此类同义词为数很多，我们应注意辨析与运用。

正确地选用带有情态色彩的词语，能显示出说话人的立场、感情和态度，增强语言的感染力。特别是在敌我、是非问题的分辨上，用词所带的感情色彩更须鲜明准确。否则，将会改变句子的原意而转向反面。

三　用法的差别

有些同义词的意义基本相同，但适用的对象或场合不同。例如：

duka　大门、院门、城门　uce　房门

这两个词都指"门"，但适用对象不同。对于"大门、院门、城门"要用 duka，对于"房门"则应用 uce。例如：

例（1）uyun dukai hoton i ninggude meimeni demgetu poo sunjata, siltan sunjata da bi.

九门城上各设信炮五位，旗杆五只。[1]（《白塔信炮章程》）

例（2）ganio aldungga tucinjifi, tanggūli i ucei gargan ini cisui neifi dasifi,…….

因生怪异，堂门辄自开掩，……。(《择译聊斋志异·青凤》)

例（3）duka uce be daci ureme safi,…….

门户素所习识，……。(《择译聊斋志异·青凤》)

例（4）hūng niyang hendume, siyoo jiyei, fu rin ainu jang loo be solifi šuwe booi uce tule isibume gajihabi.

红娘云："小姐，夫人为何请长老直来到房门？"[2]（《西厢记》）

---

[1] 《白塔信炮章程》，内府刻本。

[2] 康熙朝《西厢记》，康熙四十九年刻本。

| šanyan | 白、庚、伏 | šeyen | 雪白、洁白、皓 |
| suru | 白马之白 | šanggiyan | 白、庚、烟 |

这几个词都有"白"的意思。šanyan、šanggiyan 是黑白之白，适用对象非常广泛；šeyen 为雪白、洁白、皓月之皓、白玉之白，不同于 šanyan 的适用对象；而 suru 是白马之白，仅适用于"白马"。因此，这几个词虽然在"白"的意义上基本相同，但所适用的对象却是不同的。例如：

šanyan fulha	白杨树	šanyan samsu	白漂布
šanyan hūsai falga	白旗甲	šanyan ihan	白牛
šanyan gaha	白鸦	šanyan silenggi	白露（节令名）
šeyen gu	白玉	šeyen menggun	白银
šeyen hiyanban	洗白（一种细白布品）		

例（5）suru morin jakūta, šanggiyan temen emte jafara be, uyun šanggiyan i alban sehe.

各贡白马八匹，白驼一头，谓之九白之贡。[①]（《亲征平定朔漠方略》）

bucembi 死亡　　akū oho 死了、没了　　urimbi 崩

以上三个词都表示"死亡"，但所适用的对象有别。bucembi 用于普通人，也可用于动物；akū oho 用于长辈、老者或有威望的人；而 urimbi 只能用于皇帝或诸侯死亡。例如：

例（6）yan gurun i wang bucehe de acaname, bisire de fonjime, tanggū halai irgen i emgi jirgara joboro be uheleme, …….

燕王吊死问生，与百姓同甘共苦，……。

例（7）morin bahafi tarhūrakū, tuweri hetume muterakū, bucerengge ambula ohobi.

马不得肥，以致不能度冬，毙死甚多。（《亲征平定朔漠方略》）

例（8）cang šan i bade dacilabuci, yala jang šeng sere niyalma bi, tere inenggi nimeme akū oho sembi.

[①]（清）温达：《亲征平定朔漠方略》，康熙四十八年殿刻本。

问之长山，果有张生，于是日死矣。(《择译聊斋志异·考城隍》)

例（9）jang ceng ini eme be saburakū ofi, fonjici, teni akū oho be safi.

（张）诚不见母，问之，方知已死。(《择译聊斋志异·张诚》)

例（10）nenenhe han amban ini ginggun olhoba be safi, tuttu urire nerginde amban minde amba baita be afabuha.

先帝知臣谨慎，故临崩托臣以大事也。(诸葛亮《出师表》)

buda	饭食	amsu	膳
dundan	猪食	be	禽鸟食
bordokū	牲口饲料		

以上各词皆为"食"之义，但分别适用于不同的对象。buda 适用于人，而不适用于牲畜禽鸟。同样，dundan、be、bordokū 也只能适用于专指对象，而不能用于其他对象。amsu 则专指皇上、主位所用的饭食，有别于常人所用的 buda。例如：

dorgi amsu i boo 内膳房（内务府御膳房属，掌后妃等饮食）

例（11）nure buda udame jabdufi emu bade uhei omire jetere de, …….

沽酒市饭，与共餐饮，……。(《择译聊斋志异·苗生》)

例（12）bi boode isinafi majige teyefi buda jefi dere obofi jai jiki.

我到了家里歇一歇，吃了饭，洗了脸，再来。(《清文启蒙》卷三)

例（13）jugūn unduri gūnin werišeme adulame, kemuni wekji bordokū gaifi yabume ulebume ujime tuwašatame, gemun hecen de dosimbi.

沿途小心放牧，并携带麸料喂养，护送进京。(光绪朝《锡伦折》)

例（14）si ulgiyan de dundan be dundabuki.

你给猪喂食吧。

例（15）amba suweyan cooko be be jeterakū oho.

大黄鸡不吃食了。

例（15）中有两个 be，前者为"鸡食"，后者为格助词，二者为同音词。虽然音同、形同，但在意义上毫无相同之处，应注意区别。

niyaman　心　　　　mujilen　　　心、心意、精神
gūnin　　心意、情志

这三个词都有"心"的意思，但其具体所指有区别。niyaman 指身体器官"心脏"，是客观实体；mujilen 既指"心脏"，又指抽象的"心意"与"精神"；而 gūnin 则指抽象的"心意"与"情志"。因此，在使用时是有差别的。例如：

例（16）sesulame tuwaci, dule niyalmai niyaman ikai, tunggen de hono tuk tuk seme gūwaššambi.

惊而视之，乃人心也。在腔突突犹跃。（《择译聊斋志异·画皮》）

例（17）bi gūnici, an kooli be jiramilaki seci, neneme niyalmai mujilen be tuwancihiyambi.

朕惟欲厚风俗，先正人心。（《圣谕广训》）

例（18）wang gio sy gūnin be jafatame muterakū ofi, geli latume yabuha baita wajifi, …….

王（九思）心不能自持，又乱之，……。（《择译聊斋志异·董生》）

wesimbi　升上、高升　　　　tafambi　登上

这两个词都为"上去"之义，但所适用的对象不同。前者用于抽象的事物，如"官职""职位"等；后者则用于具体的实物，如"高山""高处"等。例如：

例（19）age si atanggi wesikengge, amba urgun kai.

阿哥，你是几时高升的，大喜呀。（《清文启蒙》卷二）

例（20）jai nadan usiha be dobori dulin i onggolo udu den bade tafafi tuwaha seme inu saburakū, dobori dulin i amala teni tucimbi.

又半夜前虽登高处望北斗，亦看不见。半夜后方现。（《出使交趾纪事》）

例（21）kesike indahūn be sabufi booi ninggude tafafi, indahūn

amcame muterakū, kesike i baru balai gūwambi.

狗见猫登屋上，狗不能逐，向猫狂吠。

gelfiyen	（颜色）淡	fundehun	惨淡、清淡、物褪色
biyargiyan	（月色）惨淡	biyahūn	（物色）白淡
biyabiyahūn	（面色）惨淡（物色）白淡	nitan	（味）淡

以上各词皆为"淡"之义，但适用对象有别。因此，使用时应注意加以区别。例如：

gelfiyen fulhūn 粉红   gelfiyen sohon 淡黄
biya biyargiyan 月色淡

例（22）si tuwa gelfiyen tugi gehun biya be dalihangge, uthai fulgiyan hoošan ayan dengjan be hašaha adali.

你看淡云笼月毕，便是红纸护银蜡。（康熙朝《西厢记》）

例（23）si ainahabi cira biyabiyahūn, hob seme wasifi ere durun oho.

你怎么了，气色煞白的，消的这样了。（《续编兼汉清文指要》）

teni   方才、刚才   saka   方才、刚才

这两个词意义完全相同，但用法不同。saka 用于动词后，并要求其前面的动词词尾变为 me，是后置词。而 teni 是副词，一般用于句首。例如：

例（24）yasa nicume saka, uthai hiri amgaha.

刚一合眼，就睡着了。（《重刻清文虚字指南编》）

例（25）teni debtelin be neime dolori acinggiyabufi sesulambi.

才一展卷，感切由衷。（《重刻清文虚字指南编》）

例（26）teni boode isinjiha.

刚到家。（《重刻清文虚字指南编》）

满语同义词的差别是多方面的。以上仅对具有词义轻重、范围大小、感情色彩、用法等方面差别的部分同义词进行了辨析，还有许多同义词可从其他方面去区别。例如：

tuwambi	看、视	šambi	瞧见
sabumbi	看见	hiracambi	窥视
cincilambi	详细看、审视	hirambi	斜看
hoilalambi	回头偷看	hoilacambi	左右偷看
karambi	眺望、瞭望	hargašambi	瞻仰、遥望

这些词都表示"看"，但在形态上各有不同。tuwambi 表现出正在看的形态；šambi、sabumbi 表现出已经看到的形态；hiracambi 表现出从小孔、缝隙或隐蔽的地方偷看的形态，有时含有贬义；cincilambi 表现出认真细看的形态；hirambi 表现出不正视、斜看的形态；hoilalambi 表现出回头偷看的形态；hoilacambi 则表现出左右偷看的形态；karambi 表现出向远处看的形态；hargašambi 则表现出怀着崇敬仰慕的心情看极远处的形态。同为"看"之义，却显出如此复杂多样的形态。因此，对这些词的选用，要注意确切恰当。例如：

例（1）baji ome yasa neifi tuwaci, holkonde dere jaka be sabufi,…….

有顷开视，豁见几物，……。(《择译聊斋志异·瞳人语》)

例（2）sargan jui booi dolo niyalma akū be sabumbi.

女顾室无人。(《择译聊斋志异·画皮》)

例（3）niyalmai yar seme gisurere be donjiha jendu hiracaci,…….

闻人语切切，潜窥之，……。(《择译聊斋志异·青凤》)

例（4）hūlha ubabe gūnirakū, ambarame gidabuha amala, geli funcehe hoki be bargiyafi, musei jase jecen be necime karun juce be hiracame yabuha.

贼计不出此，大创之后，犹收其余党，侵我边陲，窥我斥堠。(《亲征平定朔漠方略》)

例（5）tere niyalma yasa hadahai cincilaci, akdara dulin kenehunjere dulin,…….

其人熟审之，若信若疑，……。(《择译聊斋志异·贾儿》)

例（6）hargašaci, luku bime umesi yebcungge ningge lang ya alin inu.

望之，蔚然而深秀者，琅琊也。（《醉翁亭记》）

例（7）aha gingguleme hiyan i deretu faidafi, hargašan i baru forome uju cunggūšame alime gaihabi.

奴才恭设香案，望阙叩头而领之。（同治朝《库克吉泰奏折》）

例（8）emude oci fucihi de hargašame hengkileki, jaide oci jang loo de dorolome acaki sembi.

一来瞻礼佛像，二来拜谒长老。（康熙朝《西厢记》）

也有一些同义词可以从几个方面去区别，如 sahaliyan（黑），kara（黑马黑狗之黑），yamjiha（天黑了），fonsoko（熏黑了），这几个词既有范围大小的差别，同时亦有适用对象的差别。sahaliyan 泛指物体之黑，使用范围很广；而其他几个词各适用于专指对象，使用范围很小。

四 同义词的通用与连用

满语中有一部分同义词的意义基本相同，可以通用或连用。例如：

gemu　　都、皆、均　　yooni　全、悉

例（1）tunggen i gubci niyaman mujilen i baita, gemu gisurerakū de baktakabi.

满怀心腹事，尽在不言中。（《重刻清文虚字指南编》）

例（2）niyengniyeri bolori juwe forgon i caliyan jeku be yooni oncodome guwebuhebi.

上下（春秋）两忙钱粮，全行豁免。（《重刻清文虚字指南编》）

gemu、yooni 这两个词意义基本相同。因而，例（1）中的 gemu 也可以用于例（2），例（2）中的 yooni 同样可以用于例（1），换用后句子的意义毫无改变。

saka 方才、刚才　jaka 方才、刚才

这两个副词意义完全相同，因此可任用其一。例如：

| 满语词汇语义及文化研究 |

例（3）yasa nicume saka, uthai hiri amgaha.

刚一合眼，就睡着了。（《重刻清文虚字指南编》）

例（4）beye forgošume jaka, hercun akū hili tuheke.

刚一转身，不觉又倒了。（《重刻清文虚字指南编》）

šanyan　白、庚、伏　　　šanggiyan　白、庚、烟

这两个词都有"白、庚"之义，在此意义上可以通用。例如：

šanyan bulehen	——	šanggiyan bulehen	仙鹤
šanyan ihan	——	šanggiyan ihan	白牛
šanyan silenggi	——	šanggiyan silenggi	白露
šanyan teišun	——	šanggiyan teišun	白铜
šanyan ulhu	——	šanggiyan ulhu	银鼠

somimbi　　埋葬、隐匿　　　　　burkimbi　埋葬

umbumbi　　掩埋

这几个动词都含有"埋葬"之义，在此意义上可以通用。例如：

例（5）gorokon bade umbume sindahangge udu sain baita bicibe, erin de acabume waliyara de mangga.

在远处埋葬，虽是好事，但难及时上坟啊。（《续编兼汉清文指要》）

例（6）baisin gisurere de, gaitai eme be burkime sindaha baita be jondome isinafi, gemu yasai muke tuhebuhe.

谈次，忽及葬母事，因并泣下。（《择译聊斋志异·曾友于》）

ergembi	——	jirgambi	安逸
kunesun	——	jufeliyen	盘缠、行粮
ekšembi	——	ebšembi	急忙
tašarambi	——	tabarambi	差错、失误
tesumbi	——	isimbi	足够

以上各组同义词的意义基本相同，没有差别。因此在使用时二者可任选其一。例如：

例（7）ergembume ujime hūwašabume fusembume, mederi dorgi

bayan elgiyen oho bime, …….

休养生息，海内殷富，……。(《圣谕广训》)

例（8）eniye si kemuni emgeri ergere jirgara be alihakū bade, ainu jui membe waliyafi genembini.

母尚未得一享安逸，何遂舍儿而去。(《择译聊斋志异·乐仲》)

此句将两个同义词 ergembi、jirgambi 连用，更加重了语气。

例（9）aciha fulmiyen eiten gemu giyan jiyan i dasatame wajiha, damu gunesun i menggun kemuni eden.

驮子行李等都整理妥毕了，只是盘缠银子还短。(《续编兼汉清文指要》)

例（10）bi ekšeme gala lasihime ilibume, si ume ekšere, bi cimari farhūn suwaliyame genenmbi.

我急忙摆手拦住了，你别急，我明晚去。(《续编兼汉清文指要》)

例（11）embici hehe jusei saha be urhufi donjire, embici acuhiyadame ehecuhe holo gisun de tašarame dosire ohode, toome becunume beleme tuhebume isinarakū ba akū ombi.

或偏听妻孥之浅识，或误中谗匿之虚词，因而垢谇倾排无所不至。(《圣谕广训》)

例（12）aikabade ulhicun akū coohai urse jetere de tesura be bodorakū, bele be yooni uncarangge bici, harangga jalan i janggin, nirui janggin, funde bošokū sede afabufi isebukini.

倘有无知兵丁不计足食，尽行粜卖，令该管参领、佐领、骁骑校等责惩，以示警戒。(雍正朝《谕行旗务奏议》)

例（13）dergi de duibuleci isirakū bicibe, fejergi de duibuleci funcetele bi.

比上不足，比下有余。(《清文启蒙》卷二)

temšembi 争夺、竞争、斗争	——	nemšembi 争、贪婪
sengguwembi 畏、惮	——	golombi 惊惶
holbombi 连结、拴	——	falimbi 拴结、结
hojo 俏、佳	——	saikan 好看、美
feliyembi 走、步履	——	yabumbi 行走、行使

gejurembi 克扣、侵害 —— giyatarambi 侵蚀、克扣、剥削
ergelembi 勒令、逼迫、挟 —— akabumbi 勒揸
heolen 怠惰 —— banuhūn 懒惰
urgunjembi 喜悦 —— selambi 畅快
gelembi 畏、害怕 —— olhombi 畏惧
fafuršambi 畏、尽力 —— baturulambi 奋勇
gidambi 隐匿、隐瞒、匿逃 —— daldambi 隐瞒、隐藏
somimbi 隐匿、躲藏 —— gidambi 隐匿、隐瞒、匿逃

以上各组同义词的意义基本相同，有时两词连用，以相互补充，加重语气或加深语意。例如：

例（14）geren deote gemu dzeng ceng de sengguweme golome inenggi bihei ishunde ilimbahafi temšeme nemšere baita komso oho.

诸弟皆畏惮（曾）成，久遂相习，纷竞绝少。

例（15）banin giru hojo saikan be yasa de sabuha ba akū.

姿容曼妙，所未睹。（《择译聊斋志异·陈云栖》）

例（16）yabure feliyere de mangga 步履维艰

例（17）gejureme giyatarara holtome eiterembi 侵欺拐骗

例（18）gejureme gaime ergeleme akabumbi 需索勒揸

例（19）geolen banuhūn jirganra be baimbi 懒惰偷安

例（20）fafuršame baturulame alin de tafambi 奋力登山

例（21）kidame daldame halbufi bibuhe 窝藏容忍

例（22）somime kidame eitereme daldambi 隐匿欺蒙

例（23）amban be alimbaharakū geleme olhombime urgunjeme selambi.

臣等无任悚惶忻忭。（《重刻清文虚字指南编》）

同义词的通用与连用有利于语言的灵活表达，既可避免用词的重复，又使语句显得生动、富于变化，还能起到相互补充、加重语气、强调语意的作用。

同义词的差别辨析是一个较为复杂、繁难的课题，以上仅从几个方面

对满语部分同义词进行了辨析,有待继续深入探讨。我们应针对满语同义词的特点,施以相应的辨析方法,进行更深刻、更透彻、更准确的分析,从而达于准确掌握、运用之目的。

第二节 多义词语义辨析

在满语词汇中,大量的词具有两种或两种以上的意义。其中有多义词、同音词,也有多义、同音交叉者。对于这些词如何辨别与运用,是一个很值得探讨的问题。我们只有深刻、确切地了解掌握每个词的各种词义,才能达于准确、恰当地运用,避免造成表达上的错误。

一 多义词语义分析

多义词的几个意义虽然不同,但彼此之间是相互联系的,而且其中有一个意义是最基本、最常用的,这便是基本义。其具有很强的派生能力,其他的意义都是由基本义派生出来的。如 gocimbi 一词,有"抽、拉、拔、撤、(水)消退、出(彩虹)、吊(胗)"等不同意义,其中"抽"为基本义,其他意义皆是由"抽"而派生的。

派生义根据性质不同,又可分为引申义和比喻义两种。

引申义是由基本义引申扩展出来的意义。例如:

acabumbi 本义为"合",引申义为"引见、奉承、迎合、嫁接、配合、合巹、接应、应付"等。请见例词中 acabumbi 的各种意义:

acabume benembi	汇解	acabume kimcimbi	参酌
acabume bure hafan	供给官	acabume jafaha	凑纳
acabume gisurembi	和息	acabume baitalafi	配用
acabume buhe	供应	holbome acabumbi	合巹
gūnin de acabumbi	合意	sun cai acabumbi	对奶

arambi 本义为"做",引申义为"造、写、做作、粉饰、委署、结识、过(年)、充(数)"等。请见例词中 arambi 的各种意义:

use arambi	做种子	yasa arambi	递眼色
beye be arambi	自尽	araha hafan	委官
hergen arambi	写字	dere arambi	做情面
aniya arambi	过年	ton arambi	充数

例（1）niyalma be koro arafi, beye de tusa arambi. 损人利己。

temgetu 本义为"标志"，引申义为"图记、印信、（画）押、证据、记号、文凭、验、表文"等。请见例词 temgetu 的各种意义：

temgetu arambi	画押	temgetu bithe	执照票
temgetu kiru	令旗	temgetu wehe	碣
temgetu etuku	号衣	temgetu hergen arambi	挂号
temgetu tuwa šanggiyakū	狼烟、号烟		

koro 本义为"亏"，引申义为"苦怨、伤、毒、损、悔、罚"等。请见例词中 koro 的各种意义：

koro baha	吃亏	koro arambi	伤害
koro isibumbi	施毒	koro gosihon	痛苦

mangga 本义为"硬"，引申义为"困难、繁难、善于、强、狠、精干、昂贵"等。请见例词与例句中 mangga 的各种意义：

mangga dacun	刚锐	mangga arambi	逞强
mangga moo	柞木	mangga suilacuka	困难

例（2）emu gašan i niyalma hūdai bade šulhe uncara de, amtan umesi jancuhūn, hūda jaci mangga.

有乡人货梨于市，颇甘芳，价腾贵。（《择译聊斋志异·种梨》）

例（3）hangjeo i emu tubihe uncara niyalma gukdun jofohori be asarara mangga. 杭有卖果者，善藏柑。（《卖柑者言》）

例（4）bi serengge emu gasara mangga nimere mangga beye, sini gese gurun be haihabure hoton be haihabure arbun de adarame hamire.

我是个多愁多病身，怎当你倾国倾城貌。（《西厢记》）

例（5）niyalma be hūlhi akū okini seci mangga kai.

欲人之无惑也难矣。（《师说》）

例（6）mini ahūn i gidalahangge umesi mangga.

我阿哥的长枪耍的很精。(《续编兼汉清文指要》上卷）

比喻义是由基本义通过比喻而形成的意义。例如：

fiyanggū 本义为"小指"，用来比喻"小儿子"。请见例句中 fiyanggū 的意义。

例（7）mini fiyanggū simhun huwesi de hūwalabuha. 我的小手指被小刀划破了。

例（8）age ere jui sini uducingge，ere mini fiyanggū.

阿哥这个孩子是第几个？这是我的老儿子。(《续编兼汉清文指要》上卷）

gehun 本义为"光亮"，用来比喻人们对事物观察得"明白""清楚"。请见例词中 gehun 的意义：

gehun eldefi tuhembi　光芒彻地　　gehun abka　　光天

gehun sabumbi　　　　明明看见　　gehun holtombi　明明扯谎

hoto 本义为"葫芦"，用来比喻"头骨""秃子""圆肚"等。请见例词与例句中 hoto 的意义：

例（9）hoto de tebuhengge ai okto be sarkū. 不知葫芦里装的什么药。

hoto hengke　　　　瓠子　　　hoto yoo　　　　秃疮

hoto guwejihe　　　　小圆肚

满语的多义词以动词、名词、形容词居多。

二 多义词与同音词的区别

多义词是指具有多种相关意义的词。即以一个词的基本意义为基础，继而发展出与原义有联系的多种引申义，以表示与原义有关的其他事物。例如：

gidambi：①压；②隐匿；③腌；④鸟类孵蛋；⑤用印之用；⑥强让（酒）；⑦劫营；⑧碾平；⑨垂头之垂。

gidambi 的九个词义中，"压"是基本义，其指对物体施加压力，多指从上向下。其他八个词义则是由基本义"压"引申而来的。"隐匿"指暗藏、潜伏，其含有压伏不露之义；"腌"是把食品加上盐、糖、酒、酱等，使食品改变味道，亦含有强压之义；"鸟类孵蛋""用印之用""强让（酒）""劫营""碾平""垂头之垂"等词义皆与"压"有直接联系。由此可见，多义词的词义是以客观事物的联系性为基础的。正因为多义词在表达某种概念的同时，又可在词义中反映出这种联系性，因而大大增强了它们的表现力。例如：

例（1）bi mini emhe eifu be tuwašatame kemuni ging hecen de tehebi, umai li hioi i ulin jaka be gamaha gidaha be akū.

我看守我岳母的坟墓，仍在京城居住，并无收藏隐匿李煦之财物。（雍正朝《奏折》）

例（2）erebe getuken cese arafi, doron gidaha akdulara bithe tucibufi, ……造具妥册，出具印结，……。

例（3）mini jurgan ci bithe banjibume arafi jurgan i doron be gidafi, harangga yamun amban de unggiki sembi.

拟由我部缮拟文章，加盖部印，咨行该衙门大臣。（乾隆朝《俄罗斯档》）

例（4）dere de temgetu hergen gidambi. 面目印记（在马面上烙印以为标志）

例（1）中的 gidambi 表现出"隐没"之义，例（2）（3）（4）中的 gidambi 表现出"盖""烙"之义。这使人联想到具体的形象动作，都与这个词的基本义"压"有关，从而增强了词义的表现力。

满语同音词则是指语音、书写形式完全相同而词义间毫无联系的词。例如：

emu	[名词]伯母；睡；猪胰子
dambi	[动词]管人事之管；着火；刮风之刮
ici	[名词]右；方向；应手之应
cira	[名词]严、紧；颜面；强壮的（马）
dulembi	[动词]度过；火燃
inenggi	[名词]昼、日；鲭鱼
jibehun	[名词]被子；眯缝眼
jun	[名词]灶；脉；树木的肉料

šolonggo　　[名词]尖子　[形容词] 从容

以上各词从形式上看很容易和一词多义混淆，而通过对其词义分析，便可知其各项词义毫不相关，只不过是语音和书写形式完全相同而已，这与多义词是有着根本区别的。所以有些词尽管语音和书写形式完全相同，但只要词义上毫无联系，就只能是同音词，而并非一词多义。

满语同音词还有另外两种类型。

其一，由于满语中有相当数量的借词而产生了一部分同音词。即某些借词与满语固有词汇及某些近音同音借词在语音、字形上完全相同，而在词义上毫不相关。例如：

ce 册——ce 他们　　cuse 厨子——cuse 绸子

fa 法术——fa 窗户　　dudu 都督——dudu 布谷鸟

fu 府——fu 墙　　sibe 锡伯——sibe 锉草、箭草

hiyan 县——hiyan 香——hiyan 合香面

ging 京——ging 更（时辰）——ging 经

gung 公（爵号）——gung 宫——gung 功

其二，由于满语动词发生形态变化而产生了一部分同音词，即某些动词的过去时、现在—将来时、命令式等与一些名词在语音、字形上完全相同，但在词义上毫不相通。例如：

tehe 架子——tehe 住了、坐了、做（官）了、沉了、存留（动词 tembi 的过去时）

baha 得——baha 厌烦了、倦怠了（动词 bambi 的过去时）

tere 他、那个——tere 住、坐、做（官）、沉、存留（动词 tembi 的现在—将来时）

hala 姓——hala 改换（动词 halambi 的命令式）

faha 眼珠——faha 投掷（动词 fahambi 的命令式）

ula 江——ula 传、转达（动词 ulambi 的命令式）

te 兹、今——te 住、坐、做（官）、沉、存留（动词 tembi 的命令式）

还有一类词值得注意，一个词有若干种意义，其中有几种意义有联系，有的则没有任何联系，这样就显得错综复杂了。对此，我们应深刻

分析每项词义及其相互间的联系，从而确定其为多义词或同音词。例如：

○ haji [形容词] 亲近、亲热、疼爱　　[名词] 凶年、荒年

亲近，指亲密而接近。如：

gašan walga de oci, ungga asihan sakda yadalinggū haji senggime de ibenembi. 在乡党，而长幼老弱归于亲睦。(《圣谕广训》)

ahūn deo acanufi, umesi haji ombi. 兄弟相见，分外亲热。

疼爱，指关切喜爱。如：

dergi fejergi ishunde haji ome mutembi.

故上下能相亲也。(《御制翻译孝经》)

凶年、荒年，指农作物收成很坏或没有收成的年头儿。如：

ice urun geli aniyai elgiyen haji be doigonde same muteme ofi, tuttu banjire be bodoro baita, gemu ten gaimbi.

新妇且能预知年岁丰凶，故谋生计，皆取则焉。(《择译聊斋志异·胡氏》)

ambula bargiyaha aniya hono akū ekiyehun de, isinara bade haji yuyure de teisuleci, urunakū hafirabure de isinarangge, arbun de urunakū banjinarangge kai.

夫丰年尚至空虛，荒歉必至穷困，亦其势然也。(《圣谕广训》)

由以上对 haji 各种意义的分析，可见其第二个、第三个意义与第一个意义关系密切，是一词多义现象，属于多义词。第四个意义"凶年、荒年"则与前三个意义毫不相关，因此，属于同音词。

○ haksan [形容词] ①险、险峻②凶险③金黄色

险，有危险、艰难之义。如：

haksan weilen　　险工

险峻，指形势险要、要隘之地。如：

haksan de ertumbi 据险

凶险，指情势等危险可怕。如：

haksan de lifame weye bahambi　　涉险被创

金黄色，指似金的一种黄色。如：

haksan bocoi suje de aisin dambuha garudangga kiru

金黄缎金凤旗（一种仪仗）

haksan bocoi junggidei kiyoo 金黄翟轿（皇贵妃所乘十六人轿）

从以上词义中，我们可以看到 haksan 的第二个、第三个意义与第一个意义有着密切的关系，是第一个意义的引申义。因此，前三个意义是一词多义现象，属于多义词。而第四个意义"金黄色"与前三个意义没有任何联系，所以其为同音词。

○ mudan [名词] 弯子、曲路、（夹子）弓、僻（处）、音、韵、米面油炸弯条 [量词] 次

mudan 作为名词的七个意义相互间有着一定的联系，属于多义词。其中"弯子"是基本义，我们对另外六个词义进行分析，可看出它们与基本义"弯子"的关系。

弯子，指弯曲的部分。例如：

birai mudan i mergen sakda injefi ilibume hendume, asuru kai, sini mergen akū kai.

河曲智叟笑而止之曰："甚也矣，汝之不智也。"（《满汉合璧·愚公移山》）

曲路，指不直的路。（夹子）弓，指夹子上的弯曲木。这两个词义与基本义"弯子"有直接的联系，具体地体现了"弯子"的形象。

僻（处）mudan i ba，指偏僻之地，有远离中心之义。"不正、偏离"与"弯子"也是相联系的。因此，这个词义也是"弯子"的引申义。

音，指声音，有音律、音调、口音、音儿等义。音有高低、婉转、抑扬之分，所以也与基本义"弯子"有联系。例如：

gisun mudan i adali akūngge be na be dahame encu ombi.

语音改换，每因水土而殊。[①]（《联珠集》）

fung šeng terei gisun mudan de ursan sindara be donjifi, terei gūnin be ulhifi, ……。

（冯）生听其词意吞吐，会其旨，……。（《择译聊斋志异·红玉》）

[①] （清）张际：《联珠集》，满汉合璧教科书。

这两个例句中的"音"之义有所不同，前句中的 mudan 指"口音"，即不同的地方说话的声音。后句中的 mudan 则指"音儿"，其义为话里边微露。

韵，指音韵，有悠扬婉转之义。因而这个意义也离不开基本义"弯子"的基础。例如：

dengjan dabufi fi nikebume neneme irgebuhe mudan i songkoi irgebure gisun, alin i fuktehen de gerhen mukiyeme agafi, hida tuhebufi ajige fa i deisu tecina, ……。

挑灯命笔，蹉前韵曰："山院黄昏雨，垂簾坐小窗，……"（《择译聊斋志异·香玉》）

此句中的 mudan 所指为诗词"韵律"。

米面油炸弯条，显然与"弯子"有直接联系，也为"弯子"的具体形象物体。

mudan 为量词"次"之义时，则与前七个意义无相关联系，因而其属同音词。例如：

suweni jurgan aniyadari eici emu mudan eici juwe mudan hafan takūrafi baicame tuwabu.

尔部须每年或一次或两次委员查看。（顺治朝《上谕》）

mudan 为量词"次"之义，也可为"回""度""遭"等，它们是"次"的同义词。我们可根据不同的语言环境来选用相应的词。

三　多义词语义辨析

一个多义词孤立地看是多义的，而当其运用于具体的语言环境时，只能显示出它的一种意义，即在特定语言环境中的特定意义。所以，我们可根据具体的上下文来分析确定一个多义词的确切意义，准确地表情达意。

这里有一个问题值得注意，即某些满语多义词与汉语多义词在各项词义上不是完全对应的。这就需要我们对每项词义进行对比分析，准确掌握满汉多义词的各项词义，区别其异同。下面以一些多义词为例，我们将辨别其在各种语言环境中的词义，并将满语多义词与汉语多义词的词义进行比较分析，明确其相同处与相异处。

○ cooha ①兵 ②军 ③武

例（1）cooha elbifi morin udambi. 招兵买马。

例（2）cooha urse be urebume tacibumbi. 训练士卒。

例（3）donjici, i duin tanggū cooha gaifi durime yabuha sembi, ne kemuni tusiyetu han i hanci nuktembi.

闻其率兵四百往劫，今尚在土谢图汗之地游牧。（《亲征平定朔漠方略》卷二）

例（4）mini amba cooha tucifi, abka gosifi tere babe minde buhede, tere fonde, suwe membe ujicina seme gisurege seme ai tusa.

但我大军一出，倘蒙天佑以地与我，彼时欲求抚养言之无及矣。（康熙朝《清太宗实录》）

例（5）aika cooha baita hahi oyonggo oci, an i golo i hoton ci tucifi kadalame icihiyame, den jiramin desereke kesi de emgeri karulara be kiceki.

如军务紧急，仍出省城督办，以图仰酬鸿恩于万一。（同治朝《奏折》）

例（6）julgei enduringge han se, coohai horon i gurun be toktobuhabi, bithei erdelui doro be dasahabi.

古圣帝明王，戡乱以武，致治以文。（嘉庆朝《诰命》）

cooha 的三个词义"兵""军""武"互有联系，但又各自表现出不同的意义。因此，当其分别运用于以上六个例句中时，便分别显示出其中的一个词义。例（1）（2）（3）的词义为"兵"，兵是军队中最基层的成员，在这三个例句中，cooha 之义为"兵"是非常确切的。而例（4）（5）（6）的词义若为"兵"就显然不合适了。例（4）中的 cooha 为"军"，充分显示出兵力的数量与威力，给人以人数众多、声势浩大的感觉。例（5）中的 cooha 为"军"，是"军队""军事"之义。例（6）中的 cooha 为"武"，与下文中的"文"相对，并且含有比"兵"与"军"更为广泛的意义，带有"军事力量、强暴力量"之义。

cooha 与汉语"武"之义相比较，含义不完全相同。在关于军事、战争及技击等方面的意义上二者基本是相同的。而汉语"武"还含有"勇猛""威武"等义，这不包含在 cooha 的含义内。在满语中分别有相应的词来表示，如 baturu（勇强、勇猛）、horon（威武）。例如：

ho jin tuwaci, tere niyalai banjihangge beye den bime hocikon, aššara arbušarangge horonggo, erdemu jalan de albihebi, <u>baturu</u> geren ci tucikebi.

（何）进视之，此人身长伟貌，行步有威，英雄盖世，<u>武勇</u>超群。（《满汉合璧·三国志》）

horon akdun aisilaha hafan 武信佐郎

horon be algimbure duka 宣武门

○ doro ①道、道理、常例 ②礼、礼仪

例（1）abkai <u>doro</u> de cisu akū, niyalmai baita de jalu be targambi.

天<u>道</u>无私，人情忌满。（《明宁远巡抚袁崇焕致清太宗书》）

例（2）bi tumen irgen be uhei hūwaliyambuki seme, tuttu hūwaliyasun be ujelere <u>doro</u> be suwende getukeleme tacibumbi.

朕欲咸和万民，用是申告尔等以敦和之<u>道</u>焉。（《圣谕广训》）

例（3）julgei <u>doro</u> ufarabuha be dahame, gurun i fafun de guweburakū kai.

古<u>道</u>之不行，即为国典所不恕。（《圣谕广训》）

例（4）han jai geren wang sa sain jaka ulebume, geli <u>doroi</u> jaka buge be ambula alifi, mujilen niyaman de hadafi ejehebi.

承汗及各王子供养美馔，并赠<u>礼</u>物，铭刻五内。（《李喇嘛致清太宗书》）

例（5）<u>doro</u> erdemu gosin jurgan, dorolon waka oci muteburakū.

<u>道</u>德仁义，非礼不成。（《圣谕广训》）

例（6）eiterecibe, enduringge niyalmai doro unenggi ci tucinerakū.

总之，圣人之<u>道</u>，不外乎诚。（《重刻清文虚字指南编》）

例（7）julgeci ebsi cooha be baitalara <u>doro</u>, ujude fafun šajin be getukeleme selgiyere be oyonggo obuhabi.

自古用兵之<u>道</u>，首以申明号令为务。（《上谕·军令条约》）

例（8）doro arambi 行大礼

例（9）doro de hūsun akūmbuha amban 通仪大夫

例（10）ainci julgei doro uthai uttu dere. 想必古礼就是这样罢[①]。（《满汉合壁·清文启蒙》）

以上各例句中的 doro 一词，分别显示出不同的意义。我们可通过对上下文的分析确定其词义。例（1）中的 doro 为天理之理，其指天所主持的"道义"。例（2）中的 doro 为"道理"，指"朕"要向万民申告的使之和睦的"道理"。例（3）中的 doro 为"礼法"，指古代所崇尚的节操风义。例（4）中的 doro 为"礼"，指所赠送的"礼品"。例（5）中的 doro 为道德之道。例（6）中 doro 为道统之道，指古代圣贤者的思想学说。例（7）中的 doro 为"方法"，指用兵之"法"。例（8）中的 doro 为"礼节"，表示尊敬的动作。例（9）（10）中的 doro 为"礼仪"，指社会生活中由于风俗习惯而形成的为大家共同遵守的礼节与仪式，如"婚礼""丧礼"。

doro 的"道"之义，有多种意义。如以上所显示的"道义""道理""道（德）""道统""方法"等义，这些意义与汉语的"道"之义是相对应的。但除此之外，汉语的"道"还有"路""说""线条""途径"等义，而 doro 不含有这些意义。在满语中分别有与之相对应的词，如 jugū（道路、吞）、hendumbi（说）、jurgan（线条、途径）。对于这些词一定要注意运用，要与 doro 区分开来。

○ dolo ①内、中 ②腹内、心内 ③大内

例（1）emu erin de kirime muteci, gašan walgai dolo mergen sain seme maktara.

一朝能忍，乡里称为善良。（《圣谕广训》）

例（2）dergici juwan tofohon inenggi dolo isinjimbi seci alin, goidara gese oci aliyaci ojorakū.

上曰："在旬日半月内归者，则待之，如迟则不必待。"（《亲征平定朔

[①] （清）舞格寿平：《满汉合壁·清文启蒙》，清雍正八年宏文阁刻本。

漠方略》)

例（3）emu dobi orhoi dolo bucefi, anggaci kemuni sabdan sabdan i senggi tucimbi.

一狐死于草中，喙津津尚有血出。(《择译聊斋志异·贾儿》)

例（4）mini dolo ambula jederakū, uttu ofi dahūn dahūn i targabume tacibumbi.

朕心深为不忍，故叮咛告诫。(《圣谕广训》)

例（5）abkai wehiyehe duici aniya juwe biyai orin juwe de hūwaang heo i minggan se eldeke inenggi, amban mimbe takūrafi tulergi de bisire be dahame, dolo bisire ambasai emu beye bahafi hengkilerakū ofi, gingguleme ejen i yamun i baru hargašame tuwame, urgun i doro i hengkilembi.

乾隆四年二月二十二日，恭遇皇后千秋令节，臣奉差在外，不获同在廷诸臣躬亲拜舞，谨望阙叩头庆贺。(乾隆朝《那苏图题本》)

例（6）dolo ping sembi. 腹内胀满。

例（1）（2）中 dolo 为"内外"之"内"，词义很清楚。例（3）中的 dolo 为"中"，亦指范围内。例（4）中的 dolo 为"心"，指内心深处。此句中用 dolo，而不用 niyaman 或 mujilen、gūnin，是非常恰当的，充分而深刻地表达了"朕""内心"的深情。例（5）中的 dolo 为"大内"，专指皇宫。例（6）中的 dolo 指人体器官"腹内"。

dolo 的"中"之义，仅指"范围内"或"内部"，这与汉语"中"之义不同。汉语的"中"除含有"范围内""内部"之义外，还有多种意义。如："中心"，指与四周的距离相等；"中间"，指位置在两端之间的；"中人"，指为双方介绍买卖、调解纠纷并做见证的人。满语中有其他词与这些词义相对应。例如：

dulinba 中央、中间

dulinba i hecen 中城   dulinba i simhun 中指

dulinba hūwaliyambure deyen 中和殿

siden 中间、中人、干证

siden i niyalma　　干证、中人、中间人

hoicuka　　中意、切当、允协

umesi mini gūnin de hoicuka ombi　甚中吾意。

○ tondo ①公 ②正 ③忠 ④直

例（1）hafan tere de bolgo oso, baita icihiyara de tondon oso.

做官的时候要清，办事的时候要公。（《重刻清文虚字指南编》）

例（2）erdemu be tukiyere gung de karularangge gurun i amba koli, todon mujilen i afaha weile be akūmburengge ambasai jurgan.

尚德崇功，国家之大典；输忠尽职，臣子之常经。（《嘉庆八年韩德旺之·诰命》）

例（3）uru waka todon miosihon daci umesi getuken.

是非曲直，原自昭然。（《明宁远巡抚袁崇焕致清太宗书》）

todon 的几个意义紧密相连，且词义相近，属于同义词。当然这几个词义是同中有异的，因此，在以上三个例句中，各自发挥出特有的作用。例（1）中的 todon 为"公"，指公平正直，没有偏私。例（2）中的 todon 为"忠"，指忠诚无私、尽心尽力。例（3）中的 todon 为"直"，指公正合理，与"曲"相对。

todon 的"公"之义与汉语的"公"之义不是完全对应的。todon 的"公"之义指公正、公平，这与汉语"公"之义相对应。而汉语"公"的其他意义，诸如雄性之公（指禽兽类，与"母"相对）、对祖辈和年老男人的称呼、五等爵位之首、夫之父、公开等义，是不与 todon 对应的。在满语中分别有与之相对应的词：alila（公、雄，专指禽鸟类）、sengge（叟）、gung（公，爵位，借自汉语）、amaka（公公，夫之父；翁）、selgiyembi（公布）。

○ niyaman ①亲戚、亲 ②心脏 ③（植物）心儿

例（1）beye niyaman jaka be tokofi, baktakū singgeku be hafu sabuha turgunde, hūdai niyalma ambula golofi, niyaman de ukto latubuhai, yebe oho. 自刺心头，洞见脏腑，贾大惧，药敷心，既平。《择译聊斋志异·大男》

例（2）embici gūnin mujilen acarakū de uthai uksun niaman i jurgan be ufarara, ……. 或意见偏乖，顿失宗亲之义，……。(《圣谕广训》)

例（3）niyalma, ini niyaman de hiyoošulame mudeci, boode bici, unenggi jiramin saisa seme maktambi. 人能孝于其亲，处称惇实之士。(《御制翻译孝经序》)

例（4）tuttu seme tede niyama feliyehe dari, wesihun ocibe fusihūn ocibe ainaha seme šanggabume muterakū. 而为之论婚，低昂苦不能就。(《择译聊斋志异·陈云栖》)

例（5）ai baita, niyaman hūcihiyan jihe. 什么事？亲戚来了。(《满汉合璧·劝学规》)

例（6）jeku be geli dabgimbi, niyaman ilifi secilehede, danhaduhai suihenefi faha sindambi. 锄净了留好苗，攒了心子打包儿，跟着秀楂儿结籽粒。

以上五个例句中的 niyaman 分别为五个意义。例（1）中的 niyaman 为"心脏"，指人体器官。例（2）中的 niyaman 为宗亲之亲，指同宗亲属。例（3）中的 niyaman 为"亲"，指父母。例（4）中的 niyaman 为姻亲之亲，指婚姻亲戚。例（5）中的 niyaman 为"亲戚"，指有血统或婚姻关系的人。例（6）中的 niyaman 为"心儿"，指庄稼苗的心儿。我们将 niyaman 的"亲"之义与汉语的"亲"之义相比较，可看出异同。

niyaman 的"亲"有四种意义：一是指"父母"，二是指"宗亲"，三是指"姻亲"，四是指亲戚。而汉语的"亲"除这四种意义外，还有另外几种意义，为"爱""亲近""亲自""亲吻"等义。这些词义不包含在 niyaman 中，满语中有其他词与之相对应，分别为 buyen（爱）、hanji（亲近）、beye（亲自）、ojombi（亲吻）。

四　多义词与同音词的运用

多义词与同音词在满语词汇中占有一定的比重，并且具有各自的特点。因此，不论是在数量上还是在表达功能上，都占有重要的地位。我们应该充分认识它们的特点，掌握它们的用法。

首先要重视词义的全面了解与掌握。对于一个词不仅要了解其本义与表面义,还要了解其相关义与实质义。在对词义进行深刻了解时,要注意分析各词义间的差别与联系,这样就可以推动我们思维的深化,加强我们对语言的理解,从而不断提高我们的用词能力。

其次要注意词义的灵活运用。我们在对多义词与同音词的各项词义进行深刻了解后,便可根据表达的具体需要,灵活运用。这样可以说是一词多用,以简应繁,最有效地发挥词义的作用。例如:

〇 banjimbi ① 生活 ② 生育 ③ 生长 ④ 生存 ⑤ 生(气)

这是一个多义词,其五个词义联系密切,意义很相近,但又有差别。"生活"泛指人或其他生物为了生存和发展而进行的各种活动,亦称生计。"生育"指生孩子。"生长"指生物体在一定的生活条件下,体积和重量逐渐增加;亦指出生和成长。"生存"指保存生命,与"死亡"相对。"生(气)"指发生(恼怒)。根据这些词义,可将其灵活运用于不同意义的句中。例如:

例(1)tuwaci, aniyadari cy'ang neifi bele sindara de puseli neihe hūdai urse teisu teisu bele be udafi iktambume asarafi, hūda wesike erinde tucibufi uncambi, ede coohai urse i banjire doro de tusa akū be dahame,…….

窃见,每年开仓放米之时,铺户贾人俱纷纷买米积贮,俟价昂时粜卖,颇有碍于兵丁<u>生计</u>,……。

例(2)mentuhun gung jabume, tuttu waka, mini beye udu bucecibe, jui bikai, jui geli omolo be banjimbi, omolo geli jui be banjimbi, jui i jui, omolo i omolo, mohon wajin akū kai.

愚公曰:不然,虽我之死,有子存焉。子又<u>生</u>孙,孙又<u>生</u>子,子子孙孙,无穷匮也。(《满汉合璧·愚公移山》)

例(3)ba nuhaliyan derbehun de, moo wehe ci aname funtanafi niyamala banjimbi. 在地洼潮湿处,木石都<u>长</u>出青苔来。

例(4)taksire gukure banjire bucerengge emu erinde holbobuhabi.

存亡<u>生</u>死,悬于呼吸。(《满汉合璧·翻译孙子兵法》)

例（5）meng ioi leo, li giyoo el, u yuwei niyang ni jili banjiha be sabufi, gemu neneme meni meni boode genehe.

孟玉楼、李娇儿见吴月娘生了气，皆各自回屋去了。(《满汉合璧·金瓶梅》)

以上五个例句，分别用了 banjimbi 的五个词义。例（1）中用了 banjimbi 的"生活"之义，例（2）中用了 banjimbi 的"生育"之义，例（3）中用了 banjimbi 的"生长"之义，例（4）中用了 banjimbi 的"生存"之义，例（5）中用了 banjimbi 的"生（气）"之义。可见，尽管是一个词，但因灵活运用了它的各项意义，便表达出多种语义。

○ bithe ①书 ②文

这个词意义较多且很灵活。"书"有两种意义：一是指以文字记载事物之成册者，二是指函札。"文"亦有两种意义：一是指文书、文件，二是与武相对。对 bithe 的这些词义，可在各种语言场合灵活运用。例如：

例（1）ere bithede ejehengge getuken akū oci, gūwa bithede teisulebuhede, uthai tengkime seme muterakū ombi.

这个书上若记的不明白，别的书上碰见了，可就不能的确明白。(《清文启蒙》)

例（2）amasi julesi unggire bithede, jili banjire gisun be ume arara, donjibume wesimbuci ojorakū ayoo.

往来书札，无取动气之言，恐不便奏闻。(《明宁远巡抚袁崇焕致清大宗书》)

例（3）neneme jurgan i gisurege be dahame, wesihun gurun de bithe unggihe bihe.

前遵部议，曾行文贵国。(《使交纪事》)

例（4）meni bithe coohai hafasa han i gisun be mujilen ci tucikekūbi dere seme genehunjembi.

我文武兵将遂疑汗之，言不由中也。(《明宁远巡抚袁崇焕致清大宗书》)

例（1）所取 bithe 之义为"书"，例（2）所取 bithe 之义为"函札"，例（3）所取 bithe 之义为"公文"，例（4）所取 bithe 之义为"文武之文"。bithe 在各句中的灵活运用，使其充分发挥了各项词义的作用。

最后要注意词义的确切运用。词义具有社会性，是使用同一种语言的社会成员约定俗成、共同承认的。因此，一个词的意义、它所概括的对象、它的用法等，不同的语言是不可能相同的。仅将满语多义词与汉语多义词相比较，便会看出其差别。前面已谈到这个问题，下面再以 dergi 为例，具体说明词义的确切运用问题。

dergi 上、皇上、东、高（封谥用字）

"上"为 dergi 的本义，指位置在高处的，与"下"相对。如：dergi abka（上天、昊天）、dergi hafan（上司）、dergi femen（上嘴唇）。

"皇上"为 dergi 的引申义，皇权是至高无上的，因此称皇帝为"上"。如：dergi gese（上谕）、dergi baitala（上供）、dergi adun i jurgan（上驷院，内务府属，管理皇帝的马匹事）。

"东"也为 dergi 的引申义，可能是受汉族习俗东为上的影响，dergi 的"东"之义具有地位、方位两种含义。如：dergi asari（东阁）、dergi argi mungga i weilere jurgan（东陵工部）、dergi eldengge duka（东华门）。值得注意的是，满族的习俗尊"西"为上，在满语口语中称"西"为 dergi，而称"东"为 wargi。如：dergi nahan（西山墙边的坑，又名大坑）。再有，满族称"东边"，习惯称为 šun dekdere ergi（太阳升起的方向），而不称 dergi。如：

mini boo gu leo i juleri šun dekdere erki de tehebi.

我家住在古楼前东边。

"高"亦为 dergi 的引申义，表示在上的等级，专为封谥用字。

以上为 dergi 所含有的几种意义，我们再看汉语"上"有哪些意义，并与 dergi 相对比。

"上"有多种意义，其一指"位置在高处"，这与 dergi 的本义"上"是相同的。其二专指"帝王"，与 dergi 的"皇上"之义亦相同。其三指"等级、地位高者"，这与 dergi 之义不同，而与 dele 或 wesihun 相对应。其四指"上头"，即在物体的表面上，这与 ninggu 相对应。其五指"登上"，由低处到高处，为动词，与 tafambi 相对应。其六指"上升"，为动词，与wesimbi相对应。其七指"时间、次第在前"，如上年、上册，dergi无此义。另外还有几种意义，都是dergi所不具有的。而dergi的"东""高"之义，在汉语"上"之义中也是不包括的。由于二者词义的差异，在用法上也必然有别。因此，我们在运用中必须切实掌握词义，力求用得准确、恰当，绝不可在词义上节外生枝，臆造词义。例如：

例（1）事亲者，居上不骄，为下不乱。

niyaman be uilerengge, dergi de bici, cokto akū, fejergi de bici, wacuhūn akū.

此句中的"上"所指为"地位高贵"，与之相对的"下"所指为"地位卑下"。而上面的满文却将"上"译为dergi，将"下"译为fejergi，这是不确切的。因为dergi不含有"地位高贵"之义，fejergi也不含有"地位卑下"之义。所以应将其改为wesihun与fusihūn，才能确切表达语义。

例（2）案上有书，书中有画。

deretu dergi de bithe bi, bithe dolo nirugan bi.

这个句子将"上"译为dergi，我们根据词义分析，可看出用词不当。因为句中的"上"所指为"上头"，即在物体表面上，而dergi不含此义。因此，应将dergi改用ninggu方为确切。

综上所述，我们可以初步了解到满语多义词与同音词的特点。因此，在对其进行辨别与运用的过程中，一要注意词义之间错综复杂的关系，要从各种词义的联系中去深刻认识并理解每个词的意义，从而掌握其确切用法；二要注意对其具体语言环境的了解，要结合上下文透彻分析，确定适当的词义，从而准确地表情达意。

第三节 同音词语义辨析

满语同音词在语音、书写形式上完全相同，而其几个词义之间毫无联系，各自表达不同的意义，甚至为多种词类，既是名词、动词、又是代词、格助词、语气词等。

一 满语同音词的多种词性

满语同音词中多数为同音同形，兼有名词、动词、代词、格助词、语气词等多种词性。例如：

1.be〔名词〕牛车辕横木、伯（爵位）、禽鸟食、鱼食；〔代词〕我们；〔格助词〕把、以、将；〔语气词〕也。请见例句中 be 的各种意义。

例（1）coko be be jembi. 鸡吃食。

此例句中有两个 be，前一个 be 为名词"鸡食"，后一个 be 为格助词"把"。

例（2）aliha bithe da，hiya kadalara dorgi amban，tondo faššangga be i bithe tarbahatai i hebei amban sede jasiha.

大学士、领侍卫内大臣、忠襄伯字寄塔尔巴哈台参赞大臣等。（乾隆朝《上谕》）

此例句中的 be 为爵号"伯"，是来自汉语的借词。

例（3）be manju gisun be urunakū sain i tacimbi. 我们一定要学好满语。

此例句中前一个 be 为代词"我们"，后一个 be 为格助词"把"。

例（4）ai be temgetu obumbi. 以何为凭据。（《清文启蒙》卷三）

例（5）tere be gaifi gene. 将他领了去。

例（6）siyang serengge ujire be，hiyoo serengge taciburē be，sioi serengge gabtabure be. 庠者养也，校者教也，序者射也。

此例句中的 be 为语气词"也"。

2.dere〔名词〕脸、桌子、（四）方；〔语气词〕罢了、耳、乎。请见例词与例句中 dere 的各种意义。

dere banjimbi 看情面　　dere de efulembi 变脸

例（1）kesike dere i dalbade aliyame. 猫伺几侧。

例（2）dere de bithe bi. 桌上有书。

例（3）bi yargiyan i sarkū kai，saci utthai sinde alambi dere.

我实在不知道，若是知道就告诉你罢了。（《清文启蒙》卷二）

例（4）tuttu oci，uthai nure i haran dere. 若是那样，就是酒之故耳。

105

3.bi〔代词〕我；〔动词〕有、在。请见例句中 bi 的各种意义。

例（1）si bi ishunde kunduleci, sain akūn. 你我彼此相敬，岂不好吗？

例（2）gisurendure injecere de amba bithei urse bi.
谈笑有鸿儒。(《合璧古文·陋室铭》)

例（3）bithe alin de jugūn bi, kicebe doko jugūn inu. 书山有路勤为径。

例（4）sini ahūn ai baita de bi. 你哥哥在什么差事上？

二 同音词语义辨析

满语同音词不同于汉语同音词，没有异形同音词，皆为同形同音词。这样，从表面形式上看很容易相混淆。为此，我们更应该注意对满语同音词的词义进行了解与掌握。在具体的语言环境里，分析确定同音词的恰当意义，从而准确地表达语义。下面，以一些同音词为例，辨别其在运用中的词义。

〇 jurgan 义、部院、（一）行、（一）道

例（1）hiyooxungga nomun emu bithe, gisun komso bime jurgan getuken, sure hergen baiburakū uthai ulhici ombi.

夫孝经一书，词简义畅，可不烦注解而自明。(《御制翻译孝经序》)

例（2）yabuci sebjelebuci ojoro be gūnimbi, erdemu jurgan be wesihuleci ombi, deribuhe baita be durun obuci ombi.

行思可乐，德义可尊，作事可法。(《御制翻译孝经序》)

例（3）uthai boigon i jurgan de yabubufi, fulun jefi aniya goidaha geren hafasa jai geren jurgan yamun de yabubufi akdulaci acara hafasa be gaime bithe unggihe bihe, ……。

随经行文户部，咨取俸深各官并各部院保举官员去后，……。

例（4）coohai niyalma duin jurgan i fargame han be baici, han i bisire babe sarkū.

军马四散去赶，不知帝之所在。(《满汉合璧·三国志》)

例（5）si ainu hergen ararakū, jurgan aliyahabi, tondokon i jusu, ume hari ojoro.

你怎么不写字？等趟子呢。直直的打，别歪了。(《满汉合璧·劝学规》)

例（1）中的 jurgan 为"义"，指意义，即人对事物认识到的内容。例（2）中的 jurgan 为"义"，指正义，即公正合宜的道理或举动。例（3）中的 jurgan 为"部院"，指行政机关单位。例（4）中的 jurgan 为"道"，指各方"途径"。例（5）中的 jurgan 为"道儿"，指线条。这几种词义互相间没有任何联系，各自表达截然不同的意义。因此，在确定其词义时，要认真分析上下文，恰当选用相适应的词义，从而避免语义误解。

○ halambi 更换、烫

例（1）i banitai uttu kai, adarame halame mutembi.

他生性是这样啊，怎么能改。(《满汉合璧·清文启蒙》)

例（2）teike teike etuku adu be halambi. 不时地换衣服。

例（3）jaci šahūrun ningge be omiha manggi, hefeli nimembi, hon halhūn ningge be omici angga halambi, buncuhūn ningge sain.

喝了太凉的时候，肚子疼；若喝了很热的，烫嘴；温的好。

例（1）（3）两个例句中的 halambi 表示两个不同的意义，根据上下文的分析，其意义是很明确的。而例（2）中的 halambi 应为何义，就不好确定了。仅从这个句子看，词义可为"更换"，也可为"烫"。所以，必须看这个句子的上下文，才能确定 halambi 在其中的准确意义。

○ jaka [名词] 物、缝隙 [副词] 刚才

例（1）meni aniyadari benere doroi jaka, udu nekeliyen bicibe, fusihūn gurun de oci, hūsun be majige hono funcebuhekū.

我岁致品物，虽若菲薄，在敝邦已无遗力矣。(《清太宗实录》卷 26)

例（2）holkonde ujirhi i gese emu jaka uce i jaka deri bireme tucire be ekšeme sacifi, araka deri uncehen be moksolofi, …….

欻有一物如狸，突奔门隙。急击之，仅断其尾，……。

例（3）beye forgošome jaka, hercun akū geli tuheke.

刚一转身，不觉又倒了。(《重刻清文虚字指南编》)

例（4）hafan teme jaka uthai ulintume yabumbi.

将作官就行贿赂。(《满汉合璧·昆山集》)

jaka 的三个意义互不相联，而且又属名词与副词两个词类。因此，我们在辨别时要注意其具体的语言环境。例（1）中的 jaka 为"物"，指礼品之类的"东西"。例（2）中的两个 jaka 分别为两个意义，前者为"物"，指似狸的"东西"；后者为"缝隙"，指门缝儿。例（3）（4）中的 jaka 为"刚"，表示行动或情况发生不久。

○ si [名词] 队伍、间空 [代词] 你

例（1）cooha yabure de ongko bisire bade gemu songko be tuwame uncehen sirame siran siran i yabu, aikabade jalan si sirburakū hashū ici bali jurcenjeme yabume, jugūn i dalbai sain ongko be wehutebure de isibuci, manju monggo cooha oci, tanggū šusiha tanta, …….

兵马行走草地，俱当步踪，接续衔尾而进。倘敢不接队伍，左右参差，混乱行走，以致践踏路旁好草者，满洲蒙古兵丁责一百鞭，……。（《上谕·军令条约》）

例（2）si sindame yabumbi. 列队行走。

例（3）ume waiku daikū i arara, beye tome tondo oci, teni sain, hetu i tala, undu i si, neigen akū oci ojorakū.

别写的七扭八歪的，个个腰要直，刚好。横当儿、竖空儿，不可不匀。（《满汉合璧·劝学规》）

例（4）si juleri yarhūdaki. 你在前导引吧。（《重刻清文虚字指南编》）

例（5）si ini funde dangnaci ojorakū. 你不能替代我。

si 作为代词"你"，是为大家所熟悉并经常运用的。si 作为名词"队伍""间空"，则不太被人注意并很少运用。因此，当 si 出现在句中时，人们首先想到的词义是"你"。这在一般情况下是正确的。但有时也会是另外两种意义。如例（1）（2）中的 si 所指便是"队伍"之义，例（3）中的 si 所指则为"间空"之义，这与"你"之义是毫无联系的。所以，对 si 为何义的辨别，一定要根据上下文进行认真分析，不可凭习惯臆断。

三　名词与动词形态变化相同的同音词

由于满语动词具有形态变化的语法功能，而使动词表现出多种形式，

其中有一部分动词的形式与名词相同，这主要是动词过去时、命令式、否定式与一些名词相同。它们虽然在音形上完全相同，但在意义上无任何关系，各自表达截然不同的意义。例如：

  tuwa 火 —— tuwa 看（为动词 tuwambi 的命令式）

  wa 味 —— wa 杀（为动词 wambi 的命令式）

  ulhi 袖 —— ulhi 晓得（为动词 ulhimbi 的命令式）

  bele 米 —— bele 弑之（为动词 belembi 的命令式）

  ula 江 —— ula 传授（为动词 ulambi 的命令式）

  ejehe 敕书 —— ejehe 记着了（为动词 ejembi 的过去时）

  doko 小路、（衣）里 —— doko 落下了（为动词 dombi 的过去时）

  afaha 篇、折片 —— afaha 攻伐了、遭遇了（为动词 afambi 的过去时）

  oho 腋窝 —— oho 已然口气"了"（为动词 ombi 的过去时）

  sirakū 假发 —— sirakū 不补（为动词 simbi 的否定式）

  surakū 猪食槽 —— surakū 不解（为动词 sumbi 的否定式）

  从以上的分析与例句来看，满语的同音词比较复杂，这就需要我们注意掌握和区分其各种意义与具体用法。同音词表面看来意义多而杂，似乎混淆难分。其实不然，一个具有多种意义的词，在具体运用中一般不会产生混淆。因为在一个语言场合只能显示其一种意义，排除其他意义。所以我们可以根据具体的语言环境来分析、确定一个词的确切意义，从而达于准确理解与运用。

第四章　满语八旗制度词语文化语义

"特定的语言与特定的文化之间，有着深刻的历史和现实的内在联系。一个民族的语言总是体现着这个民族认识世界的方式和成果以及这个民族的文化传统、风俗习惯、心理思维与历史环境。尤其是由于特殊的民族文化背景而形成的词语，更体现出独特的文化涵义。"[①] 满语词"niru"（牛录）、"jalan"（甲喇）、"gūsa"（固山），不仅仅是八旗制度的核心，还是满族文化多方面的反映，入关后，又与汉文化发生接触，乃至产生新的变化。本章分别探析这三个八旗制度词语的文化语义。

第一节　niru 牛录文化语义

满语"niru"汉义为"披箭、牛录、佐领"，niru 作为八旗制中的名称指最基层的组织单位，这是汉义"箭"所不能表达的意义。"牛录"在表达佐领官职的同时，还表达"箭"的名词意义。在女真语中也是 niru。从词源上看，牛录来源于 niru"箭"的语义。[②]"每三百人立一牛录额真管属"[③]，nirui ejen（牛录额真）为八旗制最基层的官员。

一　"niru"语义探源

满族先人历史悠久，早期主要文化类型为狩猎文化，如肃慎、挹娄时

[①] 赵阿平：《满语语义文化内涵探析（一）》，《满语研究》1992 年第 2 期。
[②] 赵志强：《清代中央决策机制研究》，科学出版社，2007，第 24 页。
[③] 《清太祖武皇帝实录》卷 2。

期的楛矢石砮等都有所反映。狩猎在满族及其先人的日常生活中占有重要地位,这是其为适应自然环境而采用的生计方式。因此,作为狩猎文化代表工具之一,"箭"的出现亦成其为必然。《御制增订清文鉴》卷九对满语"niru""披箭"之词义有详细解释:

dethe, kacilan i dethe ci tondo bime sele jiramin ningge be niru
箭翎　　把箭的箭翎从　直　有　铁厚……的披箭把
sembi, gurgu gabtara de baitalambi
称　　野兽　射　在……上　用

译文:从箭翎、把箭的箭翎到厚镞称为披箭,用于射野兽。

由此可见,满语"niru"最早的语义是"披箭",最初主要用于狩猎活动。此外,随着生产力的不断进步以及与外部交流的加强,披箭的种类也不再单一,而是在原有的基础上产生了多种披箭。如下:

doroi niru　大礼披箭　dokjihiyan niru　尖披箭　teksin niru　齐披箭
uhūma niru　月牙披箭　hente niru　　　插披箭　fasilan niru　燕尾披箭
dolbi niru　小披箭　　tatame niru　　 抹角披箭　ijifun niru　 梳脊披箭
sudu niru　无哨披箭　jangga niru　　 哨子披箭　hanggai niru　锈铁披箭
sisi niru　榛子哨披箭　　　　　　　　tasha gabtara niru　射虎披箭
tasha gabtara selmin niru　射虎弩箭

因此,niru 可以说是满族及其先人狩猎生活的突出代表,是一种文化符号。当然,箭的用途并不仅局限于狩猎,其还是冷兵器时代战争的有力武器之一,甚至"它还是不同社会群体订立某种契约关系的信物与媒介"[1]。而就明中后期的满族前身——女真来说,"各部蜂起,皆称王争长,互相战杀,甚至骨肉相残,强凌弱,众暴寡"[2]的局面表明了当时女真内部战争的频繁,女真各部平时用于日常狩猎活动的弓箭的战争用途也就因此具有突出的代表性。

---

[1] 刘小萌:《满族从部落到国家的发展》,中国社会科学出版社,2007,第 47 页。
[2] 潘喆、李鸿彬、孙方明编《清入关前史料选辑》第一辑,中国人民大学出版社,1984,第 300 页。

| 满语词汇语义及文化研究 |

二 "niru"官职语义

建州女真努尔哈赤的崛起统一了女真各部，同时女真内部的统一进程也增强了努尔哈赤自身的实力，人口增多，领土扩大，等等。因此，发展的需要将原本仅仅代表披箭含义的满族狩猎文化符号"niru"又赋予了新的文化涵义——牛录。最早出现"牛录"这一记载是在《满洲实录》中：orgoni, loko be wesimbufi ilata tanggū haha be kadalara nirui ejen hafan obuha.[①]（译文：赐牛录之爵属三百人，厚养之。）由此可见，此时建州女真已存在"牛录"这个基层社会组织，同时这也为努尔哈赤创立八旗制度奠定了基础。在此句中出现了"nirui ejen"词语，意思为"大箭主、牛录额真、佐领"。由此表明，虽然此时努尔哈赤尚未明确设立这个官职名称，但它的确已存在了一段时间。直到1601年，这一官职名称才正式确立，《满洲实录》载：tere aniya manju gurun i taidzu sure beile ini isabuha gurun be dasame ilan tanggū haha be emu niru obufi, niru tome ejen sindaha. terei onggolo dain dailara aba abalara de geren komso be bodorakū uksun uksun i gašan gašan i yabumbihe. da de manju gurun i niyalma aba abalame, aba sarambihe de, niyalma tome niru jafafi juwan niyalma de emu ejen sindafi, tere juwan niyalma be kadalara meni meni teisu be jurcerakū yabumbihe. tere sindaha niyalma be nirui ejen sembihe, tuttu ofi kadalara hafan i gebu uthai nirui ejen toktoho.[②] 译文：是年，太祖将所聚之众，每三百人内立一牛录额真管属。前此，凡遇行师出猎，不论人之多寡，照依族寨而行。满洲人出猎，开围之际，各出箭一枝，十人中立一总领，属九人而行，各照方向，不许错乱。此总领呼为牛录（汉语大箭）额真（额真，汉语主也），于是以牛录额真为官名。由此可以明确八旗制度中的牛录制来源于满洲人狩猎制度，可知满语"niru"最初的词义为大箭（披箭），牛录之义是由其发展而来的，这是由狩猎制度向基层管理组织的文化符号内涵的延伸。并且随着社会的发展，

---

① 《清实录》第1册《满洲实录》卷2，中华书局，1986，第54页。
② 《清实录》第1册《满洲实录》卷3，第117~118页。

第四章　满语八旗制度词语文化语义

在清入关后又有了新的发展变化，即官职称谓文化含义的出现，从 nirui ejen（牛录额真）到 nirui janggin（佐领）的转变以及 nirui janggin "世职"含义的出现正好说明了这一点。此外，这时也出现了各种不同称谓的佐领名称：fujuri niru（勋旧佐领）、jalan haleme bošoro niru（世管佐领）、teodejeme bošoro（轮管佐领）、ishunde bošoro niru（互管佐领）、siden niru（公中佐领）、booi niru 或 delhetu niru（内府佐领）、cigu niru（旗鼓佐领）、solho niru（高丽佐领）、oros niru（俄罗斯佐领）、hoise niru（回子佐领）等。其中，"又国初各部落长率属来归，受之佐领，以统其众者，曰勋旧佐领。率众归诚，功在旂常，赐户口者，曰优异世管佐领。仅同弟兄族里来归，授之以职者，曰世管佐领。户少丁稀，合编佐领，两姓、三姓，曰互管佐领。各佐领拨出余丁，增编佐领，为公中佐领"①。而内府佐领、旗鼓佐领则分属于内务府与诸王贝勒府上，地位较低，基本充当奴仆的角色，并以汉人居多。最后，高丽佐领、俄罗斯佐领、回子佐领则是分别指由投降的高丽人、俄罗斯人、回族人编成的佐领。此外，清朝对部分少数民地区也实行"牛录—佐领"制进行管理。

天命五年（1620），努尔哈赤论功序爵，仿明制创备御、游击、参将、副将、总兵官等世职，将 nirui ejen 定为备御。皇太极即位，为了防止满人汉化，于天聪八年（1634）下诏，将世职名称皆改称满文，备御改称 nirui janggin（牛录章京）。顺治四年（1647），又将其改为 baitalabure hafan（拜他喇布勒哈番），汉名为"骑都尉"，为四品世职。

顺治十七年（1660），定八旗职官名称时，改 nirui janggin 为佐领，② 正四品官。清初佐领，又分为勋旧佐领、优异佐领、世管佐领、互管佐领、公中佐领。③

总体来看，"niru"是一个表达满族狩猎、基层管理组织、官职称谓的文化符号，其发展变化与其文化背景以及外部条件密切相关，并且这

---

① （清）吴振棫：《养吉斋丛录》，童正伦点校，中华书局，2005，第 2 页。
② （清）嵇璜等奉敕撰《清文献通考》卷 179，乾隆五十二年（1787）。
③ （清）吴振棫：《养吉斋丛录》，童正伦点校，中华书局，2005。

113

三者间相互联系，密不可分。

第二节　jalan 甲喇文化语义

一　"jalan"语义探源

满语"jalan"汉义为"世、代、队，甲喇"，其中"甲喇"为音译，甲喇原为狩猎集团的一个单位，在八旗制度建立后，成为八旗制中的一级组织单位。jalan 作为八旗中的一级组织单位，位于牛录、固山之间，音译为"甲喇"。甲喇分为五甲喇：头甲喇 fere jalan（围底）、二甲喇 jebele meiren（右围肩）、三甲喇 jebeie du be（右围末）、四甲喇 dashūwan meiren（左围肩）、五甲喇 dashūwan dube（左围末）。这些名称真实地反映了满族早期进行狩猎合围的形式。[1]1615 年努尔哈赤正式创立八旗制度时规定，每五牛录立一个甲喇额真，五甲喇立一个固山额真。早在 1601 年创立牛录制后，努尔哈赤便通过一系列战争扩充了自己的实力，甲喇这一组织单位相应出现，或者更早，但尚未明确。《御制增订清文鉴》[2]中用"fere"一词说明了甲喇的文化渊源：

aba i dulimbai turun i teisu be，fere sembi
畋猎 的 中间的 纛 的 相对 把 围底 称
译文：畋猎中央大纛相对处称之围底。

再如《清太祖朝老满文原档》：han hendume emu nirui bade yabuci, ememu nirui niyalma amasi boode isinjitele ferede bahabi yaburakū seme. juwan niru be acabubi emu niru bubi yabume derbuhe.（译文：汗曰："夫一牛录人若行一路，则某牛录人，直至返家，仍不能行于围底。著以十牛录合之给箭一枝而行。"）[3]因此，甲喇同样也可以反映出满族早期具有特色的围

---

[1] 赵阿平：《满族语言与历史文化》，第 116 页。
[2] 清高宗弘历敕撰《御制增订清文鉴》，清乾隆三十六年武英殿刻本。
[3] 《清太祖朝老满文原档》，中华书局，1970，第 46 页。

猎制度，这也是满族狩猎文化符号之一。

二 "jalan"官职语义

jalan（甲喇）原为狩猎集团的一个单位，在八旗制度建立后，成为八旗制中的一级组织单位。jalan i ejen 则是这级组织的官长，"五牛录设一甲喇额真"。天聪八年（1634），此官改称为 ja lan i janggin（甲喇章京），世职亦用此称。顺治四年（1647），摄政王多尔衮将世职名 jalan i janggin 改称 adaha hafan（阿达哈哈番，汉义为陪伴之官），为三品世职。顺治十七年（1660），定 jalan janggin 官名汉字称"参领"，满字如旧。[①] 参领分为骁骑参领、前锋参领、护军参领等，由满军、蒙古军、汉军若干人充任，职责不一。

jalan i janggin 在《御制增订清文鉴》中释为：

gemun hecen i jakūn gūsade gūsa tome sunjata bi，emu jalan i baita
京城 的 八旗内旗 每 各五个 有 一甲喇 的 事情
be alifi icihiyara hafan be，jalan i janggin sembi[②]
把受 办理 官 把 参领 称

译文：京城八旗内每旗各有五个，将管理一个甲喇之官称作参领。

janggin 在《清文总汇》里释为"章京乃文武有责任执掌之有司官"[③]，明显是官职称谓，而此时 ejen 则成了皇帝的专称。此外，bayarai jalan i janggin（护军参领）、ilhi bayarai jalan i janggin（副护军参领）、araha bayarai jalan i janggin（委护军参领）、ilhi jalan i janggin（副参领）等都由参领一词衍生而来，且都是入关后所爱定的官职称谓。

[①] 清乾隆朝官修《清朝通典》卷31，浙江古籍出版社，2000。
[②] 清高宗弘历敕撰《御制增订清文鉴》，清乾隆三十六年武英殿刻本。
[③] （清）志宽、培宽等编《清文总汇》，光绪二十三年荆州驻防翻译总学刻本，第232页。

第三节　gūsa 旗文化语义

一　"gūsa" 语义探源

满语 "gūsa" 的汉义为 "固山、八旗之一旗"。针对 "gūsa" 这个词的词源，赵志强认为，gūsa（固山）当为汉文 "股" 的音译借词 "gū" 与表示复数的附加成分 "-sa" 的合写形式，即汉语借词 "股" 的复数形式。[①] 此观点论据稍显不足，还需要进一步探讨。作为八旗制度中最大的社会组织与军事单位，固山也是在努尔哈赤的不断征伐中形成的。关于固山的记载，最早见于 1593 年努尔哈赤与九部联军之战：taidzu sure beile isinafi hejigei hoton i bakcilame gurei alin i ninggui akdun sain ba de, cooha faidafi gūsa gūsai cooha gaifi afara beise ambasa be teisu teisu afabufi belheme.（译文：时太祖兵到，立阵于古哷山险要之处，与赫济格城相对，令诸王大臣等各率固山兵分头预备。）[②] 由此可见，固山这一组织单位出现较早，当时尚未正式确定。此外，牛录、甲喇、固山这三级社会组织单位已初步形成，而每个单位的人数尚未确定，或少于 1615 年八旗制度正式建立时。到了 1615 年，努尔哈赤已经具备了很强的实力，因此，taidzu kundulen han babe toktobufi ilan tanggū haha de emu nirui ejen sunja niru de emu jalan i ejen, sunja jalan de emu gūsai ejen, gūsai ejen i hashū ici juwe ashan de emte meiren i ejen sindaha, dade suwayan, fulgiyan, lamun, šanggiyan duin boco tu bihe, duin boco tu be kubume jakūn boco tu obufi uheri jakūn gūsa obuha.（太祖削平各处，于是每三百人立一牛录额真，五牛录立一甲喇额真，五甲喇立一固山额真，固山额真左右，立梅勒额真。原旗有黄白蓝红四色，将此四色

[①] 赵志强：《清代中央决策机制研究》，科学出版社，2007，第 123 页。
[②] 《清实录》第 1 册《满州实录》卷 2，第 95~96 页。

镶之为八色，成八固山。)[①] 其最初分别写作 gulu suwanyan i tu i gūsa（正黄旗固山）、gulu fulgiyan i tu i gūsa（正红旗固山）、gulu lamun i tu i gūsa（正蓝旗固山）、gulu šanggiyan i tu i gūsa（正白旗固山）、kubuhe suwayan i tu i gūsa（镶黄旗固山）、kubuhe fulgiyan i tu i gūsa（镶红旗固山）、kubuhe lamun i tu i gūsa（镶蓝旗固山）、kubuhe šanggiyan i tu i gūsa（镶白旗固山）。其后简化，分别写作：gulu suwanyan gūsa（正黄旗）、gulu fulgiyan gūsa（正红旗）、gulu lamun gūsa（正蓝旗）、gulu šanggiyan gūsa（正白旗）、kubuhe suwayan gūsa（镶黄旗）、kubuhe fulgiyan gūsa（镶红旗）、kubuhe lamun gūsa（镶蓝旗）、kubuhe šanggiyan gūsa（镶白旗），而大多数时候 gūsa 可以省略。其中左翼（dashūwan gala）是镶黄、正蓝、正白、镶白，右翼是正黄、正红、镶红、镶蓝，而后又分别建立蒙古八旗、汉军八旗，共二十四旗，此时 jakūn gūsa 已经成为一个统称，即如无特定修饰，就是泛指这二十四旗。

二 "gūsa"官职语义

gūsa 原来仅有"固山"的含义，并无"旗"之义，在《满洲实录》《满文老档》里都用"tu"（大旗、纛）来表示"旗"之义。关于这个问题，细谷良夫、赵志强[②]等分别在其著作中进行过论述。从语义上分析，满语"gūsa"固山与旗的含义基本相同，仅是使用时期有别，固山多用于努尔哈赤与皇太极时期，而清入关后则基本用旗来表示。"gūsa"是八旗制度中具有核心作用的文化符号，其与不同的文化背景有着很深的联系。例如，"gūsa"最早是满族八旗制度中最大的"军政合一、兵民合一"的军事单位与社会组织单位，而随着清朝的建立，"gūsa"更多则是作为一种国家统治工具而存在的。其是特殊的旗制管理，如 cahar jakūn gūsa（察哈尔八旗）、dehi uyun gūsa（四十九旗）等，基本上可以算是旗制管理下的自治体，而旗下官制则是以八旗官制与当地少数民族官制

[①] 《清实录》第1册《满洲实录》卷4，第183页。
[②] 详见〔日〕细谷良夫《清朝八旗制度的"gūsa"和"旗"》，《北京国际满学研讨学论文集》，1992；赵志强《八旗满汉称谓解读》，《满语研究》2006年第1期。

相结合而设立的。

在官职称谓上，gūsa be kadalara amban 汉义为"管理旗务大臣、固山邦、都统"。

gūsa i ejen 汉义为旗主，由此可能会使人理解为八旗中的最高官长，其实不然。天聪八年（1634）四月，皇太极谕令："凡管理，不论官职。管一旗者，即为固山额真。"① 由此可知，只要担任管旗实职者，不论其世职高低，即称固山额真（gūsa i ejen）。这里强调的是"管理"的责任，因此，gūsa i ejen 虽有旗主之义，但非专主一旗，只是管理旗务者。八旗中真正专主一旗的是 beijle（贝勒），其在不同时期、不同场合有不同称谓，但无论在档案中还是官书中，都不称专主一旗的 beile 为 gūsa i ejen。《满文老档·太祖》中，有时将专主一旗的 beiie 称为 gūsa i ejen beile（旗主贝勒）。

gūsa i ejen 不主旗而名为旗主，这一名不副实的现象，是在一定历史条件下造成的。八旗编制始于狩猎战斗集团，十人立一首领，称为 niru i ejen。八旗建制，又以 gūsa i ejen、jalan i ejen、niru i ejen 等作为八旗各级组织的官名。可见，gūsa i ejen 是因袭早期满族历史传统而产生的概念。当时，ejen（主子）一称是普遍使用的，官为一旗之长，当然可称为 gūsa i ejen。但随着君权的逐渐提高，在国君之外还有大大小小的官员称 ejen（主子），是不能允许的。因此，jalan i ejen、niru i ejen 等相继更名。顺治十七年（1660），gūsa i ejen 亦更名为"都统"，但满字仍称 gūsa i ejen，至雍正元年（1723）七月，"总理事务大臣等议覆：给事中硕塞条奏：八旗都统印信，清文系固山额真字样。额真二字，所关甚巨，非臣下所可滥用，应请改定，以昭名分。应如所请，将固山额真改为固山昂邦……将八旗印信改铸给与。从之"②。

固山额真与国君、主旗贝勒的关系是至关重要且特殊的，可以说其是一身而二任的特殊人物。一方面，他们是汗同诸贝勒共议后简用的国家

---

① 《清太宗实录》卷18。
② 《清世宗实录》卷9。

管旗大臣；另一方面，他们又各隶本旗，以本旗的主旗贝勒为家主，并作为其僚属在本旗内行使职权。这种身份决定了他们既有公忠体国的一面，又有偏徇本旗利益的一面。当本旗利益与国家利益一致时，自然没有问题；而当本旗利益和国家利益相矛盾或旗诸贝勒有意败坏国基、图谋离叛时，他们以何态度对待，则取决于国君和主旗贝勒之间的势力对比了。当君权绝对强大时，他们是国君的强大支柱；但君权削弱时，他们又往往效力于本旗主旗贝勒；当国君需要加强君主专制时，他们又成为国君削弱、制约主旗贝勒的工具。太祖、太宗为加强君权，抑制八旗诸贝勒，委固山额真以重任，使之成为手中的得力工具。在固山额真的制约下，主旗贝勒损害国家利益的违法行业为大大减少。清入关后，固山额真继续作为君权的有力支柱。至雍正元年，其更名为 gūsa be kadal ara amban（监视理旗务大臣、固山昂邦、都统），标志着用于臣下的 ejen（主子）一词在封建专制主义中央集权达到顶峰之际消失。

第五章 满语饮食服饰词语文化语义

第一节 饮食服饰词语物质文化语义

在满族早期社会，狩猎为主要的生计方式。"狩猎在满族先民的经济生活中占主导地位，为人们的生活提供了主要的资源。"[1]《魏书·勿吉传》记载勿吉"善射猎"[2]，《新唐书·黑水靺鞨传》记载黑水靺鞨人"善射猎"[3]。通过对满语饮食服饰词语语义的分析，能够反映出狩猎生活的内容。

一 饮食词语狩猎文化语义

满语饮食词语中有一些肉食词语，如：kersen（野兽胸岔子肉）、fiyenggu（熊肚领）、hoto guwejihe（小圆肚）、tarhūlaha fahūn（卷油烧肝）、aidagan i kalka（挂甲的野猪肉）、lefu i fatha（熊掌）[4]等。这些野猪、狍子、鹿等林栖动物，某种程度上反映了满族人的狩猎主要为森林狩猎类型，不同于蒙古族的草原狩猎。满族人对这些动物的分类比较详细，不同性别、年龄、体态大小等都有细致的专名。鹿类词语有：mafuta（公鹿）、jolo（母鹿）、fiyaju（鹿羔）、urgešen（一岁鹿）、lorbodo（三岁鹿）等。熊类词语有：kūwatiki（一岁熊）、jukturi（两岁熊）、sati

---

[1] 赵阿平：《满族语言与历史文化》，第75页。
[2] （北齐）魏收：《魏书》，中华书局，1974。
[3] （宋）欧阳修等撰《新唐书》，中华书局，1975。
[4] 清圣祖玄烨敕撰《御制清文鉴》卷18，清康熙四十七年武英殿刻本，第3~4页。

（公马熊）、nari（母马熊）等。狍类词语有：gio（狍）、gūran（公狍）、hūya（半大狍）等。[①] 这些词语基本以单纯词的形式出现。在长期的狩猎生活中，人们要熟练掌握各种狩猎工具，还要熟悉地形特点以及动物的各种生物习性和活动规律。这些在满语中也有所反映。如 muran，《清文总汇》："鹿哨"[②]。tolhon 为"桦皮"之义。tolhon i ficakū，《清文总汇》："桦皮哨子，吹起似狍羔声，引大狍来射者。"[③] 动物都有一定的交配期，鹿的交配期一般在秋季白露前后，当交配期到来之后，公鹿会不断地鸣叫，以吸引母鹿，母鹿听到声音后也会寻找公鹿。这时，猎人制作鹿哨，模仿公鹿的鸣叫以引诱母鹿。对于体态较大、比较凶猛的野生动物，比如野猪、老虎、熊等，会采用 niyahašambi（用狗捕猎）的方式。在发现野猪踪迹后，用狗将野猪围住撕咬，由于野猪皮比较厚，弓箭对野猪难以造成致命伤害，这时猎手会用扎枪扎野猪的致命部位。狗是满族狩猎的重要帮手，这也是满族禁吃狗肉的原因。

　　动物远离人群，狩猎也要跟随动物的迁徙而动，没有固定的场所，很多时候都是"一人一匹猎马，一人一杆枪，翻山越岭追逐野兽"[④]。长期的野外生活要求所携带的食品必须量小、轻便，而且食用方便。如 fuli，《御制清文鉴》："fiyakūme olhobuha hacingga yali, nimaha be faitame farsilafi olhobuhangge be, fuli sembi."[⑤] 汉译：烤晒干的各种肉，将鱼切成片儿烤干，称为肉干儿。还有 šaru（生干肉片）[⑥]，制成的各种肉干不仅携带方便，食用起来也比较方便，既可以用热水泡了吃，又可以蒸着吃，还可以干着吃。赫哲人出外远行常带鱼肉干作为干粮。《呼伦贝尔志略》记载："干肉（牛、羊外，兼及狍、兔、狍、鹿等）便于携带贮藏，

---

① 江桥整理《清代满蒙汉文词语音义对照手册》，中华书局，2009，第 694~696 页。
② （清）志宽、培宽等编《清文总汇》卷 9，清光绪二十三年荆州驻防翻译总学刻本，第 21 页。
③ （清）志宽、培宽等编《清文总汇》卷 7，清光绪二十三年荆州驻防翻译总学刻本，第 45 页。
④ 陈伯霖：《黑龙江省少数民族风俗》，中央民族学院出版社，1993，第 96 页。
⑤ 清圣祖玄烨敕撰《御制清文鉴》卷 18，清康熙四十七年武英殿刻本，第 5 页。
⑥ 《御制五体清文鉴》卷 27 "食物部"，清乾隆三十六年武英殿刻本，第 3763 页。

为御冬食品，行旅兵士尤珍视之。"① 狩猎时，携带的生活用具较为简单，猎获动物后的加工方式多限于烧或者烤之类。如：鹿肝、熊掌、野猪肉都是以烧烤的方式做成的。狩猎并不意味着每一次都能获得猎物，有时候还需要一些运气，极度依赖狩猎会造成食物的不稳定。因此，在猎获食物后，满族还有平分食物的习俗。如，在行军出猎时，努尔哈赤要求将兽肉与同杀者平分。

语言能够反映文化，"在其产生、发展和变化中，一直受到文化的制约和影响"②。狩猎生活使得满族先民对动物有了更深的认识，他们甚至还以动物名去命名其他事物。如满语中的野菜词语。

morin turgen，《御制清文鉴》："bigan i sogi, ilha suwayan, abdaha morin i wahan i adalikan.okto de baitalara si sin be, morin turgen sembi. geli morin torho sembi."③ 汉译：野菜，花黄色，叶与马蹄稍相似，根须有辛味，可以入药，也叫作 morin torho。

morin 为"马"之义，turgen 为"快"④之义，满族因细辛菜的叶与马蹄相近而命名为 morin turgen。因 morin turgen 根部的辛味，汉族称之为细辛菜。

meihe šari，《御制清文鉴》："bigan i sogi.šari sogi de adali.abdaha de fufun i gese argan bi.amtan gosihon.geli niongniyaha i be sembi."⑤ 汉译：野菜，与曲麻菜相似，叶子上有像锯齿状的芽。味苦，也称为鹅食的野菜。

因这种菜味苦，汉族命名为"山苦荬"，魏晋六朝《宋书》可见"苦荬"之名。meihe 为"蛇"⑥之义，满族以该菜叶子锯齿形似蛇牙而命名。

gio holhon，《御制清文鉴》："bigan i sogi.fulehe be ts'ang ju sembi.

---

① 丁世良、赵放主编《中国地方志民俗资料汇编·东北卷》，书目文献出版社，1989，第502页。
② 戴昭铭：《文化语言学导论》，语文出版社，2010，第17页。
③ 《御制清文鉴》卷18，第10页。
④ 《御制五体清文鉴》卷31"牲畜部"，第4317、4370页。
⑤ 《御制清文鉴》卷18，第11~12页。
⑥ 《御制五体清文鉴》卷32"鳞甲部"，第4455页。

dabuci wa sain."①汉译：野菜。根叫作苍术，点燃后味很好。

在汉语中，gio holhon 学名"苍术"，别名"枪头菜""赤术"。满语 gio 为"狍子"②之义，holhon 为"小腿"③之义，满族以其根部与狍的小腿相似而命名。

niohe sube，《御制清文鉴》："bigan i sogi.ilha suwayan, niyalma jembi. abdaha be namki arambi.nikan hūwang hūwa ts'ai sembi."④汉译：野菜。花黄，供人吃。其叶可做马屉。汉族人叫黄花菜。

niohe 为"狼"⑤之义，sube 为"筋"⑥之义，niohe sube 为"狼筋"⑦之义。李石《续博物志》云：唐时有狼巾，一作狼筋，状如大蜗，两头光，带黄色。"⑧可知，狼筋如黄色。满族以黄花菜叶与狼筋颜色相同而命名。

从以上词语的命名来看，汉族和满族都从味觉、视觉、触觉等外部感官出发对植物进行命名，但是，汉族多是着眼于植物的食用或使用特点，而满族则着眼于植物的外部形态特征。类似的词语还有 dorgon i uncehen（獾尾菜）、cecike mimi（雀舌菜）⑨，不过这两个词都属于借自汉语的意译词。

二 服饰词语狩猎文化语义

"服饰功用除遮身蔽体之外还以适应生产需要为主要目的，并因生产条件的不同而产生明显差异。"⑩满族袍服袖口有马蹄袖，袍子两侧和前后都要开衩，这些服饰构件的出现与满族骑猎生活有关。出外打猎时，不

---

① 《御制清文鉴》卷18，第13页。
② 《御制五体清文鉴》卷31"兽部"，第4256页。
③ 安双成主编《满汉大辞典》，辽宁民族出版社，1993，第356页。
④ 《御制清文鉴》卷18，第13页。
⑤ 《御制五体清文鉴》卷31"兽部"，第4258页。
⑥ 《御制五体清文鉴》卷10"人部"，第1312页。
⑦ 《御制五体清文鉴》卷27"食物部"，第3783页。
⑧ （明）李时珍：《本草纲目》，山西科学技术出版社，2014，第1259页。
⑨ 《御制五体清文鉴》卷27"食物部"，第3790、3798页。
⑩ 钟敬文主编《民俗学概论》，上海文艺出版社，1998，第85页。

方便戴着皮手套。干活时，可将手从马蹄袖中伸出。不干活的时候则用马蹄袖护住手部，方便而又保暖。满族狩猎离不开马，有时候需要到很远的地方打猎，甚至"男女老少都骑在马上到处为家"①。袍服开衩便于骑马。满族布料有毛青布、细蓝布、翠蓝布等，这些布料的颜色以青、蓝为主。青色出于蓝色，青色近于蓝色，这些蓝色系是与自然相近的冷色，对蓝色的喜爱与满族长期的野外渔猎生活有关。在北方少数民族中，蒙古族、维吾尔族、柯尔克孜族等也崇尚蓝色。一些佩饰品直接源于狩猎生活。fergetun 汉译"扳指"②，戴在拇指上。拉弓时，以拇指勾取弓弦，佩戴扳指出于拉弓射箭时保护手指的目的。kaiciri 汉译"牙签筒"③，是用角、骨头等物做成圆或扁状，将中间挖空，用来装牙签、耳挖等，佩戴在腰间。满族袍子并无口袋，且袖口窄小，无法携带物品。牙签筒便于野外行猎时携带小的生活用品。

随着人们对动物的了解，动物的骨头也逐渐成为人们的佩饰、游乐品等。满族先民有佩戴动物骨饰的习惯，认为佩戴动物饰品可以获得动物所拥有的力量或者祛除不祥的事情。据《新唐书》的记载，黑水靺鞨人就缀野豕牙，插雉尾为冠饰。满族人常将熊、豹、虎等兽骨佩戴在身上，而在众多动物骨饰中尤其以野猪牙最受推崇。满语 haita④ 专指獠牙野猪。"男性在胸前佩戴公野猪的獠牙，女性佩戴野猪门牙。在新生婴儿的摇篮上佩挂野猪牙。在年节等吉庆的日子，年长者会赏给小孩野猪牙，寓意小孩勇敢无畏能成为优秀的射手。"⑤男性佩戴的野猪牙越多，便被认为越勇敢。野猪牙被认为可以辟邪，常用作护身之物挂于儿童胸前，以求得保护。"每当满族男女孩童长大成人时，族中萨满或穆昆达（族长）举行仪式将灵佩（野猪牙）赐给男女青年，佩戴于前额上。"⑥佩戴野猪牙意味

---

① 傅英仁整理《满族神话故事》，北方文艺出版社，1985，第25页。
② 《御制五体清文鉴》卷9"武功部"，第1115页。
③ 《御制五体清文鉴》卷24"衣饰部"，第3285页。
④ 《御制五体清文鉴》卷31"兽部"，第4260页。
⑤ 陈伯霖：《黑龙江少数民族风俗》，中央民族学院出版社，1993，第236页。
⑥ 王宏刚、富育光编著《满族风俗志》，中央民族学院出版社，1991，第21页。

着男女已经长大成人，有资格成为族群中的一员，作用同汉族的冠（笄）礼。满族还有给小孩佩戴 onggoro（脑精骨）[1]的习俗。脑精骨是牲畜头骨中连接耳根的一块儿小骨头，将此骨挂在婴儿摇车上或给小孩儿带在身上，以防忘事。如今，山东很多地方也有给小孩佩戴脑精骨的风俗。满族儿童有掷"噶拉哈"的游戏，噶拉哈即 gacuha[2]，以狍、麋、鹿前腿的腕骨做成，"或三或五，堆在地上吉之。中者尽取所堆，不中者与堆者一枚"[3]。后来多用猪的前腿腕骨做成。

御寒性是满族服饰的主要特征。在东北寒冷的自然环境下，唯有动物皮毛制成的衣服才能抵御严寒。金代女真人称"北方苦寒，故多以衣皮"[4]。《鄂哆哩玛发》中记载，居住在呼尔哈河的满族先人，冬天穿兽皮。《鄂多玛发》记载，郭合乐哈拉冬天蹲在山洞里，穿着兽皮。[5] 满族人利用动物皮毛来御寒，对动物毛皮有着详细的分类和认识，形成了丰富的描述动物毛皮特点的词语，这些词语都以单纯词的形式出现。动物身上有绒毛和针毛。绒毛柔软，有着很好的保暖御寒作用；针毛覆盖在绒毛之上，针毛粗而且长。貂、狐皮张上的白色针毛称为 cakiri（银针毛），动物皮张底部的绒毛称为 nunggari（绒毛）。不同季节的动物皮毛差别很大，冬季时动物的绒毛多，皮板细致，质量比较好。夏天时动物绒毛少，针毛多，利于散热降温。凡野兽秋季的皮毛稀薄称为 beileci（秋板）。貂鼠、猞猁等秋天的短毛皮称为 hara（短毛秋板）[6]。鹿、狍夏天时的短毛皮称为 fulgiyaci（伏天短毛皮）[7]。夏天的鹿、狍皮，毛短，呈红色。fulgiyaci 一词由 fulgiyan（红色）缀加 –ci 构成。

---

[1] 《御制五体清文鉴》卷 27 "食物部"，第 3752 页。
[2] 《御制清文鉴》卷 13，第 11 页。
[3] 丁世良、赵放主编《中国地方志民俗资料汇编·东北卷》，书目文献出版社，1989，第 24 页。
[4] （元）宇文懋昭：《大金国志》，齐鲁书社，2000，第 288 页。
[5] 傅英仁整理《满族神话故事》，北方文艺出版社，1985，第 86 页。
[6] 《御制五体清文鉴》卷 24 "衣饰部"，第 3303 页。
[7] 《御制五体清文鉴》卷 24 "衣饰部"，第 3312 页。

dahū（皮端罩）、jibca（皮袄）①都是满族冬天所穿服饰。《满洲实录》记载，当漠北蒙古族喀尔喀部来归时，努尔哈赤赏赐两人"seke i dahū ilata，silun idahū juwete，tasha i dahū juwete，elbihe dahū juwete，dobihi dahū emte，seke i hayahan i jibca sunjata，hailun i hayanhan ijibca juwete，ulhu i hayahan i jibca ilata"②。汉译：貂皮端罩各三件，猞猁狲端罩各两件，虎皮端罩各两件，貉子皮端罩各两件，狐狸皮端罩各一件，镶貂的皮袄各五件，镶獭的皮袄各两件，镶青鼠的皮袄各三件。不过，"皮端罩"并不适合劳作，更多地体现了满族贵族的需求。满族普通民众也有自己过冬的方式，所穿的"靰鞡鞋"用牛、马、猪、熊等的皮革缝制而成。穿的时候，先往鞋里放靰鞡草，再用裹脚布将脚裹好穿入，能够起到防潮保暖的作用。

三 "fatha"与"wahan"文化语义

满语词 wahan 与 fatha 都表示"蹄"之意。其中 wahan 主要指马蹄及与之相关的事物，清人沈启亮所辑《大清全书》中将其释为"马蹄袖口"与"马蹄壳"③，《五体清文鉴》释为"蹄"④与"袖口"⑤，《清文总汇》中解释为"马牲口蹄壳"与"袍子上的马蹄袖口"⑥，日本人羽田亨所编的《满和辞典》释其为"1.上衣的袖口，2.蹄"。与之相对，fatha 一词多指除却马以外，其他动物的脚。《大清全书》中解释其为"凡兽之掌"，⑦《五体清文鉴》中释为"蹄"⑧"掌"⑨"蹄"⑩，《清文总汇》中将其释为"凡禽兽六畜之脚、猪羊等畜之蹄可燎煮吃、兽蹄、禽掌、熊掌之掌可燎毛蒸煮

---

① 《御制五体清文鉴》卷 24 "衣饰部"，第 3253、3259 页。
② 祈美琴、强光美编译《满文〈满洲实录〉译编》，中国人民大学出版社，2015，第 312 页。
③ （清）沈启亮辑《大清全书》卷 14，辽宁人民出版社，2008，第 376 页。
④ 《御制五体清文鉴》卷 31 "牲畜部"，第 4354 页。
⑤ 《御制五体清文鉴》卷 24 "衣饰部"，1957，第 3268 页。
⑥ （清）志宽、培宽等编《清文总汇》卷 12，第 110 页。
⑦ （清）沈启亮辑《大清全书》卷 13，第 355 页。
⑧ 《御制五体清文鉴》卷 31 "兽部"，第 4286 页。
⑨ 《御制五体清文鉴》卷 30 "鸟雀部"，第 4219 页。
⑩ 《御制五体清文鉴》卷 27 "食物部"，第 3750 页。

吃或灰火内埋煨熟了吃"①,《满和辞典》中解释为"蹄,熊等的趾,鸟的趾"②。

1. 清代满族服饰文化

wahan 除马蹄之义外,还有袖口之义,得名因其形似马蹄。清代皇帝与大臣的朝服均留有马蹄袖,保留了满族骑射文化的鲜明特色。"按《钦定大清会典》的规定,冬朝服形制有两种,其一:为上衣下裳连属制,圆领,右衽,马蹄袖……袖端为薰貂皮……;其二:为上衣下裳连属制,圆领,右衽,马蹄袖。披领和两袖为石青色……"③另外在清朝人徐柯所写的《清稗类钞》中,也有对马蹄袖的描述:"顷见有人服对襟长衣,袖作马蹄式,头戴一帽,形如覆碗……所形容衣冠情形,即本朝新定之服色耳。"④书中还有对马蹄袖专门的介绍:"马蹄袖者,开衩袍之袖也。以形如马蹄,故名。男子及八旗之妇女皆有之。致敬礼时,必放下。"⑤

除马蹄袖外,马蹄鞋也能体现出满族先人的生产生活方式及满族人对马的喜爱。据《清稗类钞》所载:"八旗妇女皆天足,鞋之底以木为之。其法于木底之中部,凿其两端,为马蹄形,故呼曰马蹄底。底之高者达二寸,普通均寸余。其式亦不一,而着地之处则皆如马蹄也。"⑥

2. 满族命名文化

与"fatha"与"wahan"相关的满语词语对满族人取名产生了较大影响。例如,有人名为费雅汉,此名来源于满语 fiyahan,义为腱子、蹄掌和玛瑙。《清实录》中有纂修官名为费雅汉,以此可以为证:"承德郎内阁办事中书加一级臣费雅汉。"⑦另在《大清世祖章皇帝实录》卷一百三十

---

① (清)志宽、培宽等编《清文总汇》,第46页。
② 〔日〕羽田亨:《满和辞典》,国书刊行会,1972,第128页。
③ 张宏源:《清代皇帝的朝服》,《紫禁城》1991年第3期,第22页。
④ (清)徐柯:《清稗类钞》,中华书局,2010。
⑤ (清)徐柯:《清稗类钞》。
⑥ (清)徐柯:《清稗类钞》。
⑦ 《大清世祖章皇帝实录》首卷,《清实录》,中华书局,1985。

九中还记载了一位名为费雅汉的章京。除此，也有人取名为法特哈，即 fatha，义为蹄，《清实录》中记载："壬午以郎廷弼为工部启心郎，法特哈为北城理事官调。"[①] 另在康熙四十一年十月至十二月部分载："升兵科掌印给事中法特哈为大理寺卿。"[②] 在康熙四十四年正月至三月的记载中，这位名为法特哈的大理寺卿又被升"为盛京户部侍郎"[③]。人们用与"蹄"相关的词语予以命名，这种命名心理充分表明当时人们对马匹走兽等动物的重视与推崇。

法特哈除用作人名外，也用作地名。在吉林省舒兰市西部松花江右岸，有一地区名为法特，这个地名便来源于 fatha，义为"兽迹"。清代满族为了保护其在东北地区的物产及文化，在东北地区植建柳条边，同时沿着柳条边的走向设置了二十座边门以加强管理，法特哈边门便是其中之一。据说此地当时无人居住，风沙遍野，寸草不生，"守边门的第一任笔帖式就给这个地方起名为法特哈"[④]，意指此地荒芜，只有"兽迹鸟爪"。

3. 清代文学语言渗透

满族对有蹄动物的重视也体现在文学作品中，对作品的语言产生了很大的影响。"蹄子"一词频繁出现在清代文学作品中，尤以《红楼梦》为甚。例如："那李嬷嬷脚不沾地跟了凤姐走了，一面还说：'我也不要这老命了，越性今儿没了规矩，闹一场子，讨个没脸，强如受那娼妇蹄子的气！'"[⑤] "凤姐自掀帘子进来，说道：'平儿疯魔了。这蹄子认真要降伏我，仔细你的皮要紧！'"[⑥] "凤姐儿坐在小院子的台阶上，命那丫头子跪了，喝命平儿：'叫两个二门上的小厮来，拿绳子鞭子，把那眼睛里没主子的小蹄子打烂了！'"[⑦] "晴雯道：你瞧瞧这小蹄子，不问他还不来呢。这里又放

---

① 《大清世祖章皇帝实录》卷21，《清实录》。
② 《大清圣祖仁皇帝实录》卷210，《清实录》。
③ 《大清圣祖仁皇帝实录》卷219，《清实录》。
④ 郭福金：《法特地名小考》，《吉林师范学院学报》（哲学社会科学版）1984年第4期。
⑤ （清）曹雪芹：《红楼梦》第20回，人民文学出版社，2010，第207页。
⑥ （清）曹雪芹：《红楼梦》第21回，第222页。
⑦ （清）曹雪芹：《红楼梦》第44回，第472页。

月钱了，又散果子了，你该跑在头里了。你往前些，我不是老虎，吃了你！'"①"蹄子"一词还出现在同为清代满族作家的文康的《儿女英雄传》中："那女子问道：'这之后便怎么样呢？'那妇人道：'怎么样？人家大师傅拔出刀来就要杀他呀！你打量怎么着？我好容易救月儿似的才拦住了。我说：'人生面不熟的，别忙，你老等我劝劝他。'谁知越劝倒把他劝翻了，张口娼妇，闭口蹄子！'"②以上文中的"蹄子"用作詈语，是主子或地位高的人对地位低等的下人的责骂。有观点认为詈语"蹄子"起源于北方，据清朝梁绍仁《两般秋雨庵随笔·仔》记载："《水经注》云：'娈童卯女，弱年崽子。'是其所本。至北则以为骂詈之词，与'羔子'、'蹄子'等矣。"③由于满族妇女没有裹脚的习俗，入关后的满族人接触到汉族小脚女性，可能是认为小脚形似蹄状，故称其为"小蹄子"，用以嘲讽和贬低汉族女性，其后逐渐转变成詈语。

在不同的语言环境中，"蹄子"还可以表达长辈对晚辈以及同辈朋友的昵称与戏谑。例如《红楼梦》中"平儿便跑，被贾琏一把揪住，按在炕上，掰手要夺，口内笑道：'小蹄子，你不趁早拿出来，我把你膀子撅折了'"④。再如"凤姐笑道：'鸳鸯小蹄子越发坏了。我替你当差，倒不领情，还抱怨我．还不快斟一钟酒来我喝呢'"⑤。另有"平儿手里正掰了个满黄的螃蟹，听如此奚落他，便拿着螃蟹照着琥珀脸上抹来，口内笑骂：'我把你这嚼舌根的小蹄子！'"⑥又有刘姥姥进大观园中的"贾母笑骂道：'小蹄子们，还不搀起来，只站着笑'"⑦。由此观之，虽然由于所处语境与说话主体不同，"蹄子"所表现的内容也相异，但其在语言中被频繁使用的程度足以说明满族先人与马牛羊等蹄畜密切的关系，因此与"蹄"相关的词汇才会在《红楼梦》满族文学作品中有所体现。

---

① （清）曹雪芹：《红楼梦》第52回，第517页。
② （清）文康：《儿女英雄传》第7回，三秦出版社，2007，第46页。
③ 高玉蕾：《女性詈语"蹄子"小探》，《语文学刊》2011年第3期。
④ （清）曹雪芹：《红楼梦》第21回，第220页。
⑤ （清）曹雪芹：《红楼梦》第38回，第405页。
⑥ （清）曹雪芹：《红楼梦》第38回，第405页。
⑦ （清）曹雪芹：《红楼梦》第40回，第425页。

综上所述，满语词 wahan 与 fatha 都表示"蹄"之意，fatha 指走兽的脚，而 wahan 尤指马蹄，除此之外，还有许多与"蹄"相关的词语。通过对这些词语的比较与分析，我们浅析了 wahan 与 fatha（蹄）及相关词语的文化含义，从中得知满族先人生存在优越富饶的自然环境之中，同时可说明畜牧经济是满族先人经济生产方式中的一个重要组成部分。另外，通过对 wahan（马蹄）及相关词语进行语义分析，我们进一步印证了马在满族先人的生活中与人之间的密切联系以及马的重要作用，满族先人为马专门创造词语，凸显了马的特殊地位以及人们对马爱惜、依恋甚至崇敬有加的特殊情感。与满语 wahan 与 fatha（蹄）相关词语的文化影响主要体现在满族服饰的样式、对人名与地名的命名及清代文学作品的语言表达等诸多方面。

4. 满族先民自然环境及畜牧经济

从上述对满语词 wahan 与 fatha "蹄"的解释中，可见满族先民生活的自然环境中有着如马、牛、熊、禽鸟等种类繁多的动物。同时，通过查阅与这些动物相关的词语，还会发现这些词语极其丰富，例如熊类中便有 lefu 熊、nasin 马熊、suwa nasin 罴、wehe lefu 洞熊、miyojihan 貔、kūtka 小熊、honiki 短腿熊等。[1]从这些动物生存环境条件中，可以反映满族先民繁衍生息的地理条件和自然环境多为山高林密、水草丰盈之处。

另外，从满语词 wahan 与 fatha "蹄"的词义中，我们还可以窥探到满族先人的生产方式。除上述 wahan 与 fatha 两词，与"蹄"相关的满语词语还有很多，比如：doholon yoo 蹄漏、sabtari wasika 蹄上淤血、gūlganahabi 蹄翘、šuburekebi 蹄缩、uman dabaha 蹄心高、sacimbi 铲蹄、tahalambi 打铁蹄、selahe 蹄爪缝等等。从诸多描述兽蹄疾病的词语中，我们可以看到，满族先人对关于走兽蹄子的各种疾病极为注重，他们对各类疾病细致区分与研究，并为其命以专名，充分体现了走兽在满族先民的生活中大量存在并得到了先民充分的重视，反映了当时走兽对

---

[1] 《御制五体清文鉴》卷 31 "牲畜部"，第 4245~4248 页。

满族先民的生存与发展起到了关键作用,畜牧经济是满族先民经济生产方式中重要的一部分。

5.马在满族生活的重要地位

与汉语中的"蹄"不同,满语中的"蹄"主要由两个词语来表达,fatha 用以表示除马以外其他有蹄动物的蹄,如猪蹄、牛蹄、羊蹄之类,另外还表示用蹄烹制的菜肴。与之相关的词语还有 fatha beri 牛蹄弓、kesike fatha 猫脚菜(多年生草本,幼苗拳卷状,绿色,形似猫爪,分布在东北、内蒙古、河北等地)、nunggari fathangga kuwecihe 毛脚鸽、sahaliyan fatha 铁脚(鸟名,因其爪黑得名)、šanyan fatha 玉镫(鸟名,爪白)。而与马蹄相关的词,满语中只用 wahan 来表达。例如 wahan dabaha 扫蹄、mongggorokū ulhi wahan 镶的领袖、wahangga singgeri 鼠页(兽名,似鼠而马蹄生,一年即重千斤,胡长)。

满族人专门给马蹄及其相关词语命名,以便将其区别于其他动物,且不存在描述用马蹄烹制的菜肴的词语,这些都足以证明马在满族人心目中重要甚至崇高的地位。据统计,在满语词汇中,有关马的种类、形态、毛色、肢体、牧养、使用等的词语竟达 449 个之多。[①] 满族人甚至根据马蹄的特征来区别马匹,为马匹命名,如 seberi 银蹄、sobori 孤蹄;另有生动描绘马蹄动作的词语,如 abacirambi 双蹄拍、matalambi 单蹄拍。这些词语充分说明了马在满族人的生产、生活中扮演着无可替代的角色,骁勇善骑的满族人对于马有着特别的重视与喜爱。

"蹄"在汉族的日常生活中亦是常见的一个词语。《现代汉语词典》对其的解释为:"马、牛、羊等动物生在趾端的角质物,也指具有这种角质物的脚。"[②] 与"蹄"相关的成语及俗语有许多,例如蹄间三寻(指马疾走时前后蹄间,一跃而过三寻,形容马跑得快)、豚蹄穰田(据《史记·滑稽列传》记载,一个农民用一个小猪蹄祭神,以求庄稼丰收,比喻所花费的极少而所希望的过多)、牛蹄之涔(指牛蹄印中的积水,用以形容水

[①] 赵阿平:《满族语言与历史文化》,第 56 页。
[②] 《现代汉语词典》(第 7 版),商务印书馆,2016,第 1287 页。

量极少，也比喻处在不能有所作为的境地）、寸蹄尺缣（蹄指兽蹄，比喻收受小贿）、雨鬣霜蹄（形容骏马在奔驰时马鬃耸起，状如飘雨，四蹄飞翻，色白如霜）、牛蹄中鱼（指牛蹄印里的积水，也指牛蹄印坑里的鱼以，以比喻死期迫近）。由此可见，"蹄"在汉语中泛指包括马、牛、羊、猪等诸多动物的脚。更为有趣的是，汉族人习惯将猪蹄称作猪手或猪脚，是由于猪在以农业为主的汉族人的生活中占有重要地位，故汉族人将描述人体器官的词语"手"与"脚"用在了猪的身上，这与满族人给马蹄单独命名有异曲同工之妙。

第二节　饮食服饰词语礼制文化语义

一　饮食词语礼制文化语义

满族先民长期处于渔猎经济阶段，食物原料和制作方式比较简单，渔猎形成的饮食是满族饮食文化的底色。清朝宫廷饮食承袭了满族传统的饮食文化，又不断融合了其他民族的饮食，达到了历代宫廷饮食的高峰。清朝前期的宫廷饮食资料较少，而且满语又逐渐呈现衰微状态，满语饮食词语未能全面反映清宫饮食的繁荣兴盛，但是结合文献，仍然可以看出清宫饮食的一些内容。

日常饮食是宫廷饮食的主要内容，清朝皇帝日常进食称为 amsu（御膳），amsu 分 buda（饭食）和 booha（肴馔）两大类。buda 是指用谷物做成的各种食品，包括饽饽在内。《御制清文鉴》："jetere omire de dagilaha yali sogi be，gemu booha sembi."[①] 汉译：吃喝时置办的肉、菜，都称为肴馔。booha 是在吃喝时准备的各种肉菜，该词由 boo（房子）缀加 -ha 构词而来，说明满族在定居之后饮食逐步进入肉菜调食阶段。清朝设有 booha belhere falgari（珍馐署）、buda belhere ba（皇帝煮

---

① 《御制清文鉴》卷18，第7页。

饭处）①，专门负责食物制作。皇帝日常饮食中肉类以猪肉为主，福肉、祭神肉、烀白肉都是用猪肉做成的，从皇帝每餐所用猪肉数量和各种猪肉食品中即能反映出来。

从历代宫廷饮食来看，猪肉并不占据主要位置，甚至一度被看作贱食的象征。商周时期祭祀中，牛是君王用来祭祀的祭品，羊是士大夫用来祭祀的祭品，猪是士大夫以下人员祭祀的祭品。到北宋时期，在宫廷饮食中几乎全用羊肉，而不用猪肉。元朝继承了蒙古族习俗，宫廷饮食以羊肉为主。明朝，由于避讳皇帝的"朱"姓，还发生过禁食猪肉和禁止养猪的事情。相比明朝宫廷饮食，清朝宫廷饮食的变化源自于满族的饮食传统。满族将猪肉看作祖先的恩赐。ulgiyan yali be jeterengge wecekū i kesi kai. 汉译：吃猪肉是神的恩赐。无论举行什么样的仪式和宴客活动，猪肉都是必不可少的食品。入关前，满族就出现了食肉会的饮食风俗。满族富贵人家在遇到喜庆之事时，常邀请亲朋好友至家中做客。他们将猪肉切成块，放入水中白煮。煮熟之后盛在盘中，端于客人面前，大家席地而坐，用随身携带的小刀割取猪肉而食，在食用时蘸酱、盐等调味品。客人吃得越多，主人家越高兴。

"清朝的宫廷饮食注重时序性和节令性特点。"② 很多节令食品成为清朝宫廷饮食的内容。除夕夜清宫每年都要煮饽饽，并在饽饽里藏金银宝石等以卜吉凶。这时的饽饽是指饺子。在正月十五，要吃元宵。二月初一，要做 saksan（面塔）③，以米面团成小饼，五枚一层，上贯以寸余小鸡，相传此日为太阳神的生辰，故 saksan 也谓太阳糕。四月八日浴佛节时，要做椴叶饽饽九盘。椴树是盛产于东北和华北的乔木，其叶大，味清香。冬至日后的第一天，清朝皇帝会在殿外搭建凉棚举办筵宴，也称"凉棚宴"。宴会所食为具有关外特点的冻饽饽和冻果子。十二月二十三有送灶王的习俗，这一天要做 sacima（萨其马）④。清朝统治者还经常在

---

① 安双成主编《满汉大辞典》，第433、449页。
② 赵荣光：《中国饮食文化史》，上海人民出版社，2006，第103页。
③ 《御制五体清文鉴》卷27"食物部"，第3831页。
④ 《御制五体清文鉴》卷27"食物部"，第3832页。

岁时节日时设"节令宴"。但是，从节令时间和节令食品来看，清朝的宫廷节令食俗受汉族的岁时节俗影响较大。

满族最重祭祀典礼，"恭祀天、佛与神，厥礼均重"[①]。祭祀所用食品也是清朝宫廷饮食的重要部分。坤宁宫每岁春秋两季的立杆大祭，要造"打糕搓穆丹"作为献供食品。满族春秋两季的morin i jalin wecembi（祭祀马神）[②]，也要做"打糕搓穆丹"。穆丹即"mudan"的音译，打糕搓穆丹是将dūme efen（打糕）和mudan（搓条饽饽）[③]组合而成，先将打糕拉成长圆形，再把炸过的搓条饽饽放在打糕上面，这样反复叠放可到八九层。但是，最底下和最上面的必须是打糕。在坤宁宫月祭时，正月以馓子为祭品，五月以abdaha efen（叶子饽饽）[④]为祭品，以椴叶包裹粘米。六月以苏叶饽饽供献，苏子是一年生草本植物紫苏，其籽可榨油，其叶呈卵形，味清香。黑龙江宝清县满族在跳家神时"磨黄米面做小饼，内实豆馅，外裹苏叶……以之奉祖先"[⑤]。七月以miyegu efen（新黍淋浆糕）[⑥]为祭品，八月以giyose（豆馅油炸糕）[⑦]为祭品。

二　服饰词语礼制文化语义

清朝冠服制度经历了由简及繁不断完善的过程。努尔哈赤时期，初定了官员的补服和冠顶之制。皇太极时期，进一步补充衣冠之制，较之前规定得更具体详细。入关后，经过顺治、康熙、雍正三朝皇帝的修订补充，到乾隆中期才完善确定，并一直沿用到清末。在这一过程中，满族统治者始终恪守"衣冠必不可轻言改易"，清朝的上层服饰以满族民族服饰为底色，融入明代汉族服饰及其他民族（以蒙古族为主要对象）的服饰元

[①]《文渊阁四库全书》影印本第657册《钦定满洲祭神祭天典礼》，第619页。
[②]《御制五体清文鉴》卷6"礼部"，第641页。
[③]《御制五体清文鉴》卷27"食物部"，第3819、3830页。
[④]《御制五体清文鉴》卷27"食物部"，第3816页。
[⑤]丁世良、赵放主编《中国地方志民俗资料汇编·东北卷》，书目文献出版社，1989，第482页。
[⑥]《御制五体清文鉴》卷27"食物部"，第3819页。
[⑦]《御制清文鉴》卷18，第16页。

素而形成。①

清朝冠帽制度以满族传统的 mahala（暖帽）和 boro（凉帽）为基础发展而来，故 mahala 又有"冠"②之义，boro（凉帽）是"清代男子所戴的礼帽"③。清朝官员所戴礼帽有着季节之分。《燕京岁时记》记载，"每至三月，换戴凉帽，八月换戴暖帽，届时由礼部奏请"④。帽上饰物更加丰富，皇帝冬朝冠有 tana（东珠）、šerin（金佛头）⑤等装饰。《满洲实录》记载："han i etuhe ilan tana sindame šerin hadaha mahala, etuku bufi……"汉译："汗（努尔哈赤）戴的镶有三颗东珠、钉着金佛头的帽子和衣服给……"⑥ boro（凉帽）"由藤丝或竹丝制作，外裹以绫罗，帽顶缀红缨，官员装顶珠"⑦。清朝官员夏朝帽上镶嵌有红绒、宝石、纯金等各种饰物。以金做成顶子的称为金顶凉帽，将红色绒线等 subeliyen sorson（线缨）做成 moncon（菊花顶）松塔状钉在帽上，称为菊花顶凉帽。将红色的鬃尾硬毛等 sika sorson（雨缨）⑧钉在帽上，称为雨缨凉帽。天命八年（1623），努尔哈赤制定大臣、侍卫等的帽顶制度，规定有职衔的大臣戴金顶大凉帽，诸贝勒的侍卫戴镶菊花顶的凉帽。

ergume（朝衣）是祭祀或者重大典礼时穿着的礼服。《御制清文鉴》："gecuheri jergi suje be ulhun sindame, dusihi be šufan jafame arafi doro de eture etuku be, ergume sembi."⑨汉译：蟒缎等绸缎放领子，前襟捏褶儿，上朝时穿的衣服，称为朝衣。ergume（朝衣）⑩用蟒缎等绸缎制成，前襟右衽，紧身捏褶儿，穿的时候必须戴 ilten（扇肩）。夏天时，

---

① 曾慧：《满族服饰文化研究》，辽宁民族出版社，2010，第34页。
② 胡增益主编《新满汉大词典》，新疆人民出版社，1994，第519页。
③ 胡增益主编《新满汉大词典》，第108页。
④ 转引自李家瑞编《北平风俗类征》，李诚、董洁整理，北京出版社，2008，第82页。
⑤ 《御制五体清文鉴》卷24"衣饰部"，第3245页。
⑥ 祈美琴、强光美编译《满文〈满洲实录〉译编》，第140页。
⑦ 胡增益主编《新满汉大词典》，第108页。
⑧ 《御制五体清文鉴》卷24"衣饰部"，第3242页。
⑨ 《御制清文鉴》卷15，第16页。
⑩ 《御制五体清文鉴》卷24"衣饰部"，第3252页。

穿没有扇肩的朝衣称为 goksi（无扇肩朝衣）[①]。天聪六年十二月，皇太极规定："自我以下八旗诸贝勒，凡在屯街行走，冬夏俱服朝衣，不许服袍。夏月入朝，许服无扇肩朝衣。"[②] 可见，普通宗室和官员是没有资格穿 ergume（朝衣）的，只有八旗贝勒以上等级的人才有资格穿。从上面的资料还可以看出，sigiyan（袍）和 ergume（朝衣）在后金时期已经成为冠服制度的重要内容。朝衣和袍的区别在于裁剪方式，朝衣采用上衣下裳分裁后合缝的形式做成，而袍为直身袍，中间并不分裁。最大的区别还在于服饰上的纹饰。朝衣上列十二章纹，而袍服上没有。清朝皇帝龙袍上列十二章纹始于雍正时期。

吉服袍是在吉庆节日和宴请客人时穿着的礼服。gecuheri（蟒缎）[③] 是饰有蟒纹的缎织物，用这种缎织物做成的袍服称为 gecuheri sijigiyan（蟒袍）[④]。清朝礼制规定，从帝后妃嫔到文武百官，在元旦、上元节和万寿节等庆典需要穿这种礼服。当皇帝、皇后穿 gecuheri sijigiyan 时称为"龙袍"。龙纹用于服装早在元代就已经出现，当时已有三爪、四爪、五爪纹样。明朝时规定品官只能用四爪龙纹，皇帝赐服有五爪龙纹衣，但只能称为蟒衣。清朝蟒袍很可能源于明朝的赐服"蟒衣"。明宪宗时，曾将蟒衣赏赐给女真部落首领，建州卫"董山[⑤]与其党李古纳哈[⑥]二人复求索蟒衣、玉带等物，皆命与之"[⑦]。明朝赏赐蟒衣极为慎重，所赏赐的多为有影响力的女真首领，华丽的蟒衣被他们视为等级地位的象征，经过一些改造，演变为清朝的蟒袍之制。清朝时，皇帝也将蟒袍赏赐给黑龙江等地少数民族的首领。

清朝官员在上朝时所穿的朝褂称为 puse kurume。《御制清文鉴》："meni meni hafan jergi be tuwame gasha gurgu šeolefi, kurume i juleri

---

① 《御制五体清文鉴》卷 24 "衣饰部"，第 3253 页。
② 中国第一历史档案馆编译《内阁藏本满文老档》，辽宁民族出版社，2009，第 663 页。
③ 《御制五体清文鉴》卷 23 "布帛部"，第 3152 页。
④ 《御制五体清文鉴》卷 24 "衣饰部"，第 3253 页。
⑤ 努尔哈赤始祖猛哥帖木儿的次子。
⑥ 建州卫首领李满柱之子。明朝朱棣曾纳阿哈出（李满柱的爷爷）女儿为妃子。
⑦ 《大明宪宗纯皇帝宝训》卷 3。

amala hadafi, doro de eturengge be, puse kurume sembi."① 汉译：根据每个官员的品级绣鸟、兽，缝在褂子前后面，上朝时穿的衣服，称为补褂。puse kurume（补褂）是指缀有补子的褂子。天命六年（1621），努尔哈赤首次对武官补子纹样做出规定："总兵官、副将服麒麟补服，参将、游击服狮子补服。"② 但缺乏更具体、详细的规定。到顺治九年，补服之制才最终完善，并沿袭至清末。清朝补服之制主要沿袭和参考明朝，补子缀在补褂前后，文官补子纹样为飞鸟，武官补子纹样为走兽。不过，与明朝略有差别。明朝将补子绣在袍子上，清朝补子是绣好缝在朝褂上，清朝补子又增加 sabitun（麒麟）并用于一品武官，同时将 yarha（豹）补列于 tasha（虎）③ 补之前。

  上至皇太后、后妃、后宫宫眷，下至七品命妇，都需要在袍服外再穿朝褂。朝褂分有褶朝褂和无褶朝褂。cuba，汉译"女齐肩朝褂"，《御制清文鉴》："undurakū i yangselame weilehe, hehe niyalma doro de eture ulhi akū golmin guwalasun be, cuba sembi." 汉译：用龙缎装饰，女子在行礼时，穿的无袖、长坎肩褂，称为女齐肩朝褂。女齐肩朝褂是不施襞积的朝褂，基本形制为对襟、龙缎、无袖长褂。④ 该词对应蒙古语 ujin⑤。相似的语音形式可见于其他语言，如维吾尔语 capan⑥（对襟长外衣）。还有一种女朝褂名为 ojin（捏褶女朝褂），《御制清文鉴》：cuba i adali bime selfen sindame gecuheri de šufan jafahangge be, ojin sembi. 汉译：与女齐肩朝褂相似且开衩拿褶子的蟒缎女朝服，称为捏褶女朝褂。⑦ 该词对应蒙古语 uujimag⑧。捏褶朝褂并不适于所有命妇，只有后、妃、嫔以上

---

① 《御制清文鉴》卷15，第16页。
② 中国第一历史档案馆等译《满文老档》，中华书局，1990，第217页。
③ 《御制五体清文鉴》卷31"兽部"，第4236、4243、4242页。
④ 《御制清文鉴》卷15，第16页。
⑤ 《御制五体清文鉴》卷24"衣饰部"，第3253页。
⑥ 中国少数民族语言简志丛书编委会编《中国少数民族语言简志丛书》卷5，民族出版社，2008，第133页。
⑦ 《御制清文鉴》卷15，第17页。
⑧ 《御制五体清文鉴》卷24"衣饰部"，第3254页。

等级的女性才能穿。从两词释义来看，ojin（捏褶女朝褂）与 cuba（女齐肩短褂）基本形制相近，主要区别在于腰间是否有襞积。《钦定大清会典》所载"朝褂"有三种，皆为石青色，片金缘，其三"前后绣行龙各二，中无襞积，下幅八宝平水。皆垂明黄绦，其饰珠宝惟宜"[①]。这种应该为 cuba（齐肩女朝褂），其余两制均有襞积，应为 ojin（捏褶女朝褂）。

清朝官员在穿着礼服时必须佩挂 erihe（朝珠），挂在脖项，悬于胸前。《御制清文鉴》："bodisu ocibe，jai šuru，hūba i jergi jaka ocibe，muheliyen obume emu tanggū jakūn muhaliyan šurufi，gūran de ulifi yangselame miyamifi monggolirengge be，erihe sembi."[②] 汉译：将菩提珠、珊瑚、琥珀等物磨圆，将一百零八颗穿成一个圈，挂在脖子上当装饰，称为念珠。可知，满族所佩戴的朝珠从佛教念珠演变而来，结构也与念珠一样，用108颗珠子贯穿而成，象征一年有12个月，24节气，72候。朝珠上还挂三串小珠"to"（汉译"纪念"），每串小珠各十粒，三串小珠象征每月的上、中、下三旬。在佩戴朝珠时，男女也有不同。男性佩挂朝珠时，两串小珠在左，一串在右。女性佩挂朝珠时，一串在左，两串在右。

ancun（耳钳）是清朝命妇常见的耳饰。《御制清文鉴》："hehesi i san de eturengge be，ancun sembi. muhere de juwete tana nicuhe tuhebume ulifi aisin kiyamaname weilembi."[③] 汉译：女性耳朵上戴的，称为耳钳。在圆环下用金镶嵌两颗珍珠、东珠做成。耳钳是在满族传统圆形耳环基础上演变而来的耳饰，在圆环下用金镶嵌两颗珍珠。耳坠上镶嵌珍珠部分称为 ancun i bohori（坠子宝盖）[④]，bohori 本义为"豌豆"[⑤]，因为坠盖和珍珠正如豌豆含着豆粒一样，语义发生引申。清朝对命妇所戴耳坠有着严格的规定。顺治时，规定"和硕福金公主以下，耳坠所用东珠重

---

① （清）昆冈：《钦定大清会典事例》卷326。
② 《御制清文鉴》卷15，第15页。
③ 《御制清文鉴》卷15，第34页。
④ 《御制五体清文鉴》卷24"衣饰部"，第3353页。
⑤ 《御制五体清文鉴》卷28"杂粮部"，第3952页。

五分"①。坠子宝盖上会模压出各种图案。顺治时，规定"和硕福金、固伦公主以下，凡耳坠、项圈、簪钗、马鞍辔、鞦铃俱不许用黄缎制造及彩饰龙凤"②。满族佩戴耳饰素有"一耳三钳"之说，满族女孩出生之后，在一个耳上穿三个耳眼用以佩戴耳钳。从文献记载和皇后画像来看，清前期"一耳三钳"并没有形成定制，但从满族女性耳戴多环的特点来看，佩戴耳钳应该也是以多为贵。到清乾隆时，"昨朕选看包衣佐领之秀女，皆带一坠子，并相沿至于一耳一钳，则竟非满洲矣。着交八旗都统内务府大臣将带一耳一钳之风，立行禁止"。自此，一耳三钳成为定制。

清代君臣在穿朝服时还需要戴 doro i umiyesun（朝带），《御制清文鉴》："gu i toohan, dushuhe aisin i toohan, hurugan weihe i toohan obure, tana, fulgiyan lamun booši be, toohan de toktobure de, gemu meni meni jergi be. dahame dorode umi yelerenggehe oloroi umiyesun sembi"③汉译：玉做的带板，金做的平花带板，象牙的带板，将珍珠、红蓝宝石固定在带板上，都属于朝带。金代女真贵族和官员也要求束带，腰带上"镶玉为上，金次之，犀角、象骨又次之"。金语称腰带为"陶罕"，"陶罕"与满语"toohan（带板）"④音同。清朝对朝带有着严格的规定，场合不同、等级不同所系的朝带在颜色、带上所镶珠宝等方面有着严格的区分。皇室宗亲所用 umiyesun（腰带）⑤的颜色还可以区分亲疏远近。宗室⑥所用为金黄色，觉罗所用为红色。乾隆朝时，"革推宗室用红带子，革推的觉罗用紫带子"⑦。

---

① 《世祖章皇帝实录》卷30,《清实录》，中华书局，2012。
② 《世祖章皇帝实录》卷68,《清实录》。
③ 《御制清文鉴》卷15, 第20页。
④ 《御制五体清文鉴》卷24《衣饰部》，第3281页。
⑤ 《御制五体清文鉴》卷24《衣饰部》，第3279页。
⑥ 宗室和觉罗的区分以努尔哈赤父亲塔克世来计，塔克世以下子孙为宗室，塔克世兄弟子孙为觉罗。
⑦ （清）昆冈：《钦定大清会典事例》卷10。

第三节　饮食服饰词语政治文化语义

满族贵族建立的清朝是中国历史上最后一个封建王朝，继承和发展了古代政治制度，建立起了完善而森严的等级体系，将皇权专制推向高峰。同时，为了维护满族的统治地位，还形成了许多不同于前代的制度，这些特点透过饮食服饰词语的语义也能反映出来。

一　首崇满族

正确处理满族与汉族、蒙古族的民族关系，关系到清王朝的长久统治。尽管清朝统治者反复宣扬满汉一体的口号，借鉴和吸收了汉族很多政治和文化成分，"首崇满族"仍然是处理与汉族、蒙古族关系的首要原则，并且以制度形式不断强化着满族的本位地位。

在满族内部统一的过程中，八旗制度起到了关键作用，这种脱胎于传统狩猎的组织形式，能够有效地整合处于不同社会经济形态的女真部落，也能够快速利用汉族和蒙古族的军事力量。入关后，清朝皇帝意识到，要保持他们的军事优势、维护统治地位，在某种程度上必须保持其原有的军事组织。对此，清朝统治者在很长时间内禁止八旗人员从事其他行业，由朝廷为八旗官兵提供钱粮。在《御制清文鉴》中有 lomi、sodzi、ts'angmi[⑧]等谷物词语，这些词语的产生与八旗生计方式有着直接关系。

lomi 汉译"老米"，《御制清文鉴》："handu bele i gebu, julergi baci cuwan de hūktafi inenggi goidaha suwayan oho be, lomi sembi." 汉译：稻米的名称。从南方在船上捂一天之久变黄，称为老米。稻米在漕运中受热颜色会变黄。

sodzi 汉译"梭子米"，《御制清文鉴》："lomi i gese, fulgiyan bime nemehe manggi, je bele adali belge buya ajige ome meijere labdu, lomi

---

⑧ 《御制清文鉴》卷18，第42页。

de isirakū."汉译：与老米相似，红色且脱壳后与小米相似，粒小，压碎很多，不及老米。

ts'angmi 汉译"仓米",《御制清文鉴》:"šan dung, ho nan i golo ci benjire bele.je bele i adali bime sahahūkan."汉译：从山东省、河南省运来的米，与小米相似且呈黑色。"

这些米正是清朝政府提供给普通八旗官兵的甲米。甲米是将老米、梭子米、仓米三种米分别按照 5∶3.5∶1.5 的比例发放，也称"三色米"。在清朝俸饷制度中，旗人食用米的质量有着身份高低的不同。为宗室王公提供的粮食称俸米，"宗室贵族之亲王以下辅国将军以上，异姓贵族之公侯品级，以及一二品官员，俱食用江米、白米、次白米、粟米"[1]。从《御制清文鉴》释义中能够看出，老米、梭子米、仓米都是在运输中或是因储存时间过久品质发生变化的谷米，品级劣于黄米、江米等上等米，只能作为普通八旗旗人的口粮。清朝初期，随龙入关的八旗人口尚不是很多，俸饷定得较高，并未出现生计问题。但是，随着八旗人口数量的不断增长，又不能从事其他职业，八旗兵丁的生计问题终成清朝几代皇帝面临的难题，并威胁到清朝的统治。当然，清朝走向衰落的原因有很多，八旗衰败只是一个因素。

关外形成的饮食习惯在清朝宫廷饮食中占有重要的位置。以肉食为主、喜食野味等是满族传统的饮食习惯，带有鲜明的民族特征。后金时期（天聪九年正月初二），汗在宴请自己的姐姐嫩哲格格时，"备宴十桌，以猪二口、鹿二只、狍六只之肉宴之"[2]。入关之后，清朝宫廷饮食保留了许多满族的饮食传统，熊掌、鹿茸、哈什蚂、鲟鳇鱼等来自东北地区的特产是宫廷饮食的重要食材。"盛京将军每年额交鹿七百八十只，狍二百十只，鹿尾二千个，鹿舌二千个，又鹿肠肚、狍肠、熊、野猪、野鸡、树鸡等无定额。"[3] 源源不断的关东特产也影响到北京的饮食风俗，每年冬时，"关东货始到京城，各处全开狍鹿棚。鹿尾鳇鱼风味别，发洋水土想

---

[1] 刘小萌：《清代北京旗人社会》，中国社会科学出版社，2008，第278页。
[2] 刘厚生：《〈旧满洲档〉研究》，吉林文史出版社，1993，第177页。
[3] （清）昆冈：《钦定大清会典事例》卷1192。

陪京"①。清朝宫廷饮食所用食材取自全国各地,而对东北特产有着明显的偏好,这不仅是为了满足清朝统治者的饮食之需,更多地体现了东北作为满族"龙兴之地"的重要地位。清朝统治者意图通过饮食上的偏好,增强满族内部的凝聚力。在对野味的加工上,宫廷饮食逐渐糅合了汉族的hakša-(用油炒)、caru-(烹炸)②等技艺。清朝宫廷饮食有"烧野猪肉"的野味佳肴,先将野猪肉去皮、去骨,切成小块肉,再用酒、酱油拌匀,放入热油中炸熟捞出,再将各类调味品放入锅中,放入过完油的野猪肉块,用小火炖烂。到清朝中后期,野味在满族宫廷饮食中所占比重日趋减少,野猪肉、鹿肉、狍肉等象征意义大于饮食意义。

清朝被看作历代服饰变革最大的朝代,其改变源于对满族传统服饰的继承。

fadu(荷包)③是在腰间佩戴的装小物件的皮囊,它源于满族的传统渔猎生活。由于满族袍褂和裤上并不缝制口袋,人们就用动物兽皮做成口袋状的东西用来盛放口粮,以便在远出打猎时食用,fadulambi 有"裹带口粮"之义。在骑马打仗时,人们也将一些小的生活物件放入袋中,挂在腰间。入关之后,满族荷包吸收汉族荷包、香囊的特点,形制由大变小,质料由兽皮转为缎、绸等贵重面料,上面绣有各类吉祥图案,样式从最初的口袋式到鸡心式、元宝式,越来越精致美观,实用意义逐步向装饰美观意义转变。汉族荷包只能由女性佩戴在身,而满族无论男女,上至王公贵族,下至普通百姓,都喜欢佩戴荷包。这种喜爱之情还体现在佩戴数量上,王公大臣在穿戴朝服和吉服时,佩戴在腰间的荷包数量不止一两个,最多将近十个。以数量来表达情感的方式体现了满族人简单、纯粹的特点。荷包佩戴方式比较讲究,男性佩挂在腰带两侧;女性则挂在旗袍右边大襟的第二个纽扣上,寓意"吉祥如意"。荷包的文化内涵越来越丰富,它是男女之间定情的信物。满族民歌《青石板》中妻子送丈

---

① (清)得硕亭:《草珠一串》,载《清代北京竹枝词》,北京古籍出版社,1982,第54页。
② 《御制五体清文鉴》卷28"食物部",第3890、3892页。
③ 《御制五体清文鉴》卷24"衣饰部",第3283页。

第五章　满语饮食服饰词语文化语义

夫出征时，"腰间荷包交给你，盼望阿哥早立功"[1]。清朝皇帝在选妃时也有"放小定"的习俗，"放小定"就是皇帝将荷包系挂在姑娘的衣扣上，表示中意的意思。荷包还用作大臣的赏赐物。在年节时，清朝皇帝赏赐大臣荷包以示奖励，荷包里是大有乾坤。清朝专设机构负责荷包的制作。有清一代，满族将该腰间配饰的发展推到了高峰。

在历史发展中，满族不断从周边民族学习和吸收文化，造成满语中大量借词的出现。词语借用是一种常见的语言现象，但在清朝统治者眼中，满语不仅是清朝的国语，更是增强民族凝聚力的重要工具，关系到满族的长久统治。为了保持满语的国语地位，清朝统治者对满语的使用进行政策干预，对借词（主要是汉语借词）进行满语化的净化。天聪八年（1634），皇太极重申："凡我国官名及城邑名俱当易以满语，……毋得仍袭汉语旧名，俱照我国新定者称之。若不遵我国新定之名，仍袭汉语旧名者，是不奉国法，恣行悖乱者也，察出决不轻恕。"[2]到清朝乾隆朝时，公文中"清语杂以汉语，语熟成风"，于是再对清语中的词汇进行审定和规范。补褂是满族官员重要的服饰。《御制清文鉴》中为"puse kurume"，而在后期《御制满珠蒙古汉字三合切音清文鉴》中改为"sabirgi kurume"[3]，中心词 kurume 不变，puse 被 sabirgi 取代。sabirgi 由 sabi（吉祥）[4]缀加词缀 -rgi 构成，字面义为"祥瑞的"。类似情况还有：

苹果 pinggu → pingguri；蘑菇 megu → sence；白菜 baise → lafu sogi；

老米 lomi → hukšeri bele；梭米 sodzi → homsori bele；

仓米 ts'angmi → calungga bele；油缸青布 iog'ang cing → yacin samsu；

豆腐 defu → turi miyehu；芝麻饼 jima šobin → malanggū šobin；

---

[1] 牡丹江市政协文史委员会编《宁古塔满族谈往录》，1992，第129页。
[2] 《清太宗实录》卷18。
[3] 《御制五体清文鉴》卷24"衣饰部"，第3252页。
[4] 《御制五体清文鉴》卷11"人部"，第1409页。

高丽饼 solho bing → solho efen。①

从发生变化的词语来看，在《御制清文鉴》中均为来自汉语的借词，而后以满语词语意译或者增加具有满语特点的音节。如：sence（蘑菇）由满语 sanca（木耳）②通过语音变化而来。pinggu（汉语"苹果"的音译）后增加词缀 –ri 构成新词，原有意义不变。这种变化体现了清朝统治者主动维持满族民族性的意识，也体现了凌驾于汉语之上的母语优越心理。

二　王权至上

国家的形成实质上是权力逐渐集中到统治者手里的过程。人数较少的女真部落有自己的领主，较大女真部落的权力拥有者被称为贝勒，这些贝勒多为世袭的统治阶层或者新崛起的军事新贵。在努尔哈赤时期，当时就有 yehe i narimbulu leile（叶赫纳林布禄贝勒）、hada i menggebulu beile（哈达蒙格布禄贝勒）、hoifai baindari beile（辉发拜音达里贝勒）。③努尔哈赤被称为建州女真部落的"sure beile"（淑勒贝勒），只是众多贝勒中的一个。而后，努尔哈赤逐渐征服叶赫、辉发等女真部落，成为众多女真部落贝勒的统治者，在获得象征北方少数民族最高统治者"han"（汗）的称号后，始成为女真和蒙古族的"共主"。但是，在权力分配和国家治理中，仍延续了俘获财物八家平分、与四大贝勒共治国家的传统。到了文宗（皇太极）时期，"改定朝仪，……八固山共治之法除矣"④，始革共治制为君主制，才实现了王权统一。满语饮食服饰词语便反映了王权至高无上的特点。

武力征伐是取得统治的基础，但并不表示统治的合法性，中原政权和草原政权都借助信仰中的神权建立世俗政权的合法性。满族将皇帝饮食称为 amsu，汉译"御膳"。将祭神所用的酒食称为 amsun。⑤满语中名

---

① 《御制五体清文鉴》，第 3959、3782、3777、3946、3946、3946、3183、3780、3825、3820 页。
② 《御制五体清文鉴》卷 27 "食物部"，第 3784 页。
③ 祁美琴、强光美编译《满文〈满洲实录〉译编》，第 70 页。
④ 孟森：《清史讲义》，中华书局，2016，第 67 页。
⑤ 安双成主编《满汉大辞典》，辽宁民族出版社，1993，第 59 页。

词词干后缀加词缀 –n 是常见的构词方式。如：doro（道）→ doron（印章）[①]等。amsun 由 amsu 缀加词缀 –n 派生而来，以皇帝所食派生出祭神酒食的意义，在语义上将皇帝和天神等同起来，将王权和神权联系在一起，宣示着王权神授的统治合法性。"天命观"的思想以满族传统萨满信仰的"天崇拜"为基础，并不断融入权力和伦理观念。amsu 到 amsun 的构词心理充分反映了清朝统治者意图通过"天命观"来建立政治秩序的合法性。清朝统治者总是有意识地宣扬所做皆是"承天命而为"，使之成为王权统治的思想基础。在讲述爱新觉罗姓氏起源神话时称："bi abka i enduri bihe.mini hala abka ci wasika aisin gioro."[②]汉译：我本是天神，我的姓氏是天降的爱新觉罗。正是上天降下爱新觉罗人来结束女真部落之间的混乱和分裂。在制定年号时，努尔哈赤将年号定为"天命"，皇太极将年号定为"天聪"。

服饰是中国历代封建王朝用来表示身份、区分等级的重要手段，王权居于整个等级社会的顶点，在衣冠服饰上标识显著。清代官员有佩戴朝珠的要求，所用朝珠种类很多，贵贱悬殊，有以珊瑚、翡翠、宝石为之，也有以水晶、菩提子为之。众多质料的朝珠中地位最高的要数 tana，也称正珠朝珠。根据《钦定大清会典事例》记载，"乾隆四十四谕。正珠朝珠，定例惟御用。至皇子及亲王郡王不但不准用正珠，即东珠朝珠，亦不准用。嗣后分封王爵，俱不必赏给珠子朝珠"[③]。可见，东珠朝珠只能是皇帝、皇太后、皇后使用，其他人佩戴均属于违制。虽然乾隆朝时朝珠之制正式形成，但这一规定却早已出现。在顺治朝时，多尔衮就以"曾制八补黄袍，令与大东珠朝珠、黑貂褂潜置棺内等事"[④]被下属首告。王权至上还体现在服饰所用的颜色上。黄色是清朝皇帝的专用颜色，皇帝所用朝服为明黄色。在诸色马褂之中，也以黄马褂最为尊贵。皇帝身边的近侍大臣和巡行扈从大臣，经恩准后也可穿黄马褂。《听雨丛谈》记载：

[①] 长山：《满语词源及文化研究》，社会科学文献出版社，2014，第 169 页。
[②] 祈美琴、强光美编译《满文〈满洲实录〉译编》，第 5 页。
[③] （清）昆冈：《钦定大清会典事例》卷 328。
[④] 孟森：《清史讲义》，中华书局，2016，第 112 页。

"巡行扈从大臣，如御前大臣、内大臣、内廷王大臣、侍卫什长，皆例准穿黄马褂，用明黄色。"①清前期，赏赐黄马褂极为严格，只能作为奖励，赏给有军功的大臣。到清朝后期，以黄马褂赏赐文武大臣变得极为普遍。王权至上还体现在服饰的纹样上，在此不再叙述。

三 等级森严

等级是一个逐渐形成的历史过程。私有财产的多寡是社会分化的主要原因，女真内部很早就已经出现 bayan（富有）和 yadahūn（贫穷）②的差别，并且将财产多少视为联姻的重要标准。当努尔哈赤六祖之子欲聘巴斯翰巴图鲁的妹妹时，也因家穷遭到拒绝。"si ninggutai beise mujangga, sini boo yadambi.mini non be burakū."汉译：虽然你是六王之子，你家贫，我的妹妹不能嫁给你。"③社会经济的发展和贫富差距的加大进一步导致女真内部阶级的分化。明朝时，女真经常掳掠汉人为奴隶，让汉人为他们耕田。女真社会出现了主人和 aha（家奴）④，奴仆和牲畜都是女真人重要的家产。到明末时，"女真社会中形成显贵、依附民、奴隶这样三个阶级"⑤。但此时女真内部等级分化并不严格和复杂。后金建立后，满族统治者逐渐完善爵位和品官制度，人与人之间身份和地位的等级越来越严格，最终建立了完备而森严的等级制度。这种等级的严格性在饮食服饰上有所表现，特别是在服饰方面。

1. 服饰品级化

简单讲，通过所穿衣冠就能分辨地位的尊卑、官职的大小。服饰的材料、颜色、图案、样式都严格区分着官员的等级。后金时期，皇太极规定："闲散侍卫、章京、护军及诸贝勒下闲散护卫、章京护军以上许服

---

① （清）福格:《听雨丛谈》，中华书局，2007，第 18 页。
② 《御制五体清文鉴》卷 11 "人部"，第 1406、1735 页。
③ 祈美琴、强光美编译《满文〈满洲实录〉译编》，第 10 页。
④ 《御制五体清文鉴》卷 11 "人部"，第 1176 页。
⑤ 刘小萌:《满族从部落到国家的发展》，中国社会科学出版社，2007，第 87 页。

缎衣，余者俱用布。"①清朝皇室贵族和王公大臣所戴的夏朝冠以玉草编成，其上还镶嵌有红绒、蓝宝石、白宝石、纯金等饰物，称为 jingse（顶子）②。顶子是冠帽上区别地位尊卑的显著标志。"平时帽顶，至雍正五年始创，一二三品官皆用珊瑚，四品用青金石，五六品用水晶，七品以下俱用金顶。"③服饰颜色也是区别尊卑的标志。天聪六年，皇太极规定"八旗以下诸贝勒不得善服黄缎及五爪龙等服。若系上赐不在此列"④。皇帝朝服、龙袍、雨冠雨衣、朝带、吉服带皆用明黄色。皇子朝服、蟒袍、朝服带、吉服带色用皆用金黄色。亲王、世子、郡王只能用蓝色或者石青色。皇孙福晋"蟒袍，红绿颜色各随其宜。惟不准用金黄香色"⑤。补褂是清代王公大臣所穿的重要礼服，补子形状和纹饰能够分辨地位的尊卑。皇室贵族的补子为圆形，补子上所绘纹饰，"亲王用五爪金龙四团，郡王用五爪行龙四团，贝勒用四爪正蟒二团，贝子用四爪行蟒两团"。百官补子为方形，以鸟兽的图案区分品级，文官用飞鸟，武官用走兽。在清宫宴会中，饽饽是必不可少的食品。把做成的各种饽饽放于一桌，高达一二尺，俗称饽饽桌。不同地位的人所用饽饽桌数量也不相同。"皇子婚礼。纳采日。设燕五十席。饽饽桌五十张。皇孙婚礼。纳采日。设燕三十席。饽饽桌三十张。皇元孙婚礼。纳采日。设燕十二席。饽饽桌十二张。"⑥

2. 服饰礼制化

"礼"是儒家的基本思想，是汉族传统文化的基础，清朝统治者亦通过 dorolon（礼）⑦来构建政治秩序。"礼"在于"差别"，服饰礼制化首先表现为在不同场合、不同季节穿着不同的服饰。**doroi etuku**（朝服）⑧是

---

① 《太宗文皇帝实录》卷12，《清实录》，中华书局，2012。
② 《御制五体清文鉴》卷24"衣饰部"，第3246页。
③ （清）福格：《听雨丛谈》，中华书局，2007，第47页。
④ 《太宗文皇帝实录》卷12，《清实录》，中华书局，2012。
⑤ （清）昆冈：《钦定大清会典事例》卷326。
⑥ （清）昆冈：《钦定大清会典事例》卷517。
⑦ 《御制五体清文鉴》卷6"礼部"，第564页。
⑧ 《御制五体清文鉴》卷24"衣饰部"，第3251页。

上朝时穿的朝袍、朝褂等。蟒袍是喜庆日子穿的衣服。此外，还有行服、戎服和便服。行服是在出行骑马时所穿的服装。戎服与战争有关，主要是八旗官兵所穿服装。便服是日常闲居时所穿的服装。清朝皇帝在春、夏、秋、冬四季分别穿夹衣、纱袍、棉袍、裘袍。其次，在服装搭配上有着严格的规定。如：女朝衣和朝褂必须搭配穿着。皇太极时期，规定"至八家福晋居家服色，前业已下旨，今若外出，冬夏俱服捏褶女朝褂及捏褶女朝衣"①。与捏褶女朝褂搭配穿着的女朝服为 teleri（捏褶女朝褂）。《御制清文鉴》："cuba sijigiyan i adali bime gecuheri de θufan jafahangge be, teleri sembi."② 汉译：与女朝衣相近且蟒袍上捏褶的，称为捏褶女朝衣。与无袖坎肩褂搭配穿着的女朝服为 cuba sijigiyan（女朝衣）。《御制清文鉴》："undurakū de ulhun meiretun sindame yangselame weilehe, hehe niyalma eture doroi etuku adali ergume be, cuba sijigiyan sembi."③ 汉译：在龙袍上放镶沿披肩领，妇人穿得像朝衣的朝服，称为女朝衣。入关前，后金统治者将女朝衣、朝褂同时赏赐给贵族和归附之人。天聪九年，赏赐前来归顺的蒙古贵族，"赏给古锡捏褶女朝褂、捏褶女朝衣"，"赐给扎萨固尔妻捏褶女朝褂、捏褶女朝衣"。赏赐德森金旺之妻"缝制捏褶女朝褂、捏褶女朝衣"，赏赐都剌尔达尔汉诺颜之妻"缝制捏褶女朝褂、捏褶女朝衣"。④

---

① 中国第一历史档案馆等译《满文老档》，第1351页。
② 《御制清文鉴》卷15，第17页。
③ 《御制清文鉴》卷15，第16页。
④ 刘厚生：《〈旧满洲档〉研究》，第183~190页。

第六章　满语动物词语文化语义

满族及其先人长期生息繁衍于祖国东北辽阔富饶的白山黑水地带，自然生态环境为满族世代生存提供了基本保障。种类繁多的动物是满族及其先人渔猎生产的基本对象，亦是他们赖以生存的主要食物。一个民族的生计方式往往决定或制约着该民族的精神文化生活特点，因而反映这个民族经济生活特点的词语也必然与该民族的精神文化生活密不可分。由于动物在满族及其先人主要经济生产、生活中所占的重要地位，而承载、凝聚了民族经济文化与精神文化的结晶，其从不同角度折射出满族及其先人在特定自然环境与社会环境下生成的复杂文化心态，蕴含着满族丰富而深厚的文化风情。[①]

第一节　野猪类词语文化语义

一　满语野猪类词语文化语义

如前所述，"骑射文化"被认为体现了满族文化的民族特征，是该民族文化的基础。但是，"骑射"不只体现为满族生产和军事生活，它需要相应的文化要素与之适应。正是在这些社会文化因素之下，在人与人之间的互动中强化了这一民族特征。"野猪"是满族传统狩猎兽类，"在猎谚中有'一猪二熊三老虎'之说，野猪的凶残威猛更能显示出猎人的勇敢"[②]。

---

① 赵阿平:《满族语言与历史文化》，第55页。
② 赵阿平:《满族语言与历史文化》，第60页。

对野猪的狩猎活动直接体现了满族人英勇尚武的"骑射精神",这是最主要的一点。不过,长期的狩猎活动与民众的精神、物质生活等发生了联系,形成了一些新的文化内容,而这些内容在一定程度上也体现了满族文化的特质。在此从满语中与野猪相关的词语出发,对与之相关的文化内容做一些探讨。

1. 野猪类相关词语

满族及其先民对野猪的认识与其生活方式是密不可分的。狩猎是满族及其先民重要的生计方式。即使农业和畜牧经济出现,狩猎仍然是满族人喜好的活动,并作为一种辅助的生计方式存在。当然,满族对狩猎的这种依赖与其得天独厚的自然环境也有很大的关系。东北地区地处森林草原地带,有着丰富的动植物资源。野猪是传统狩猎兽类之一,经济价值比较高,野猪也成为满族最主要的狩猎对象。

在长期的狩猎活动中,满族对野猪有着较深的认识,这一认识通过语言可以表现出来。在满语中,对野猪的年龄、体态、习性等有细致的称呼。

nuhen,一岁的野猪;surha,三岁的野猪;aidagan,四岁的公野猪;sakda,四岁的母野猪;mihan,小野猪崽子;heten,长定硬壮的野猪;haita,比硬壮野猪大,牙往上逆长出的野猪;hayakta,野猪老了牙弯曲盘着者;等等。[①]

满族是一支善于养猪的民族,养猪的历史比较悠久。在东北地区,早期原始社会遗址出土有大量猪骨。《后汉书·挹娄传》记载满族先人挹娄"好养豕,食其肉,衣其皮。冬以豕膏涂身,厚数分,以御风寒"。可见,养猪是满族及其先人日常生活中的重要部分。在满语中,有一些关于家猪的词语。

ulgiyan,猪;yelu,大公猪;buldu,小牙猪;alda,半大猪;judura,苍毛猪;balda,白蹄猪;mehen,未下崽的母猪;meheren,下过崽的老母猪;mehe,阉割过的母猪。[②]

[①] 江桥整理《清代满蒙汉文词语音义对照手册》,第696页。
[②] 江桥整理《清代满蒙汉文词语音义对照手册》,第703页。

家猪由野猪驯化而来，家猪和野猪在物种上是同源关系，两者虽然习性相差很多，但是仍然有一些相似的地方。因此，比较满语中有关野猪与家猪的词汇，我们看到满族及其先民认识上的一些不同。

2. 野猪类词语文化语义

从语义分布来看，满族对于野猪、家猪的认识分类主要从性别、年龄、形态等方面。但是两者也有侧重点，对于野猪的认识，依据年龄分类比较详细，外部形态主要集中在体型和獠牙两个方面。从家猪的语义内容来看，满族对于母猪的认识较为详细，外部形态则体现在颜色上。对于两者在语义上的差异，我们可以这样试着理解：虽然野猪和家猪在生物学上具有同源关系，但是在满族生活中的功能却不一样，因此，在认识上也有所侧重。野猪和人更多地通过狩猎联系在一起。野猪是一种凶猛的动物，东北素有"一猪二熊三老虎"的谚语。野猪极易给狩猎者带去伤害，而这种伤害的程度则与野猪的生物性有关。野猪生长速度极快，处于不同年龄的野猪在体型上有着很大差别，獠牙是野猪进攻和抵御侵害的主要工具，而体型越大、獠牙越尖利的野猪给猎手带去的危险越大。因此，年龄和獠牙成为认识野猪的主要语义内容。野猪凶残的特点成为勇猛精神的体现，满族男女以佩戴野猪牙为荣，野猪神也成为满族供奉的自然神。对于家猪而言，它经过人类驯化失去了野猪的野性，但它在满族民众日常生活乃至祭祖敬神中是不可缺少的，母猪可以维持家猪的繁殖，阉割过的家猪可以提供优质的肉质资源。此外，满族每年都要举行祭祀，每次都要杀掉好几口猪，特别是在祭祀祖先时，还特别要求选用全黑色无杂毛的白蹄猪。可见，两者在现实生活中发挥功能的不同，影响到了语义内容的分布。当然，影响语义内容的原因还有很多。

二 民俗文化语义

满族及其先人在对野猪的狩猎活动中形成了许多习俗惯制，有些习俗甚至沿袭至今。与之相关的习俗在生产、生活等方面都有所反映。

1.对猎物生活习性的熟知是狩猎活动有效进行的前提，满族民众也积累了许多经验。funtarambi①，野猪、家猪等兽畜用鼻子拱地。野猪鼻子的嗅觉非常灵敏，经常用来掘地以寻找食物，在遇到进攻时，鼻子还有进攻的作用。aidagan i kalka②，此野猪在十一月时，把粘在身上的泥土擦于树上，沙内打滚，从腿窝至短肋皮肉甚厚。可见，野猪经常出现于森林中近水源的地方，喜欢在泥水中。

2. 满族人四季狩猎，冬天规模较大一些，不过在狩猎入山之前，常有祭拜活动。fiyehu mama③，在山林口或者山顶上挂的纸钱作为山路神。过此路口时需要斋戒祭祀。basa werimbi④，给山神留下祭祀的祭品。清时宁古塔满族在进山打猎后要选择最高的山峰为山神，并立上三块石头为山神庙，领头之人烧上黄香，众人磕头，谓之小祭。⑤狩猎时也有一定禁忌，入山之后，"认为森林周围都有神在身边不准乱说乱动"。⑥

3. 野猪的狩猎多在冬季举行，满族打猎有"打荤""打素"的讲究。夏天不打荤，所谓荤就是指油腥比较大的动物，如野猪、熊，到了冬天才打这些动物。⑦当然，冬天打荤的原因不只如此，野猪"夏天多栖息于在近水源阴湿和杂草丛生的平坦处。隐蔽较好，难于发现"。冬天野猪食物减少，出外觅食时间较多，常出现在大片错草塘附近。⑧满族捕猎野猪一般是集体狩猎的形式。一种是以部族为集体的行猎，采用niyahašambi的方式，niyahašambi⑨又名"打牲""打狗围"，即放狗捕兽的方法。wadambi，狗嗅找猎物。狗是满族狩猎的重要伙伴，猎手会先放出训练有素的狗去寻找猎物。遇到野猪群时，猎手将狗放出冲散野猪，然后几条

---

① 胡增益主编《新满汉大词典》，第299页。
② 胡增益主编《新满汉大词典》，第15页。
③ 胡增益主编《新满汉大词典》，第278页。
④ 胡增益主编《新满汉大词典》，第75页。
⑤ 赵灿坤主编《宁古塔满族谈往录》，第50页。
⑥ 赵灿坤主编《宁古塔满族谈往录》，第50页。
⑦ 王明霞、关露、刘英超：《长白山与满族的狩猎习俗》，《黑龙江省民族丛刊》2010年第6期，第127页。
⑧ 李振营、罗泽珣：《东北野猪》，《野生动物》1983年第3期，第17页。
⑨ 胡增益主编《新满汉大词典》，第585页。

猎狗分别围住野猪撕咬。①由于野猪皮比较厚,弓箭很难射透。因此,在猎狗撕咬野猪时,猎人常乘机用枪硬扎野猪的致命部位。另一种形式是官府有组织的围猎活动,又叫"打大围"。入冬之后,将军率领八旗军出围,士兵以牛录为单位,依照指定方向前进,将野兽赶到早先设定的埋伏之中。在整个狩猎过程中,士兵必须严格遵照将领的指挥,将野兽合围至埋伏处,埋伏的射手以弓箭射击。在这两种形式之外,还有"伏击""打溜围"等。

4.野猪是经济价值较高的动物,满族民众在捕获野猪之后,以烧煮方式加工其肉。funggin②,十一月将老野猪连皮的肉燎烤着吃。uju sencehe③,将野猪头下颌烧燎了毛再煮着吃,其皮常用作服饰材料。ceke④,野猪、鹿、獐等皮的短马褂子。獠牙可用作佩饰,"满族中男性巴图鲁(勇士),前胸佩挂公野猪的獠牙;族中秀女,多佩野猪门牙"⑤。每当满族男女孩童长大成人时,族中萨满或穆昆达(族长)举行仪式,将灵佩(野猪牙)赐给男女青年,佩戴于前额上。可见,佩戴野猪牙还标志着满族男女进入成年,开始享有成年人的权利。髌骨可以用来制作gacuha(嘎拉哈)⑥,为满族男女游戏时所用,脑晶骨穿作一串挂于儿童胸前,具有辟邪的作用。

三 信仰文化语义

满族的信仰文化主要体现为萨满信仰,萨满信仰是我国北方诸民族普遍存在的一种信仰形式,保存有许多原始信仰的特点。在满族萨满信仰中,与野猪有关的信仰文化主要体现为以下几个方面。

1.aidagan enduri,即野猪神崇拜。动物神在满族萨满神祇中数量比较多,一般以自然崇拜和图腾崇拜的形式存在,后者与前者都认为野猪神

---

① 赵灿坤主编《宁古塔满族谈往录》,第50页。
② 胡增益:《新满汉大词典》,第297页。
③ 胡增益:《新满汉大词典》,第797页。
④ 胡增益:《新满汉大词典》,第131页。
⑤ 王宏刚、富育光:《满族风俗志》,中央民族学院出版社,1991,第21页。
⑥ 胡增益主编《新满汉大词典》,第307页。

带有神秘的力量，区别之处在于后者还认为野猪和其氏族有着血缘关系。当然，在满族萨满信仰中，野猪一般以动物神的形式出现。满族信奉野猪神的原因，可能与满族及其先人早期的狩猎生活以及思维观念有关。在狩猎活动中，野猪会给猎手带来很大的危险，猎手出于畏惧，同时又希望自己能像野猪一样勇猛。满族先人对野猪的崇拜在神话、故事等文化作品中也多有体现。如，在《野猪神》故事中，披上猪皮、戴上猪头的人具有神奇的能力，可以抵御各种野兽。当然，这种逻辑也可用于解释满族其他动物神的崇拜，如 yacin lefu enduri（黑熊神）、aisin tasha enduri（金虎神）等。从现存跳野猪神的神词来看，其目的是祈求野猪神能够保佑本族民众康平安宁。

2. 跳神活动是萨满信仰的主要仪式。不同的萨满神祇具有不同的仪式内容，对于满族信奉的祖先神和英雄神，在请神之后，萨满要与助手"栽力"进行对答。在动物神的仪式中则没有言语回答，一般以舞蹈表演为主，主要是模仿动物的动作，满族跳野猪神的活动也不例外。在满族石姓神本中就记载，在请神后，"栽力手持马叉代表大树，萨满弯下腰模仿野猪在大树下蹭痒的情景"[1]。在陈汉军张氏萨满祭祀中，跳野猪神又称为"放太位"。"张宗华[2]在太位的表演中，模仿野猪神，惟妙惟肖，儿子张洪年在一旁边咏唱着颂扬野猪的'神歌'，一边拿过来祖先珍藏多年的两根银簪，这银簪就象征野猪的两颗獠牙，分别插在父亲张宗华的两唇，随后，两腮插有银簪子的张宗华扭动腰铃，伴随着鼓点和'神歌'的旋律摇摆舞动。"[3]在佟佳氏萨满神本记载，野猪神降临时，"用嘴拱土，又用猪牙击树、推石……"[4]通过跳野猪神的活动，可以看出，跳野猪神与满族及其先人长期的狩猎生活是密不可分的，萨满通过模仿野猪的动作，表现了野猪神的勇猛无畏。

此外，在萨满信仰中，还有一种"斗猪"的活动，带有占卜、驱邪避

---

[1] 王晓楠：《满族萨满舞蹈的特点研究》，硕士学位论文，中央民族大学，2006，第23页。
[2] 张宗华为陈汉军张氏萨满文化的传承人。
[3] 刘红彬：《陈汉军张氏萨满探析》，《满族研究》2009年第1期，第81页。
[4] 王宏刚、于晓飞：《大漠神韵——神秘的北方萨满文化》，四川文艺出版社，2003。

煞的巫术色彩。"举行时,由萨满或部落首领或选出来的猎手承担与野兽拼斗,即所谓神验,兽毙则吉,人伤曰凶。"①可见,这一活动也源于满族及其先人的狩猎生活。

四 姓名文化语义

努尔哈赤是满族历史上杰出的民族首领,他在满族的形成中扮演了至关重要的角色。"努尔哈赤"一名的含义也引起了学者的兴趣。著名学者金启孮先生认为,"努尔哈赤(齐)系野猪皮之义,舒尔哈齐为小野猪皮的意思,雅尔哈齐为豹皮的意思……后阅西伯利亚通古斯各族民俗,小二多喜以所穿之某种兽皮之衣为乳名,可反证之"。这里需要说明,"努尔哈赤"在发音上与"nuheci"比较接近,而"nuheci"一词在满语中专指"野猪皮"。②基于此,他得出了上述的观点。

从这一取名习俗来讲,我们可以看到以下特点。

1. 满族称名不举姓的特点

在汉文化传统中,姓与名连用作为人的称呼,姓与名都承担着重要的功能。姓标志了一个人的血统来源,名字寄寓了家长对孩子的期望。满族人则保持了只称名不称姓的习惯,"努尔哈赤"是名字,其姓为爱新觉罗。这一习俗与满族的社会组织形式有关,满族作为一个民族共同体,是在不断融合众多部落基础上形成的,而八旗制度正是以这种血缘组织为基本组织单位,因此,同一牛录的人基本源于同一个血缘集团。具有共同的姓氏,也就无须在名前称姓。

2. 满族取名有较强的任意性

正如上面提及的,努尔哈赤、舒尔哈齐、雅尔哈齐都以动物作为自己的名字,如果说这些名字的寓意在于希望孩子能像这些动物一样英勇

---

① 富育光、孟慧英:《满族萨满教研究》,北京大学出版社,1991,第163页。
② 胡增益主编《新满汉大词典》,第592页。

无畏,那有"水獭"之义的"海伦"(满语为hailun)[①]、"田鸡"之义的"额尔赫"(满语为erhe[②])、"斑雀"之义的"杜度"(满语为dudu[③])等,又是表达什么意思呢?此外,还有"棒、锤"之义的"迈图"(满语为maitu[④])、"淫荡的"之义的"哈杨阿"(满语为hayangga[⑤])等名字。从这些不难看出,满族部分名字源于日常的生产和生活,而且名字的用字也比较随便,尚没有很强的规范。

3. "努尔哈赤"文化含义

有学者认为"努尔哈赤"源于回鹘语,有"光明的圣裔"之义,还有的认为是"射箭手"之义。但是从满族整体命名的特点,以及野猪在满族生产、生活以及信仰中的影响来看,金启孮先生的观点更为可信。

第二节 鹰类词语文化语义

满族及其先人世代生息繁衍于白山黑水之间,拥有丰厚的自然资源,飞禽走兽、山珍水产遍布其中,为人们提供了生存的基本物质保障,渔猎生产自然成为满族先民最重要的生计方式。禽鸟之中的鹰具有勇猛、敏锐、喜寒的特性,以其锐目利爪、闪电之势捕捉天鹅、野鸡,勇斗狐狸、兔子、蛇,深受满族先人的珍爱与仰慕,继而被驯化,成为最重要的狩猎助手。鹰在满族及其先人的狩猎生产与宗教信仰中,占有极重要的地位,备受珍爱与敬崇。giyahūn enduri(鹰神)与 damin enduri(雕神)在满族萨满教祭礼中,被尊为诸动物神之首神,即被称为 da giyahūn(首鹰)、da damin(首雕)。[⑥]因此,满语中有关"giyahūn"(鹰)的词语极

[①] 胡增益主编《新满汉大词典》,第381页。
[②] 胡增益主编《新满汉大词典》,第239页。
[③] 胡增益主编《新满汉大词典》,第199页。
[④] 胡增益主编《新满汉大词典》,第520页。
[⑤] 胡增益主编《新满汉大词典》,第393页。
[⑥] 赵阿平:《满族语言与历史文化》,第63页。

其丰富。

一 满语"giyahūn"相关词语

"giyahūn",《御制清文鉴》释义为"silmen ci amba gūlmahūn ulhūma jergi jaka be jafambi",汉译为"鹰乃拿兔野雉等物者"。[1]《御制五体清文鉴》释义为"鹰"。[2]

有关鹰、雕类的专有词语在《御制五体清文鉴》中有近50个。[3]

如专有名称：lamun hoohan（青庄）、kuringge hoohan（虎班虫）、niyo i hoohan（水鹰）、ayan tashari（老皂雕）、tashari（皂雕）、yolo（狗头雕）、damin（雕）、saksaha damin（接白雕）、kuri damin（虎斑雕）、kūwa damin（黄白雕）、cakiri damin（花白雕）、isuka（白雕）、yasuka（青雕）、nima an（芝麻雕）、tarbalji（团雕）、gunggulungge e（角鹰）、giyahūn（鹰）、ongkon（海青）、cakiri（芦花海青）、ongkoro（海东青）、silmen（雀鹰）、huk en（笼鹰）、suksuhu（鱼鹰）、dobori（夜食鹰）、edungge hiyebele（风伯）、edungge gasha（风禽）、ongkon gasha（海青鸟）、karaltu、alha ujungga huweten（云头花豹）、gurlun gūwara（击辘鹰）、dobori jetere giyahūn（夜食鹰）、ganiongga gasha（夭鸟）、hujengge gasha（鬼车）、uyutungge gasha（治鸟）、tuahū（土枭）等。

有关鹰禽动息的词语不仅丰富，而且形态生动。[4] 如：sarambi（展翅）、debsimbi（扇翅）、debsitembi（不住地扇翅）、dekdembi（飞起）、fijirembi（擦地飞）、habta ambi（抿翅飞）、soilombi（飞腾）、fiyelembi（鹰飘起）、kalim bi（鹰飘去）、mukdembi（云起）、dabali duleke（漫山飞）、dasihimbi（鹰击物）、jafambi（鹰拿住）、tabumbi（笼住）、oforombi（抓住）、suksurembi（飞下击物）等。

有关驯养鹰的专门词语，如俗称"放鹰"（giyahūn maktambi），专

---

[1] 《御制清文鉴》卷18。
[2] 《御制五体清文鉴》卷30"鸟雀部"，第4131页。
[3] 《御制五体清文鉴》卷30"鸟雀部"，第4121~4139页、4821~4828页。
[4] 《御制五体清文鉴》卷30"鸟雀部"，第4222~4344页。

门驯养鹰的有"鹰把式"（giyahūn baksi）、"鹰户"（giyahūn haha）等。可驯养的鹰有多种，其中最名贵的是"海东青"（songkoro）。驯养鹰的专有词语如 alimbi（架鹰）、yasatabumbi（熬鹰）、bolimbi（唤鹰）、isibumbi（初次调练鹰狗）、hukšembumbi（笼鹰）、dobumbi（蹲鹰）、hetumbumbi（养过冬）、giyahūn ujire ba（养鹰处）、giyahūn niyalma（放鹰的人）、hukšen（笼鹰）、giyahūn maktambi（放鹰）、tabumbi（鹰把猎物的表皮抓住）、dobukū（鹰架子）、tusihiyalabumbi（使用网捕鹰）、tusihiyalambi（用网捕鹰）、darambi（[鹰、犬]被驯化）、darambumbi（调练[鹰、犬]）等。

二 "giyahūn"鹰文化语义探析

1. 渔猎生计文化语义

从 giyahūn maktambi（放鹰）、hukšembumbi（笼鹰）、dobumbi（蹲鹰）、hetumbumbi（养过冬）、giyahūn ujire ba（养鹰处）、giyahūn niyalma（放鹰的人）、hukšen（笼鹰）、giyahūn maktambi（放鹰）、tabumbi（鹰把猎物的表皮抓住）、dobukū（鹰架子）、tusihiyalabumbi（使用网捕鹰）、tusihiyalambi（用网捕鹰）、darambi（[鹰、犬]被驯化）、darambumbi（调练[鹰、犬]）等词语得知，满族先民有专门的地点和役人从事养鹰，这体现了鹰在满族人心目中的重要地位，且驯鹰已经成为成熟、稳定的生计方式，鹰成为满族先人狩猎时最得力的助手。据文献史料记载：

ambasa saisai muzhilen, darambuha giyahūn, urche ulhuuma i adali.

君子之心如习鹰驯鸡雉。（《呻吟语摘》）

mini emu bukshen ayan silmen debsire sain zhafara mergen.

我的一个在家饲养的大雀鹰飞得快，捉得巧。（《庸言知旨》）

mini emu hukšen ayan silmen, debsire sain, zhafara mergen, mushu be emke de emken, don bade isiburakū, lakdari oilori tabumbi, namburelame turibure ba akū.

我的一只笼鹰飞得快，抓得准，遇到鹌鹑，见一个抓一个。一眨眼，一下子抓住了皮，从来没有抓空的情况。(《庸言知旨》)

meiren de aliha boo de doha manggi an i hūyasun be onggofi elehun i ilimbi.

接在手臂上，鹰着落在屋上以后，却忘了绑在脚上的绳子自在地立着。(《呻吟语摘》)

darambi，niyalma de daraka bime aksalarakū.

（鹰、犬）被人驯化了，不惊。[1]

满族先人在日常的狩猎生活中，充分掌握了鹰的习性与价值，创造了一套完善的驯鹰程序——鹰猎，分为 tatambi giyahūn（拉鹰）、darambi（驯鹰）、giyahūn maktabi（放鹰）、benembi giyahūn（送鹰）四个很周密的过程，并且每个过程都是非常讲究和严谨的。

"tatambi giyahūn"（拉鹰），即"捕鹰"。拉鹰一般在旧历8月份进行。清人杨宾在《柳边纪略》中有这样的描述："八月松花冻，家家打角鹰。山边张密网，树底系长绳。"[2] 在拉鹰前，鹰手先祭拜"鹰神"，然后用细式套、雉鸡、鸽等做诱饵，随后日夜守候在事先搭好的窝棚里，即 dobumbi（蹲鹰），等待鹰的落网。

"darambi"（驯鹰），将鹰放在特制的"dobukū"（鹰架子）上，几天不让其睡觉，以磨掉其野性，称为"yasatabubi"（熬鹰）。"过拳"，训练鹰熟悉并接近主人，使鹰站在主人手臂上成为它的一种习惯。"跑绳"，让鹰在远处听到呼叫，能直接飞到主人的手臂上。在正式 giyahūn maktabi（放鹰）之前，要对鹰进行"勒膘"，也叫"甩轴"，以期增强鹰的攻击指数，这一过程比较艰难。给鹰喂带有羽毛、骨头的食物，鹰便呕吐不止，吐出大量"haihan"（鹰苻）。在驯鹰的过程中，鹰手头部戴有"tomorhan"（鹰帽），以防被鹰抓伤。通过"过拳""跑绳""勒

---

[1] 胡增益主编《新满汉大词典》，新疆人民出版社，1994，169页。
[2] （清）杨宾：《柳边纪略》，杨宾等撰《龙江三记》，黑龙江人民出版社，1985。

膘"等驯鹰过程,"野鹰"已经成为"熟鹰",可用于狩猎,即"giyahūn maktambi"(放鹰)。鹰手"alimbi"(架鹰)登高,四五个人呈"一"字形排开,嘴里发出"嘟、嘟、嘟"的声音,用棍棒拍打树丛。一旦发现野禽、山兔、狐狸等猎物时,鹰手撒鹰,鹰便直扑猎物,经过激烈搏斗,获取猎物。鹰手会在鹰尾部栓有"honggon"(铃铛),在鹰成功捕获猎物时,让鹰手知道鹰和猎物的位置。

春天,鹰手遵古俗,让鹰北归生育繁殖,称为 benembi giyahūn(送鹰)。民间鹰手春夏不留鹰,有的富家或者皇家鹰坊,以专处养鹰度夏,称为"hukšembumbi"(笼鹰)。

鹰种类较多,其中最有名的是"songkoro"(海东青)。海东青体小矫健,迅猛异常,能捕天鹅、狐狸、野鸡、野兔等,以小胜大。《宁古塔纪略》载:"鹰第一等名海东青,能捉天鹅,一日能飞二千里。"[①]《宫廷鹰鹞》载,海东青"体小而俊健,钩爪进而有力,目光敏锐,飞行极高","盘旋空中可以无微不瞩,栖于地面能见云霄中物","且善以小制大,故又善捕天鹅","有雪白者、有芦花者、有本色者"。[②]在女真人的心目中,海东青是最崇高、最神圣的英雄。这种勇于竞争、敢于挑战的特性所凝聚而成的民族精神是我们拥有自信和战胜一切挑战的强大动力。鹰能够在酷寒的漠北雪野林海长期生存,靠的就是这种在自然中不断翱翔摔打的习性,战胜生存中的恶劣环境。

鹰猎是历史的产物,中国东北地理和气候环境决定了其不同于南方农耕文化的生活方式和思想观念,在农业还不发达的时期,东北地区多样化的地形差异使人们不能单纯依靠土地生存,必须选择依靠狩猎来增加生存的能力。鹰是食物链中最顶端的动物之一,它们习惯白天活动,常栖息在山林和平原地带,以捕食野兔、野鸡、幼畜等物为生,与北方游牧民族的食物结构达成了基本的一致。在北方寒冷的冬季,大雪覆盖山林草地,户外打猎存在着很大的难度,而驯化后的鹰是这种环境下绝佳的狩猎伙伴,

---

① (清)吴振臣:《宁古塔纪略》,初刊于清康熙六十年(1721)。
② 谷长春:《尼山萨满传》,吉林出版社,2007,第426页。

第六章 满语动物词语文化语义

猎鹰与猎狗在空中与地上的配合扩大了人们的狩猎空间，提升了狩猎质量。而驯化后的鹰与猎狗一样通人性，成为人类生活中情感交流的朋友。鹰猎活动既满足了人们最初的生存需要，又满足了精神需要。

在人类对自然认识有限的年代，以鹰为代表的猛禽有着人类无法比拟的超自然能力，让人产生了无限的敬畏，将其驯化而又为人们所用，是人们对猛禽征服欲的体现，也是人类文化与自然环境之间博弈的标志之一。

2.信仰文化语义

萨满教是以万物有灵论为哲学思想体系的一种原始宗教，反映了原始母系氏族社会以至进入父系氏族社会的先民生活及其宇宙观。鹰崇拜在萨满教信仰中占有极其重要的地位，受到无上的敬奉与崇拜，且鹰神"giyahūn enduri"在满族萨满教祭礼中被尊为诸动物神之首神，即被称为"首鹰"。

鹰不属于候鸟，无论是夏季还是严寒的冬季，都能顽强地生活在东北地区，满族先民因此赋予其人性化的性格，认为它不离不弃、重情重义，并在原始意识里对鹰加注了浓厚的感情色彩。鹰具有勇猛、喜寒的特性，能展翅万里，搏击长空，以其锐目利爪、疾如闪电之势捕捉天鹅、野鸡，勇斗狐狸、兔子、蛇，往往以小胜大，使诸多飞禽走兽惊惧震悚。鹰虽然凶猛，但经过驯化后，能够按照主人指令捕猎。北方冬季极其寒冷，大雪覆盖山林，狩猎存在着很大的难度，无法满足日常的生活需求，而此时驯化后的鹰是满族先民绝佳的狩猎伙伴，它提升了狩猎质量，使人们能顺利度过寒冷的冬季。海东青经过猎人们的驯育可以成为绝佳的狩猎助手，一日能飞两千里，"体小而俊健，钩爪劲而有力，目光敏锐"，"盘旋空中可以无微不瞩，栖于地面能见云霄中物"，"且善以小制大"，善捕天鹅。由萧乾主编的"新编文史笔记丛书"之《黑土金沙录》中称，海东青"双翅有肉球，坚如铁石"[①]。这就是它在空中能击落天鹅和大雁的缘故。就是在打虎、熊、鹿、狍时，它也是猎人的好帮手。海东青的翅翎和

---

① 黑龙江省文史研究馆编《黑土金沙录》，上海书店出版社，1996。

161

尾翎也是珍贵难求之物。翅翎可做羽扇，当时价值千金；其尾翎是只有高级官吏才可以作为顶戴的花翎。羽翎是权力和富有的象征。正因如此，《扈从东巡日录》才把海东青与人参、貂皮、鳇鱼、东珠（北珠、紫珠、靺鞨珠）等相提并论，康熙皇帝才由衷赞美道："羽虫二百有六十，神俊最属海东青。"① 清代对鹰手向朝廷交鹰制定了优厚的政策，以鼓励之。如果鹰手向朝廷交鹰，可将鹰折银，抵消正赋。《大清会典》载："顺治十八年议准，凡鹰户投充新丁，有交海东青者，每架可折银三十两，另赏银十两……"② 从清朝廷的优厚赏赐，可见"海东青"之珍贵。

王禹浪在《"女真"称号的含义与民族精神》中对女真称号与"海东青"的音义进行了研究论述，最后指出："海东青就是女真称号的真正含义，女真称号就是女真族的民族精神的体现。……遥想当年，女真人势如破竹，腾飞于白山黑水之间，犹如海东青搏击长空，在追捕天鹅之势，一举歼灭了辽、宋两个强大于自身数十倍的封建帝国。那饮马长江、问鼎中原的情景，又怎能不令人浮想联翩呢？女真人之所以勃兴的动机，正是我们今天所要破译的女真称号之谜的寓意之所在——即'海东青'的精神与性格。"③

鹰在满族人的心目中为神物，是神鸟，它立于陡峻的岩石及挺拔的大树之巅，昂首挺胸，有一种不可战胜的力量，给人以傲视群雄的威严，尤其是它那以小胜大的高强本领，更让人们对它产生崇敬之意。从鹰的自身特征出发，满族人形成了根深蒂固的鹰崇拜。

英国著名人类学家马林诺夫斯基曾说，"宗教的信仰与能力，也是要用神话的叙述来溯到本源上去的"，并强调"打算要在神话的研究中知道原始生活的奥秘，必须转到原始的神话，尚在活着的神话"。④ 我们要通过"尚在活着"的萨满教原始神话来透视鹰崇拜的文化内涵。据满族胡姓赵姓的萨满神谕载："giyahūn enduri"（鹰神）最早从火中叼出一个石蛋，

---

① 康熙御制诗。
② 尹桑阿、王熙任：《大清会典》，康熙年间。
③ 王禹浪：《金代黑龙江述略》，哈尔滨出版社，1993，第343页。
④ 〔英〕马林诺夫斯基：《巫术科学宗教与神话》，中国民间文艺出版社，1986。

生出一个女萨满，这便是东海最早的女祖、女罕。还有一则满族创世神话说，天地初开的时候，大地像一包冰块，女天神阿布赫赫让一只雌鹰从太阳里飞过，抖了抖羽毛，把光和火装进羽毛里头，然后飞到世上。从此，大地的冰雪才融化，人和生灵才有饭吃，并能安歇和生儿育女。可是雌鹰太累，打盹睡了，羽毛里的火掉出来，将森林、石头烧红了，彻夜不熄，神鹰忙用巨膀扇灭火焰，用巨爪搬土盖火，烈火烧毁了它的翅膀，它死于海里。鹰魂化为女萨满。通过这则神话，可以探析鹰崇拜的文化语义。

在神话中，"鹰从太阳里飞过，带来了光热，融化了冰雪，才使大地成为一个人类与生灵可以生存繁衍的新世界"，这正是满族崇奉鹰是通贯天地、光与火化身的神话印证。

"烈火烧毁了它的翅膀，它死于海里。鹰魂化为女萨满"是对萨满起源的神圣解说，萨满是鹰神的化身，说明萨满教产生于母系氏族社会，早期的萨满为女性。今天，我们看到的鹰舞多是男萨满跳的，但他们仍要穿裙，这正是早期女萨满的遗风。满族及其先人同时也认为鹰神是萨满的守护神，这体现于萨满史诗《尼山萨满》，女萨满尼山凭借鹰神和其他动物神灵的力量，闯进地府与依可猛罕，即阎王周旋，将少年瑟日古黛、费扬古的魂灵带到了人间，使其起死回生。尼山萨满屈死后，鹰神用巨翅遮住日月。[1]也正因如此，在每件萨满神服上都饰有鹰的图案，甚至神鼓上以及萨满祭祀所供奉的神偶，都雕刻或画有神鹰。萨满神帽上的神鹰像更是活灵活现，似振翅欲飞。萨满的传统星祭中，鹰神也是主要的祭祀星神之一，其形象为金牛、天狼、双子等星座组成的一尊展翅巨鹰。

鹰神的巨大威力，在萨满神谕中有生动的描述、赞颂：从天飞降像风雷电闪，从山飞下如金光照眼，左翅膀扇开遮住太阳，右翅膀扇开遮住月亮，你前爪尖搭在松阿里乌拉，你后爪尖钩在东海巴卡锦霍落……[2]

3.审美观念语义

满族不仅敬仰鹰的威严、勇猛、敏捷，而且将其视为美的化身。鹰频

---

[1] 赵阿平：《满族语言与历史文化》，第66页。
[2] 谷长春主编《尼山萨满传》，吉林出版社，2007，第456页。

繁出现于雕刻及绘画、歌舞等艺术作品中。

以鹰为形象的造型艺术十分普遍，考古发掘中屡有鹰造型物品。如1972年，在黑龙江省密山县新开流新石器时代发掘的一处肃慎人遗址，出土了一件兽骨雕成的鹰头，这一骨雕鹰头长7厘米，是用坚硬的石器在兽骨上精心雕磨而成的。其整体态势呈弯月形，鹰的眼、口部雕琢清晰，手法简洁古拙，构成一种寻觅和猎取食物的神态。经测定，这件骨雕鹰首至少有6000年的历史。[①]

1980年，在金上京故城东侧1.5千米处的女真墓群中，发现了以海东青搏捉一只展翅飞翔的天鹅为纹饰的鎏金铜带銙。[②]以海东青捕雁或天鹅的场面为题材创作的玉雕从辽金一直延续到明清，此类题材的玉饰被称为"春水"玉，美轮美奂，是艺术宝库中的瑰宝。现藏于故宫博物院的金代玉镂雕海东青捕雁纹样通体镂空，高6.5厘米，宽8厘米，椭圆形。主纹样为一大雁藏在荷叶草丛中，上有一海东青俯冲而下，小而矫健的海东青用双爪牢牢抓住昂首展翼正在疾飞的天鹅的头颅，天鹅在拼命挣扎，再现了海东青与白天鹅生死搏斗的瞬间。

在音乐方面，也有以海东青为题材进行创作的歌曲，明人曾有记载："今鼓吹中锁刺曲，有名《海东青扑天鹅》，音极嘹亮，盖象其声也。"[③]清代在皇室中也曾流行"海青捉天鹅之曲"，当皇帝打猎归来时，"多奏海青捉天鹅曲"。[④]

在服饰方面，将海东青捕鹅的场面作为装饰。女真衣装"其从春水之服则多鹘捕鹅，杂花卉之饰"[⑤]。金人之束带名吐鹘，"其刻琢多如春水秋山之饰"[⑥]。这一服制得到了考古学的印证，黑龙江省阿城市双城金墓即出土了数件鹘捕天鹅纹鎏金铜带銙。

---

① 黑龙江省文物考古工作队：《密山县新开流遗址》，《考古学报》1979年第4期。
② 阎景全：《黑龙江省阿城市双城村金墓群出土文物整理报告》，《北方文物》1990年第2期。
③ 《海东青扑天鹅》，《留青日札》卷19。
④ 《扈从东巡日录》，吉林文史出版社。
⑤ 《金史》卷43《舆服志》下。
⑥ 《金史》卷43《舆服志》下。

在民间的口头传说和说唱艺术中反映鹰的题材就更多了。如在黑龙江省富裕县三家子满族村有一个传说，古代有一只鹰展开它巨大的翅膀，悬浮在空中，用身体遮住了太阳。一个猎人用箭射下鹰的一只翅膀，但它仍然悬浮在空中，用另一只翅膀挡着太阳，后来皇帝封它为佛满洲的"先期妈妈"[①]。满族的一个创世神话中说：天地初开的时候，大地像一包冰块，女天神阿布卡赫赫让一只雌鹰从太阳里飞过，抖了抖羽毛，把光和火装进了羽毛里面，然后飞到世上。从此，大地的冰雪才融化，人和生灵才有饭吃，并能安歇和生儿育女。可是雌鹰太累，打盹睡着了，羽毛里的火掉出来，将森林、石头烧红了，彻夜不熄，神鹰忙用巨膀搬土盖火，烈火烧毁了它的翅膀，它死于海里，鹰魂则化为女萨满。[②]在东海女真后裔的库伦七姓神谕中也有一则神话：洪水时代，地上是水，天上也是水，水浪一个推一个，如同飞闪的铜镜，一切生灵都难以存活。远方的小海豹救起了一男一女，这一对男女生了一个女儿，被女天神派来的鹰神代敏格格叼走了。鹰神将其养大，使她成了世界上第一个萨满和人类始母神。[③]在萨满史诗《尼山萨满》中，女萨满尼山凭借鹰神和其他动物神灵的力量，闯进地府与依可猛罕（阎王）周旋，将少年瑟日古黛、费扬古的魂灵带到了人间，使其起死回生。尼山萨满屈死后，鹰神用巨翅遮住日月。[④]

赵阿平在《满族语言与历史文化》中指出："一个民族的经济生活方式往往决定或制约着该民族的精神文化生活特点。"[⑤]满族的狩猎经济形成了精神层面的鹰崇拜——承载、凝聚了民族经济文化与精神文化的结晶，其从不同角度折射出满族先人在特定自然环境与社会环境下生成的复杂文化心态。满族先民对鹰的崇拜，充分体现了物质生存意识在满族生产生活中的重要支配地位，满族先民强烈的英雄崇拜观念与勇猛尚武的民族精神。

---

① 唐戈：《三家子满族萨满教：记忆和遗留》，《满语研究》2004年第2期。
② 赵阿平：《满族语言与历史文化》，第66页。
③ 傅英仁搜集整理《满族神话故事》，北方文艺出版社，1985，第100页。
④ 谷长春主编《尼山萨满传》，吉林人民出版社，2007，第426页。
⑤ 赵阿平：《满族语言与历史文化》，第55页。

第三节 鹿类词语文化语义

狩猎采集是人类早期最主要的食物获取方式，也是延续时间最长的一种生活方式，"人类在超过百分之九十九的进化史中都是以狩猎采集为生"[①]。在狩猎采集活动中，鹿是一种非常重要的猎取资源。人类遗址中出现的大量鹿骨、鹿雕，表明鹿很早就进入了人们的生活之中，而且在漫长的历史过程中，凝聚了丰富的文化内涵。鹿文化也成为狩猎文化中一种重要的文化表现形式。满族的狩猎采集活动有着悠久的历史。《帝王世纪》载，周成王时，满族先人"肃慎氏来献楛矢石砮长尺有咫"。东北地区动植物资源丰富，鹿类动物分布广泛，种类繁多，鹿成为满族祖先主要的狩猎对象。在长期的接触之中，与满族祖先的物质和精神生活发生了密切联系，衍生出丰富的文化形态。满族祖先在长期的扩散过程中，由于历史发展和民族之间的交流等原因，逐渐由以狩猎采集为主的利用性经济转向以农业、畜牧业为主的生产经济，其经济类型逐渐呈现出复合特点。特别是满族入关之后，经济形态较之前发生改变，狩猎活动在日常生活中降至次要地位，但是在满族文化的形成中，狩猎文化特别是鹿文化，仍然留下了较深的痕迹。

语言是研究文化的一个重要途径，但是从语言到文化解释之间仍然有很长的一段距离，这中间大多借助学者的想象来完成。这种想象是人文研究难以避免的。不过，在方法之外，从语言本体出发的研究还常常面临另一个困境，即孤立的例子很难形成足够的说服力。本节从满语中与鹿相关的词语出发，结合相关历史文献，对满族鹿文化做一些分析。

一 buhū 鹿类名称

鹿类动物是陆地野生食草动物的典型代表，对自然环境的适应力较

[①] 陈胜前:《中国狩猎采集者的模拟研究》,《人类学学报》2006年第1期，第42页。

第六章　满语动物词语文化语义

强，在寒暖地区都可以生存。鹿是早期人们的主要捕猎对象，对人们的生活有着重要的影响。满族及其祖先生活的东北地区，鹿类资源丰富，种类繁多，人们对其活动周围的各种鹿类动物有一定的认识，这在词汇中也多有反映，"有关鹿的专有名词达 31 个之多"[①]。

　　buhū，鹿类动物的统称，在生物学中归属于哺乳纲偶蹄类鹿科动物。《清文总汇》："鹿千年黑，又五百年白，又五百年青，寿最长。"[②]案：任昉《述异记》："鹿千年化为苍，又五百年化为白，又五百年化为玄。汉成帝时，山中人得玄鹿，烹而视之，骨皆黑色，仙者说玄鹿为脯，食之，寿二千岁。"《清文总汇》释义内容可能源于此，其中不同之处，可能与满族对颜色的认知有关。满语中，鹿的性别也以专门的词语表示，公鹿的专称是 mafuta，母鹿的专称是 jolo，均以单纯词的形式出现。与此同时，不同年龄的鹿也有着细致的称呼，fiyaju 鹿羔，urgesen 一岁鹿，lorbodo 三岁鹿，[③]等等。相反，在汉语中这些概念则以合成词的形式出现，出现这种差别的原因，可能与满族及其祖先对鹿有着较深的认识有关。

　　kandahan，《清文总汇》："兽名，鹿类，一片扁角，其角可璇斑指子，其迎鞍上有驼峰，颈短，项下有躅胸一样的皮。母者名 eniyen 也。"[④]又有音译，名"堪达汉"，《皇朝通志》："堪达汉，产黑龙江沮洳地，似鹿而大，色苍黑，项下有肉囊，大者至千余斤。"又有"驼鹿"之称，《盛京通志》："驼鹿，出宁古塔、乌苏里江，一名堪打罕，颈短形类鹿，色苍黄无斑，项下有肉囊如繁缨，大者至千余斤。"又有名麈者，《竹叶亭杂记》："麈，即今之四不像也鹿非鹿，似麇非麇。其角可为决，时所称堪达罕。"[⑤]按：此说谬矣。《名苑》以鹿大者曰麈，堪达罕大者至千斤，虽为鹿中大者，但是分属不同类别，不能仅依靠外形做出判断。又有名"扁角鹿"者，niyarhoca，《清文总汇》："扁角鹿的羔子，即 kandahan 之崽

[①] 赵阿平：《满族语言与历史文化》，第 51 页。
[②] （清）志宽、培宽等编《清文总汇》卷五，第 18 页。
[③] 《御制五体清文鉴》卷 31 "兽类"，第 4249~4252 页。
[④] （清）志宽、培宽等编《清文总汇》卷三，第 66 页。
[⑤] 《清代笔记小说大观》卷五《竹叶亭杂记》，上海古籍出版社，2007，4906 页。

子。"①此外，不同体型大小、年龄也有不同的称呼，如：anami 大堪达汉，toho 半大堪达汉，hotol 堪达汉羔，等等。

oron，《清文总汇》释义：（1）无星宫度有名之处；（2）人身上之阴精；（3）缺位之缺，如美缺 sain oron 也；（4）鹿名，公母头上俱有角，吃苔，打鹿人养着使，与 iren 相似；（5）星辰；（6）魂魄之魄。②在语言研究中，同音词和多义词的区分是一个难题。两者拼写属于一种形式，但是造成的原因却有着很大区别。"在满语词汇中，大量的词都具有两种以上意义。其中有多义词、同音词，也有多义、同音交叉者。"③在 oron 的众多词义中，第一和第四义项关系密切，第二和第五义项关系密切，属于多义现象。第三与以上义项之间没有任何关联，属于同音现象。而造成这种现象是"由于满语中有相当数量的借词而产生了一部分同音词"④。oron buhū，《清文总汇》："角鹿。公母俱有用 oronco 人养着使，即旧话之 oron 也。"⑤按：oronco 即鄂伦春。《异域录》载："俄罗斯呼索伦为喀穆尼汉，又呼为通古斯，俱畜鹿以供乘驭驼载，其鹿灰白色，形似驴骡，有角，名为俄伦。"庄吉发注："俄伦，满文读如'oron buhū'。《清文总汇》译作'角鹿'，公母头上俱有角，吃苔，可供役使。"⑥按：在鹿类动物中，雌雄皆有角，以苔藓为主要食物的，只有驯鹿一种。在东北民族中，鄂伦春曾以驯养驯鹿为生，《黑龙江外纪》："四不像，亦鹿类。鄂伦春役之如牛马，有事哨之则来，舐以盐则去，部人赖之，不杀也。国语谓之'俄伦布呼'。"随着后来的迁移，特别是迁移到不能驯养驯鹿的地区，生活方式也就自然而然地改变。此外，鄂温克族也以驯鹿生活为主，是目前为止中国境内唯一驯养驯鹿的民族。iren，《清文总汇》释义：（1）鹿名，与 oron buhū 相似；（2）水里游鱼游出的波纹或吐的水泡儿。⑦按：

---

① （清）志宽、培宽等编《青文总汇》卷五，第 29 页。
② （清）志宽、培宽等编《清文总汇》卷二，第 41~42 页。
③ 赵阿平：《满语多义词与同音词的辨别与运用》，《满语研究》1991 年第 2 期，第 24 页。
④ 赵阿平：《满语多义词与同音词的辨别与运用》，《满语研究》1991 年第 2 期，第 25 页。
⑤ （清）志宽、培宽等编《清文总汇》卷二，第 42 页。
⑥ （清）图里琛著，庄吉发校注《满汉异域录校注》，文史哲出版社，1983，第 52 页。
⑦ （清）志宽、培宽等编《清文总汇》卷二，第 20 页。

第六章　满语动物词语文化语义

在满语构词形态中，语音交替是一种经常出现的方式，语义差别主要表现为性别、雌雄等方面，还有一些表现为语义相反或者相近。oron → iren，通过中性元音 o 与阴性元音 e 来改变词义，构成新词，两词意义相近。oron buhū 的词义主要区别特征在于头顶上巨大的鹿角，"有的甚至可达 15 公斤以上"[①]，而"野驯鹿在很多方面都与家畜驯鹿相似"[②]。因此，oron 是家养驯鹿的称呼，iren 是野生驯鹿的称呼。oron 一词在满语中构词能力较弱，极有可能借自驯鹿通古斯语言中。

除了上述之外，还有一些关于鹿类的词语。ayan buhū,《清文总汇》:1. 大鹿。2. 马鹿。[③]suwa buhū,《清文总汇》:"梅花鹿，身小，略红。"[④]从物种归属上，还有一些属于鹿类动物。如：sirga 獐，argatu 公獐，gio 狍，gūran 公狍，miyahū 香獐，hūya 半大狍，等等。[⑤]不过，这类词语在形式上不能和 buhū 连用。

从上面关于鹿类动物的名称，我们可以看到以下特点。

1. 词汇以单纯词为主，合成词较少，词汇语义覆盖的范围也比较广，不同种类、不同性别、不同年龄、不同的体型等都有专门的词汇。

2.kadahan、oron 的语义侧重于动物的外表特征，通过观察就可以获得这种知识。而统称概念 buhū 的语义表现了一种更复杂的认知，附加了更多的文化内涵。从内容上看，这种知识的获得表现出趋向汉文化的特点。

3. 分类是民间知识的重要部分，能够体现人们对自然和社会现象的感知。从词汇语义来看，鹿角的有无、大小是对鹿类动物分类最主要的区别特征，体型大小成为分类的次要特征。可以看出，动物的外部特征是满族及其祖先认知的一种重要角度。

---

① 〔俄〕史禄国:《北方通古斯的社会组织》，吴有刚、赵复兴、孟克译，内蒙古人民出版社，1985，第 43 页。
② 〔俄〕史禄国:《北方通古斯的社会组织》，吴有刚、赵复兴、孟克译，第 45 页。
③ （清）志宽、培宽等编《清文总汇》卷一，第 40 页。
④ （清）志宽、培宽等编《清文总汇》卷六，第 45 页。
⑤ 《御制五体清文鉴》卷 31 "兽类"，第 4254~4257 页。

二 鹿类词语文化语义

鹿文化，简而言之，就是在民众知识体系中与鹿有关的经验表达，这种知识在生活中则通过相关的物质形式和精神形式表现出来。满族的鹿文化有着丰富的文化内涵，原因大略如下。首先，猎鹿虽然寻找时间较长，但是加工处理时间较少，收获效益较大。[①] 它的皮毛、肉等可以为人们提供最直接的生活原料，能够满足民众生活的多种需求。其次，在与民众生活的不断接触联系中，人们还在其身上附加了更多的情感和经验，满足着人们的精神需要。

1. 鹿类饮食文化语义

狩猎社会中，鹿类动物是一种常见的食物来源，满族及其祖先食用鹿肉的历史比较久，有关鹿的饮食特点主要表现在以下几点。第一，以烧煮为主的制作方式。鹿的食用价值较高，鹿肉、鹿茸、鹿尾、鹿筋、鹿舌等都可作食用材料，满族菜肴有"红烧鹿筋""口蘑鹿肉""口蘑狍肉""蒲棒鹿肉""烤鹿脯""野味火锅""烧烤麻仁鹿肉串""长春鹿鞭羹"等多种佳肴珍品。此外，还保留了早期的做法。如 saka，《清文总汇》：鹿肉、鱼肉细切，拌上作料生吃。[②] 入关之后，虽受到汉族饮食文化的影响，散居各地的满族人仍然保留了这一习惯。如《红楼梦》中载，"史湘云便悄和宝玉计较道：有新鲜鹿肉，不如咱们要一块，自己拿了园里弄着，又玩又吃"[③]。第二，注重食效。《本草纲目》载："鹿肉味甘，无毒，补虚羸，益气力，强五脏，养血生容。"[④] 鹿茸、鹿胎、鹿血等均有很高的药效价值。因此，鹿也成为东北地区进贡的重要贡品，鹿肉也成为宫廷日常食品。清高宗爱新觉罗·弘历《节次照常膳底档》载："乾隆元年元旦，早膳鹿尾酱一品。"又载："六十四年正月初一，有清蒸鹿尾一品、烧鹿肉一

[①] 〔加〕陈淳：《最佳觅食模式与农业起源研究》，《农业考古》1994年第3期，第31页。
[②] （清）志宽、培宽等编《清文总汇》卷五，第48页。
[③] （清）曹雪芹：《红楼梦》第49回，第320页。
[④] （明）李时珍：《本草纲目》，山西科学技术出版社，2014，1246页。

品。"①《起居注》载:"慈禧太后,在秋冬季节,每天早上要喝几口鹿茸片熬成的汁。"鹿茸的制作方法也比较讲究,在此就不并举。

2. 鹿类服饰文化语义

在满族服饰中,鹿的皮毛是服饰制作的重要材料。到清朝中期,东北部分地区还保留着这一习俗。《柳边纪略》:"流宁古塔尚无汉人,满洲富者辑麻为衣,措麻为絮,贫者衣狍、鹿皮,不知有帛,有之予始。"②满族鹿皮服饰中,有着季节的差别。buhū i suko,《清文总汇》:buhi,鹿皮,拔去毛的狍鹿皮。③均是服饰制作的常用材料。niltubumbi,《清文总汇》:有毛的皮张放在热出,略使沾湿热使脱毛。④buhū i suko 一般用来制作冬季服饰,buhi 用来制作夏季衣服。满族人经常进入山林打猎,鹿皮衣服耐磨。kaciki,《清文总汇》:鹿狍皮的破皮袄。⑤还有用来制作皮靴的,buhi gūlha,《清文总汇》:皂鹿皮靴。⑥还是头饰制作的主要材料。buhi sosonggo mahala,《清文总汇》:以去毛鹿皮所作者。⑦suhū i shushunggo mahala,《清文总汇》:以连毛白鹿皮所作,上嵌玉。⑧还可用作附加的装饰物。sereme,《清文总汇》:大鹿尾上有黄毛,五六寸长如金线一样者,以之拓缝于鞋袜等物上似金线。⑨用作人体自身的装饰。fergetun,《清文总汇》:扳指。⑩《盛京通志》载:"驼鹿,角扁而阔,莹洁者可用来做扳指。"还可以做荷包,满族人男女有吸烟的习惯,"男人用鹿皮荷包装烟,出猎时把几寸长的小烟袋往荷包里一插,抬腿就走。女人

---

① 《清高宗爱新觉罗·弘历节次照常膳底档》。
② (清)杨宾:《柳边纪略》,杨宾等撰《龙江三记》,黑龙江人民出版社,1985。
③ (清)志宽、培宽等编《清文总汇》卷五,第18、25页。
④ (清)志宽、培宽等编《清文总汇》卷三,第48页。
⑤ (清)志宽、培宽等编《清文总汇》卷三,第61页。
⑥ (清)志宽、培宽等编《清文总汇》卷三,第25页。
⑦ (清)志宽、培宽等编《清文总汇》卷三,第25页。
⑧ (清)志宽、培宽等编《清文总汇》卷六,第38页。
⑨ (清)志宽、培宽等编《清文总汇》卷五,第74页。
⑩ (清)志宽、培宽等编《清文总汇》卷十二,第56页。

烟荷包是布制的，上绣山水花卉"。^①还可做实用性的工具。suihon,《清文总汇》：鹿等角做的解锥及腰带里的解结者。^②还可用作戎服。"时所称堪达罕，其皮可为半臂，衣之愈久则愈厚，愈久亦愈软。若为油水所污，俟其干揉之，仍复如故。凡皮见水则硬，衣此者若嫌其污，可加浣濯焉。闻此衣油垢既甚，可御火，枪刀不利，卒尔亦不能刺也。关东兵卒多衣之。"^③

3.鹿类游艺文化语义

民间游戏是民间以消遣娱乐为主的活动，随意性也比较强，儿童、成年都可以参与其中。满族游艺活动也比较丰富，嘎拉哈便是其中一种，富有民族特色。嘎拉哈一名源自 gacuha 的音译，又作"噶什哈"。gacuha,《清文总汇》："背式骨，羊拐骨。"^④《塞上杂记》云："骨分四面，有要棱起如云者，为珍儿，珍儿背为鬼儿，俯者为背儿，仰者为梢儿。"嘎拉哈一般有两种玩法。一是弹嘎拉哈。kancambi,《清文总汇》：把鹿、羊、獐等畜之背式骨立着裁打。^⑤《柳边纪略》曰："宁古塔童子相戏，多剔獐、麅、麋、鹿腿前骨，以锡灌其窍，或三、或五堆地上击之。中者尽取所堆。不中者与堆者一枚。"gonggon,《清文总汇》：抛鹿、羊等背式骨打筋斗倒立着。^⑥这是直立着的嘎拉哈。二是抓嘎拉哈。《满洲源流考》记载："或两手捧多枚星散炕上，以一手持石球高掷空中，当球未落之际，急以其手抓炕上嘎什哈成对者二枚，还接其球，以子、球在握，不动别子者为得。"^⑦不同抛抓方式还有不同的名称，如火球儿、坐锅子、紧锅、慢

---

① 牡丹江市政协文史委员会编《宁古塔满族谈往录》，1992，第39页。
② （清）志宽、培宽等编《清文总汇》。
③ 《清代笔记小说大观》卷五《竹叶亭杂记》，上海古籍出版社，2007，4906页。
④ （清）志宽、培宽等编《清文总汇》卷三，第77页。
⑤ （清）志宽、培宽等编《清文总汇》卷三，第66页。
⑥ （清）志宽、培宽等编《清文总汇》卷四，第20页。
⑦ 丁世民、赵放主编《中国地方志民俗资料汇编·东北卷》，书目文献出版社，1989，第24页。

锅、大把儿、大堆儿等。① 现在，北方地区还有这种游戏活动，不过以石子替代。这种运动可以开发人的潜能，提升动作的协调性。

4. 鹿类信仰文化语义

萨满是北方民族共同信仰的一种宗教形态，也是满族最主要的宗教信仰。在满族萨满信仰中，与鹿有关的信仰文化主要体现在以下几点。第一，鹿角崇拜。jili，《清文总汇》：鹿狍子等兽头上的角根子。② 萨满跳神时，各种饰物和法器的存在，既有着某种神秘力量的象征意义，又是整个仪式完整不可缺少的因素。鹿角神帽是萨满跳神必不可少的饰物，这在满族、鄂温克族、蒙古族、赫哲族等跳神活动中都存在，具有一定的普遍性。其存在的原因大概如下。鹿角是一种神秘的力量的象征，或者是与某种力量沟通的媒介。这种神秘力量源于人们对鹿角的认识，鹿角一般被看作进攻和抵御的利器，因此，在满族神话中，鹿角是具有神力的，可以保护人们免受伤害，鹿角越多，神力越大。在满族跳神中，鹿被看作萨满的坐骑。在鄂温克人的信仰中，鹿角还被看作与上天沟通的桥梁。这一作为媒介的隐喻意义，尚未在其他满通古斯民族中发现。第二，鹿神崇拜。鹿神崇拜主要体现在满族的"跳鹿神"活动中，但是这里也有少许差别。第一种是作为动物神的"抓罗妈妈"崇拜。"抓罗妈妈"源于 joio mama 的音译，直译有"母鹿神"之义，在萨满神祇中被看作"保护鹿群的女神"。"黑龙江省宁安县满族吴姓每年到打鹿角或采鹿茸时，氏族萨满就要主持隆重的仪式祭祀。"③ 在宁古塔地区，有一种舞蹈叫作"笊篱姑姑舞"，大概是"抓罗妈妈"的变化形式。"抓罗妈妈"是从狩猎生活中孕育的动物神信仰。随着狩猎生活的改变，原有的信仰逐渐失去原有的经验基础，面临消失的处境，这时，人们往往会从现实的生活出发，依据某种联想，对其进行重新解释。第二种是作为图腾信仰的鹿神崇拜。

---

① 孙辑六主编《满族风情录》，四川民族出版社，1994，第251页。
② （清）志宽、培宽等编《清文总汇》卷十，第33页。
③ 奇文瑛：《满-通古斯语民族鹿崇拜钩沉》，《中央民族大学学报》（哲学社会科学版）2005年第4期，第94页。

满族家祭是以血缘为纽带举行的祭祀祖先的活动,是满族祭祀的重要形式。跳鹿神是满族家祭的一种,"宁安唐古禄氏家祭时供一块鹿骨,他们相信自己的祖母是一只神鹿,唐姓祖先吃了鹿奶,才生出后人,繁衍成旺族"[④]。宁安县满族吴姓鹿神崇拜是自然神崇拜的一种,而宁安唐古禄氏家祭则认为他们与鹿之间存有血缘关系,属于图腾信仰。两者虽然崇拜对象一样,但有着实质差别。

5. 鹿类狩猎文化语义

狩猎是北方民族军事训练的一种传统,这种传统脱胎于其狩猎的生活方式。满族与鹿有关的狩猎文化主要体现在猎鹿的方式上,满语中也保留了大量的词语。第一,哨鹿。tolhon i ficakū,《清文总汇》:桦皮哨子,吹起似狍羔声,引犬狍来射者。[⑤]muran,《清文总汇》:鹿哨。[⑥]"木兰为较猎之所,又谓之哨。muran i aba,《清文总汇》:哨鹿打的围。[⑦]"哨者,哨鹿也。哨鹿者著鹿皮,衣鹿角冠,夜半于旷山中吹哨作牡鹿声,则牝鹿衔芝以哺之。"[⑧]第二,在鹿群经常出没的地方下网套。gūyambi,《清文总汇》:鹿、狍等兽秋天想交配时,蹭树。[⑨]猎人根据这些线索可以判断鹿群的出没地点,然后下网套。asu wešen,《清文总汇》:捕鹿、獐、兔等兽之套网,大小长短不一。[⑩]第三,直接围猎。kaican,《清文总汇》:在上风处呐喊射狍子(春冬时节遇见狍子,在上风处向众人一起喊跑进围,用马箭射杀)。[⑪]ho hoi,《清文总汇》:鹿野兽静卧着,人齐上去围的声音。[⑫]鹿是一种活动范围比较大的动物,灵活性较强,这要求狩猎者有

---

④ 富育光、卉卉:《满族的神谕》,《民族文学研究》1989年第3期,第18页。
⑤ (清)志宽、培宽等编《清文总汇》卷十,第96页。
⑥ (清)志宽、培宽等编《清文总汇》卷九,第44页。
⑦ (清)志宽、培宽等编《清文总汇》卷九,第44页。
⑧ 《清代笔记小说大观》卷五《竹叶亭杂记》,上海古籍出版社,2007,第4821页。
⑨ (清)志宽、培宽等编《清文总汇》卷四,第47页。
⑩ (清)志宽、培宽等编《清文总汇》卷四,第22页。
⑪ (清)志宽、培宽等编《清文总汇》卷四,第64页。
⑫ (清)志宽、培宽等编《清文总汇》卷七,第23页。

很高的骑射水平。同时，大型围猎需要众人参与，对于众人之间的协作能力也有很高的要求。这一传统被满族统治者巧妙利用，通过狩猎达到练习骑射的目的，并以此逐鹿中原，建立起历史上又一个少数民族政权。可见，满族的狩猎文化和骑射文化两者是分不开的，骑射文化源于满族及其祖先狩猎的传统。

第四节　犬马词语文化语义

一　indahūn 犬文化语义

犬在满族人心目中备受尊崇，占有重要地位。满族人敬犬、爱犬之俗，有几方面根源："以犬为祖""义犬救主"及狩猎生活与狗结成的密切关系。

"以犬为祖"是满族及其先人萨满信仰图腾观念的反映。李民寏在《建州闻见录》中记载："犬则胡俗以为始祖，切不宰杀。我国人（指朝鲜人）有挟狗皮者，大恶之云。"[1] 满族及其先人为狩猎养狗之民，在生活中与狗相依相伴，结成相互依赖的密切关系。由受益于狗而生感激、尊崇之情，进而演变为图腾崇拜。敬犬为祖在北方渔猎民族中久有流传，如黑龙江流域的唐代考古遗址曾出土过狗陶俑，居于当地的赫哲（那乃）、奥罗奇民族皆祭祀狗神偶。在涅基达尔人的传说中曾这样描述：天神的助手哈达瓦养过一条狗，狗死后，他取出狗的一条肋骨，由这条肋骨生出的小女孩，便是人类的祖先。在因纽特人中，亦长期传诵着海界女主谢德娜与狗婚配的故事。[2] 满族及其先人对狗崇尚的特殊感情正与此渊源密切相关。

"义犬救主"是满族中有口皆碑的动人传说——黄狗救罕王，罕王即努尔哈赤。据传，努尔哈赤被明兵追杀时，昏睡于荒草甸里，被大火包

---

[1]〔朝〕李民寏:《建州闻见录》，辽宁大学清初史料丛刊本。
[2]〔苏〕阿·帕·奥克拉德尼科夫:《滨海遥远的过去》，莫润先、田大畏译，商务印书馆，1982。

围，是黄狗沾水灭火，拼死相救。努尔哈赤得救了，而黄狗却累死了，老罕王努尔哈赤从此发誓：不许其后人吃狗肉，穿狗皮，戴狗皮帽子。这则传说源于满族先人的图腾崇拜观念，而其根基则是满族及其先人长期狩猎生活中与狗密切相依的关系。

狗是满族狩猎中的忠实助手，满族爱狗的心理是在长期狩猎生活中形成的。狗的作用颇多，除狩猎中发现猎物、追踪猎物、捕获猎物等作用外，日常生活中看门、做伴、运输、通信等亦离不开狗。东北的冬天寒冷漫长，原野大地积满了厚厚的冰雪，人们的行动非常困难。在这样的季节里，狗便充当了重要的运输工具。狗被用来拉雪橇或爬犁，在雪地上飞奔。因而，在《清文总汇》中有"indahūn takūrara""使犬"一词。[①]在满族长篇英雄传说《两世罕王传》中记载了女真首领王杲和蒙古土默特部的通信方法。王杲和土默特回王爷商定了联合出兵事宜后，带走了有九个小狗崽的母狗。过了两个月，王杲把建州兵马准备好，便在母狗的肚子上割了一个小口，把写在刮光的小羊皮上的密信塞到伤口里，以丝布裹好，然后放母狗回去。蒙古王爷从母狗身上得到密信，准时出兵，取得战争的胜利。此即狗的血传通信方式。满族人与狗的特殊感情有时甚至超过人与人之间的情感。如满语中有句谚语：

indahūn ujici nimanggi latumbi,

niyalma ujici senggi latumbi.

此句直译为"养狗沾雪，养人沾血"。[②]其中"nimanggi"（雪）与"senggi"（血）分别为"白""红"之色，满族有尚白贱红之俗，"nimanggi"（雪）象征"吉祥"，而"senggi"（血）则象征"灾难"。此语的喻义为"养狗有恩，养人无恩"。这充分体现了满族崇尚狗的心态，甚至有时已胜过对人的情感。

二 morin 马文化语义

morin"马"与满族及其先人的生产、生活息息相关，是生活中的

[①]（清）志宽、培宽等编《清文总汇》卷二，第 23 页。

[②]《同文广汇全书》卷三《俗语类》，康熙三十二年听松楼藏版。

重要组成部分。满族及其先人是以骁勇剽悍、崇尚骑射而著称的,"马背民族"之称正表明了这一突出的民族特点。李民寏在《建州闻见录》中曾这样描述:"马性则五六昼夜绝不吃草,亦能驰走。女人执鞭驰马,不异于男;十余岁儿童亦能佩弓箭驰逐,少有暇日,则至率妻妾畋猎为事,盖其习俗然也。"[1]满族善骑射之俗源于其所处生态环境与社会经济活动。满族早期社会的主要经济活动为渔猎、畜牧、征战、农业生产等,而morin"马"则是这些活动中重要的、必不可缺的工具,马还是贸易与朝贡的重要物品。由于马在满族社会生活中占有如此重要的地位,而被满族人极为看重。在满语词汇中,有关马的种类、形态、毛色、肢体、牧养、使用等的词语竟达449个之多。[2]其丰富程度实属罕见,足以说明马在满族社会生活中的重要地位。马作为满族人的主要家产,与奴仆处于同等地位,在《满洲实录》中,"家产"二字译作"aha、ulha","aha"为奴仆,"ulha"指牲口牛马。[3]正因为满族人与马有着相互依赖的密切关系,反映在语言中,便出现了"morisa"这一非指人名词的复数现象。[4]重骑射为满族历代之风,女真和满族的皇帝,有不少被称为"马上皇帝"。金世宗"善骑射,国人推为第一"。清代的八旗劲旅,以十万之众击溃六十万明军而统一天下。其取胜与骑射、狩猎之俗是分不开的。据《天咫偶闻》记载:"国家创业,以弧矢威天下,故八旗以骑射为本务。"[5]1636年,满族统治者皇太极还采取了历史上有名的"国语骑射"政策,用以保持本民族的特色。长期的骑射之风,反映在语言中,便出现了大量的相关词语、谚语与民歌。据《五体清文鉴》所载,有关骑射类的词语多达200余个。[6]在谚语中涉及骑射、马的内容非常多,如:

---

[1] 〔朝〕李民寏:《建州闻见录》,辽宁大学清初史料丛刊本。
[2] 《御制五体清文鉴》卷31"马匹类",第4319~4453页。
[3] 清太宗朝《满洲实录》。
[4] 刘景宪、赵阿平等:《关于满语名词复数的研究》,《民族语文》1993年第4期。
[5] 震钧:《天咫偶闻》卷一。
[6] 《御制五体清文鉴》,第906~909、939~958、959~966、967~973、997~1025页。

> 马好在快，人好在稳。不会骑马不要去打猎，不会拉弓不要去打仗。武艺精不精，单看马箭功。拿弓的人忘不了箭，骑马的人忘不了鞍。瘦弱的马就像落地的箭。善马好骑，善人好欺。

还有大量的民歌以"baturu"（巴图鲁、英雄、勇士）与"morin"（马）为主要歌颂内容。如《明年今个再见面》中："柳树倒，柳树歪，柳树底下打擂台。草包饭桶一边站，真个巴图鲁你上来。比骑马，比射箭，七天七夜不吃饭。赢了就跟罕王走，输了回家打头练。练出一身好膀力，明年今个再见面。"还有《出征歌》唱道："八角鼓，响叮当，八面大旗插四方，大旗下，兵成行，我的爱根（eigen 丈夫）在当兵。去出征，去打仗，离别的话儿心中装。拍拍马，拽拽缰，高头大马脖子扬。灰灰叫，铃叮当，爱根回头把我望，挥鞭打马奔前方。"《夸女婿》唱道："停了雨，住了风，村外去挖婆婆丁。婆婆丁，水凌凌，我的爱根去当兵。骑白马，配红缨，扬鞭打马一溜风。三尺箭，四尺马，拉弓射箭响铮铮。敢打虎，能射鹰，你说英雄不英雄。"在反映清初八旗兵丁反击沙俄侵略者的民歌《兵丁就像高粱楂》中描述道："康熙大帝打罗刹，派了五百夸兰达（gūwaran da 营长或大队长），背长弓，骑大马，大酒葫芦腰上挂。马队排了三百里，兵丁就像高粱楂……"从诸多的谚语与民歌中可以看到马的英姿与重要作用。在日常放牧、狩猎中，马是基本工具；在征战称雄时，马则是英雄的翅膀。民族的兴衰存亡，个人的悲欢离合，皆与马息息相关。因而，满族男子以善于骑射或勇于作战来博得"baturu"（英雄、勇士）的称号。《清文总汇》中"baturu"释义：勇强之勇，勇为之勇，勇将。[①] 骏马的勇猛无畏成为满族"baturu"的象征，也是满族英勇善战、所向披靡的民族精神支柱。

在满族萨满信仰中，马被奉为神灵而加以祭祀。满族人的"拴马祭"就是满族人重视马的一个重要表现，人们在祭"马神"时十分庄重、虔诚，反映了"马神"在满族人心中无比崇高的地位。关于满族人的祭马

---

① 《清文总汇》卷四，第 72 页。

活动，乾隆年间的福格在《听雨丛谈》卷十一的"满洲字"中有"祭马神"的相关记载，"今满洲祭祀，有祭马祖者，或刻木为马，联络而悬于祭所，或设神像而祀"[①]。满族向祖先致祭，要进行 morin i jalin wecembi（马祭祀），[②] 这缘于马在满族先民狩猎生活中的重要地位。时至今日，满族的祭祀仍然保留着马祭这个仪式，这既是对祖先的敬仰，也是马在满族人心目中地位的体现。

马祭用的马为神马，此马是家族人共同拴的，在平日里不准乘骑，在拉车的时候禁止妇女乘坐，逢年过节以单槽饲养，并给以好的饲料。神马一般要选三四岁白色或兔黑色的长鬃长尾的去势的公马或儿马。在祭祀开始时，mukūn da（穆昆达）与 saman（擦玛）检查室外马槽，派人刷洗马毛，换新的笼头，并在马尾拴以红色布条。在摆好供品后，擦玛扎腰铃跳神，鼓手打鼓往屋里请马，马头必须朝向佛爷板。祭祀之人要手捧香碟熏马，马打了响鼻后用小槽给马献食、献酒，诵祈语。兹选取《宁古塔瓜儿佳氏祭祀神册》中"马祭"神词，以示说明。

endure weceku i kesi de isibu，hūturi be shangnabu，tere aniyangga，wesihun i haha angga arjaha，yalure morin be yangse sain acabu wecere amsun be berheme faidafi，sain inenggi be sonjofi，weceku be gingguleme wecemi，urgun sebjen alime gaiki.聚众神之福，赐予属某某的男孩，遇见了好的骑马，摆放好祭肉，择取良辰吉日，把神仙敬祭，请神喜悦地接受。

在祭马的祈语过后，引马头朝外，达擦玛领马奔向大槽，将马身上酒杯取下，马祭就结束了。"马祭"是祭祀祖先的一部分，其不仅反映了马在满族人民心目中的地位，而且也反映了马在满族先民生活中的重要作用。

---

① （清）福格：《听雨丛谈》，汪北平点校，中华书局，1999，第220页。
② 《清文总汇》卷九，第25页。

第五节　蛇虎豹词语文化语义

一　meihe 蛇、jabjan 蟒[①] 文化语义

meihe（蛇）、jabjan（蟒）具有神秘、威严的特性，为满族人所崇敬，并被神化。meihe enduri（蛇神）、jabjan enduri（蟒神）是满族动物崇拜的重要神祇。人们视其为百虫中最高的神主，是驱除妖魔、开辟道路、带来光明、保佑四方安宁的保护神。在满族神话中，蛇是唯一能够沟通陆海、天地间联系的大神。蛇与创世大神阿布卡赫赫有着密切的关系，蛇既是阿布卡赫赫的头发，又是其卫士。蛇曾帮阿布卡赫赫与恶神耶路里作战，并救了她的性命。在通古斯族神话中，蛇具有开辟宇宙的神力，并富有同情心，是主宰天和水之神，称为太阳蛇。[②] 传说以前一片汪洋淹没大地时，蛇神在治理洪水中发挥了重要作用。蛇以其睿智武勇与神奇的猛犸一同开凿了河谷，疏浚了洪水。又有传说：最初，在地球上居住着猛犸、蟒和另一些野兽，后来怪物丘卢戈迪出现了，并开始追逐地球上的第一批居民。猛犸与蟒一起同怪物进行了搏斗，现在的地势就是它们进行大规模搏斗的结果。猛犸停足的地方形成了湖泊和沼泽，猛犸用獠牙拱土，向丘卢戈迪抛掷土团的地方出现了高山，蟒在帮助猛犸搏斗时爬过的地方淌出了河流。英雄们将丘卢戈迪推入了水下世界，而自己也离开了地球，进入下界。蟒与极为古老的神力无比的善神猛犸并列，足见其在萨满教众神中享有很高的地位。蛇、蟒在萨满教祭祀中作为主要神灵，为人们所崇拜敬奉。在萨卡奇—阿梁岩壁上，蛇与萨满灵像相并列，反映出蛇神在萨满教信仰中的重要地位。[③]

在满族萨满神谕中，对蛇神、蟒神有诸多赞颂。如请蟒神词道：

[①] 《清文总汇》卷九，第 8 页；卷十，第 19 页。
[②] 富育光、孟慧英：《满族萨满教研究》，北京大学出版社，1991，第 19 页。
[③] 富育光、孟慧英：《满族萨满教研究》，北京大学出版社，1991，第 19 页。

第六章　满语动物词语文化语义

　　萨满在庄严的七星斗前，跪请百虫之首——英勇无比的九尺蟒神乌云德扎布占爷，萨满向蟒神献上族人的虔诚，以充分周到的准备，以迫切的心情，请九尺蟒神降临到七星斗前。

当蟒神附于萨满体后，萨满言道：

　　神蟒统辖着九层天中的三层天，是百虫中最高的神主，其中，金色的蟒神，是身随众神偶来的，银色的蟒神，是带着众蛇神来的，铁青色的蟒神，是带领着师徒和众萨满神来的。

载力在蟒神降临后，便向其唱赞美之辞：

　　大神走过的地方，妖魔惊遁，坦途光明，善来恶避，四方安宁。[①]

　　在萨满祭礼放蟒神时，大萨满面朝天卧七星斗高桌前，双手抱在胸前，鼻子上横着一根燃香，扭动双肩在地面上蠕动向前，如同蟒蛇。萨满以形象化的动作再现出人们所崇敬的这一动物神威严不可侵犯的气质。
　　在神话中，还有蛇、蟒为人祖之说。如古代东海窝稽部人的神话中说，人类初开时是巨蟒与女人之交，才生出人类。在满族著名民间长篇传奇《两世罕王传》中讲述道：满族建州女真民族英雄王杲，其母于晨曦中临渊祝祷，时有神龟天蟒性交，浓雾漫天，口吸精气自孕生杲，英武非凡。这反映了萨满教人蛇相合的古神话观念。在北方萨满教所奉祀的各类天神神偶中，有许多神威无敌的宇宙大神是半人半禽、半人半蛇的合体神偶，这体现出原始人类崇拜神灵并寻求物我同一的强烈愿望与观念。
　　在满族萨满星祭中，亦视蛇为光明、温暖的吉祥物。在萨满星祭的数日内，若偶见蛇从火堆下热洞爬出，视为大吉兆，绝忌践杀。萨满与祭众

---
① 富育光、孟慧英：《满族萨满教研究》，北京大学出版社，1991，第91~92页。

将篝火点得更亮，再杀牲血祭，诚谢苍穹："火蛇来了，冬天不长啦！"这反映出北方高寒地带的满族先民崇尚蛇神与渴求温暖光明的心态。

二 tasha 虎文化语义

tasha（虎）[1]为山林之王、百兽之王，对于长期进行狩猎生产的满族先民有着重要的影响，虎的威武、劲健最为人所称道，满族先民对虎的威猛无比敬畏，将其敬为神崇祀。[2]祈求"虎神"tasha enduri 保狩猎顺利，赐予猎物，并保佑人畜兴旺，连年安康，满族供祭的"山神"即"虎神"。相传，努尔哈赤年轻时跟众人放山，老虎来蹲抡子（吃供品），轮到他当贡品，老虎不但没有吃掉他，反而把他领到一片通红的参地。因此，猎人敬虎为神，不到万不得已时不打老虎。

在满族萨满教祭祀中，虎神作为主要神灵被人看重。虎神分为多种，如 deyere tasha enduri（飞虎神）、biren tasha enduri（母卧虎神）、muhan tasha endure（公坐虎神）、kuri tasha enduri（悬离虎神）、aisin tasha enduri（金虎神）、aba sahaliyan tasha enduri（大黑虎神）等。

虎神的凶猛、威力为人们所敬畏、赞谕，在祭虎神时，载力赞道：

> 你是威武盖世的神祇，百兽之长。你像一股金风扫荡长谷，百花摇曳，新房落土，群峰呼啸，百灵慑服。你的伟力，将庇佑我阖族连年安康，人畜两旺。[3]

萨满在跳虎神时，模仿虎的动作很多，萨满以生动逼真、惟妙惟肖的动作展现了各种虎神的凶猛英姿。如模拟"飞虎神"要上树，呼啸、腾跃、穿行于树木之间，八面威风。"母卧虎神"格外喜欢"抓虎崽子""喂虎崽子"，母虎与虎崽嬉戏，则生动地体现了虎亲子的感人之情。从祭虎神的神辞、神舞中，显露了人们对其崇敬、膜拜的虔诚的宗教心理，同

---

[1] 《清文总汇》卷七，第 20 页。
[2] 富育光、孟慧英：《满族萨满教研究》，北京大学出版社，1991，第 19 页。
[3] 富育光、孟慧英：《满族萨满教研究》，北京大学出版社，1991，第 95~96 页。

时也表达了人们祈求保佑庇护阖族安康的强烈愿望。

虎崇拜亦是阿尔泰语系诸多民族最神圣的动物崇拜。在狩猎民族中几乎没有以猎虎为目的的猎民。如赫哲族中的阿克坚克氏族认为自己是虎的后代，把虎作为图腾予以崇拜。[①] 赫哲人对虎十分尊崇，称虎为"山神爷"，无论什么情况，从不猎虎。若在密林中看见虎的足迹，则马上避开；若在狩猎中偶然遇到虎，则立即丢下猎具，叩头祷告，希望虎神多赐猎物。在达斡尔人、那乃人、埃文基人、乌德盖人的萨满神服上都饰有虎像，显示出虎崇拜的重要地位。在蒙古族、柯尔克孜族的英雄史诗中，都有猛虎护卫英雄作战而大获全胜的描述。如柯尔克孜史诗中英雄玛纳斯与敌人决一死战的时刻，它的保护神——猛虎、熊、狼、蛇、鹿就会于瞬间出现，它们奔跑于英雄的左右，使英雄力量倍增，大获全胜。在蒙古族《格斯尔》中的纳钦汗身边也有猛虎、蟒蛇等做他的护卫。

虎崇拜反映了狩猎生产在满族先民经济生活中所占有的重要地位，亦体现出崇尚威武与勇力的民族性格，这一点在阿尔泰语系诸多民族中是相通的。

三 yarha 豹文化语义

yarha（豹）[②] 为山林猛兽，性似虎，满族先民对其颇具好感，并敬之为神。jihana yarha（金钱豹神）作为最受尊崇的动物神之一，是火神的化身，是光热与生命的象征。在满族萨满教神话《天宫大战》中，记载了一个勇盗天火的 tuwa hūlha（盗火神）女神的故事：

> 洪荒远古，阿布卡恩都里高卧九层天上，呵气成霞，喷火为星，只因性喜酣睡，故而北方寒天、冰河覆地、万物不生。……拖亚拉哈见大地冰厚齐天，无法育子，便私盗阿布卡恩都里心中神火下凡。她怕神火熄灭，就把神火吞进肚里，嫌两脚行走太慢，便以手足助驰。天长日久，终于被烧成虎目、虎耳、豹头、豹尾、豹须、獾身、鹰

[①] 张嘉宾：《试论赫哲人的图腾崇拜》，《黑龙江民族丛刊》1988 年第 3 期，第 81 页。
[②] 《清文总汇》卷十，第 79 页。

爪、猞猁尾的一只怪兽。她四爪踏火云,巨口喷烈焰,驱冰雪,逐寒霜,驰如电闪,光照群山,为大地和人类送来火种,招来春天。①

这则神话生动地将火神与动物神融为一体,反映了满族先民火崇拜与动物崇拜之间的密切关系。满族的金钱豹神祭祀与火祭更生动形象地展现了二者合而为一的神态。

在满族石姓萨满祭祀金钱豹神的神歌中唱道:

久居白山之上,从银色山沟中而降临的金钱豹神。全身火红色,铜钱布满身。如飞降临后,闭灯又灭火,火炭口中含,火花乱飞溅,全身放火星。

在吉林满族杨姓萨满祭祀金钱豹神的神词中唱道:

达苏里哈拉,本家姓杨。喜迎金秋,宴飨神灵。在田野中伸腰,在芦苇中探头。踏着白云,穿过青云,从天而降的是金钱豹神。恭请神灵,随之下凡来,保护众生。请护佑当家之人,四方求教,三方操办。挡住厉鬼,脱离鬼祟。年内日月不吉,奴才身上疾病缠绕。千方百计逃脱病患,请求神灵下凡。厄运尚未制止,请神灵前来承祭。烟气缭绕焚起安春香,再把年祈香添上。②

在放金钱豹神时,萨满模仿金钱豹的动作爬行到神堂,此时神堂前灯火熄灭,仅燃香火。然后将事先用柳条烧成的炭块放在大盆中点燃,再用火筷子夹起火炭放入大萨满口中。大萨满模仿金钱豹的动作,跳跃舞蹈,并不时吹、喷口中的炭火,出现彩带般的火星,似喷火的豹神下凡。金钱豹作为火神的化身,将火种带向人间,为人们驱走冰雪、严寒,送

---

① 富育光、孟慧英:《满族萨满教研究》,北京大学出版社,1991,第21页。
② 石光伟、刘厚生编著《满族萨满跳神研究》,吉林文史出版社,1992,第242页。

来光热；挡住鬼祟、病魔，保佑平安。萨满模拟金钱豹的神态，充分表达了人们对金钱豹与火的崇拜敬仰。

在满族神话故事中，亦有赞颂金钱豹神的故事《阿达格恩都哩》。传说早先在温特哈拉部落有一位保护神叫阿达格，这位神是金钱豹神。其父亲是金钱豹，母亲是温特哈拉部落的一个美丽姑娘。阿达格人面豹子身，喊一声能震动山谷。后来阿达格父母被天神召到天上负责镇守山口，临行前将金钱豹皮留给阿达格，告知这是一件宝皮，能镇妖除邪保平安、救万民。豹皮上有百朵黑花，每朵黑花都能消灭妖魔，保佑平安。阿达格的父母提醒他千万记住，用到九十九朵时，要吞下最后一朵，然后穿上豹皮，他们会来接他升天。阿达格自父母升天后，专治恶魔妖怪，保护人们。阿达格镇妖九十九起，天神知道后，非常高兴，命阿达格父母接阿达格上天，当镇妖神。可当阿达格要吞下最后一朵黑花准备上天时，恶魔的弟子又推着冰山来残害百姓。阿达格看着受苦的乡亲与推着冰山的恶魔，向父母斩钉截铁地说："我宁可不上天，也不叫恶魔害良民！"说完，抛出最后一朵黑花，顿时真火升起烧化冰山，恶魔弟子被活活烧死。而阿达格却被金钱豹皮紧紧裹住，一打滚变成一只金钱豹，他向二老拜了几拜，向乡亲们点了点头，一步一步向森林走去。因此，至今有不少满族哈拉仍然祭祀这位金钱豹神。[1]

金钱豹神崇拜充分体现了满族先民对火与光热的渴望，对除妖镇魔的保护神的敬崇膜拜。

以上对满语中与满族先民社会经济生产、生活密切相关且具有重要作用的主要动物词语的文化含义的探析、揭示，使我们深入了解到满族先民所处生态环境、重要社会经济生产活动、精神文化生活的主要特征及其相互间的密切关系。从中可以看到原始初民在大自然面前，除表现出恐惧和软弱的一面之外，还有为求得生存而向大自然索取抗争的一面。自然界是原始初民赖以生存的物质前提和基础，同时，十分低下的生产力，使他们感到自然界力量的威慑而恐惧。"人在自己的发展中得到了其他实

---

[1] 傅英仁搜集整理《满族神话故事》，北方文艺出版社，1985。

体的支持，但这些实体不是高级的实体，不是天使，而是低级的实体，是动物。由此就产生了动物的崇拜。"[1] "最初人是按照动物的样子创造神的。"[2] 对于凶禽猛兽，如 giyahūn（鹰）、damin（雕）、meihe（蛇）、jabjan（蟒）、tasha（虎）、yarha（豹）、aidagan（野猪）等，原始初民既惧怕，又幻想获得其威力与灵性，由此将它们神化。动物崇拜充分反映出原始初民在艰险环境中求生存的强烈愿望，同时亦彰显了满族先民勇猛尚武的强悍性格与民族精神。对于忠诚、善良的动物，如 morin（马）、indahūn（狗）、buhū（鹿）、gaha（乌鸦）等，满族先民无比崇尚、珍爱，反映了这些动物与满族先民物质生产的密切关系，更体现出满族先民崇尚忠诚善良的美好品德。正是满族先民世代相传的民族精神具有的崇尚勇武、富于献身、追求吉祥光明、希求和平善良、无畏无惧、以小胜大的特征，构成了满族迅速崛起并于中国历史舞台上叱咤风云的内在文化因素。

---

[1] 《马克思恩格斯全集》第27卷，人民出版社，1972，第63页。
[2] 《普列汉诺夫哲学著作选集》第三卷，生活·读书·新知三联书店，1962，第387页。

第七章 满语词汇语义发展变迁

满语是满族社会组织的产物,是随着满族社会发展的进程而不断演变的,所以满语应该被看作满族社会意识形态的一种。"一时代的客观社会生活,决定了那时代的语言内容;也可以说,语言的内容在足以反映出某一时代社会生活的各面影。社会的现象,由经济生活到全部社会意识,都沉淀在语言里面。"[①] 不仅如此,法国著名的生理学家贝尔纳曾指出:"语言是洞察人类心智的最好的窗口。"[②] 经由语言,我们可以探讨人类物质生活和精神生活的各个方面。

第一节 政治词语语义发展

清朝是我国历史上最后一个封建王朝,作为最高统治者的清朝皇帝出于加强中央集权,削弱、分化大臣权力,以防权臣专权的目的,结合自身民族特点在明代官制的基础上建立了一套有别于以前各朝的官制。总体来看,清代官制机构主要有承袭明制与独创两个特点。其中清代中央行政机构及官职名称体现得尤为明显。

其一,承袭明制。与先前满族的一些文化相比,明代先进的中原文化必然更加符合当时的统治与时代潮流,因此清入关前后所设立的一些中央行政机构及官职名称与明如此相似也就不足为奇了,如大理寺、太常寺、

[①] 罗常培:《语言与文化》,语文出版社,1989,第88页。
[②] 转引自伍铁平《从语言学的领先地位谈到它在方法论上对哲学研究的意义》,《北京师范大学学报》1988年第3期。

鸿胪寺、国子监、翰林院等等。但承袭并非意味着完全照搬，这里同样也有部分创新（某些机构和名称为明朝所没有），而创新的源泉就来自于清入关前后特有的制度——八旗制度，其中比较有代表性的就是皇太极于天聪五年（1631）设立的六部。

其二，清朝独创。这里所说的独创按时间可以分为两类，一是入关前设立的，二是入关后设立的。入关前有包括后金这样的民族统治政权设立的具有奴隶制色彩的议政王大臣、和硕贝勒等机构及官职名称，而入关后则有清朝完全封建化的军机处、内务府、宗人府等中央行政机构及官职名称。

接下来笔者将以入关前与入关后这两个时间段为切入点，从满汉词语的对照入手来探讨其官制特点，进而说明当时满汉文化相互之间的关系。

一 入关前设立的中央行政机构及官职

（一）内阁机构及官职名称

虽然内阁机构及官职设立于入关前，但不可否认的是它一直贯穿于清代多个时期，因此其与汉文化的融合也就不可避免。以下所探讨、揭示的内阁机构及官职词语都是颇具代表性的，主要有 hebe i amban（议政大臣）、hebe i wang de（议政王大臣会议）、hošo i beile（和硕贝勒）、jargūci（扎尔固齐）、bithe i boo（文馆）、baksi（巴克什）、dorgi ilan yamun（内三院）、dorgi yamun（内阁）、aliha da（大学士）、aisilame icihiyara aliha bithei da（协办大学士）等等。从这些满语词中我们不难看出内阁机构及官职的民族性与汉文化结合后的特点。

hebe i amban（议政大臣）、hebe i wang de（议政王大臣会议）、hošo i beile（和硕贝勒）、jargūci（扎尔固齐）是努尔哈赤和皇太极时期设立的几个比较重要的中央行政机构与官职，主要为其独创，民族色彩较为浓厚。

1. hebe i amban 议政大臣

hebe i wang de 议政王大臣会议

第七章　满语词汇语义发展变迁

议政大臣又称黑白按班，其汉名为议政大臣，平时主要参与国家军国大政的谋划。早在努尔哈赤时期，此官职名就已现端倪，主要由八旗固山额真（gūsa i ejen）兼任。其后的皇太极时期，议政大臣逐渐成为一个比较正式的职衔，如："崇德二年（1637），皇太极命固山贝子尼堪等与议政事，每旗设三员，以巩阿岱等为议政大臣，在其左右及贝勒之前参议国家大事。"[①]说到这里，笔者就不得不提一下议政王大臣会议了。这是满族上层贵族参与处理国政的制度，主要由议政大臣组成。最初议政王大臣会议权力很大，其决策皇帝是不能更改的，甚至都有权决定皇帝的继承，皇太极的即位就是一个很好的例子。早期像多尔衮、鳌拜这样的权臣都是议政王大臣会议的成员，总理国政。但伴随着清朝入关后皇帝加强封建专制统治，议政大臣渐渐丧失了权力，成为皇帝的附庸。如入关后增加蒙古八旗的固山额真以及六部尚书为议政大臣，表面上看是参与政务的人多了，实质上是对诸王贝勒特权的削弱，避免少数人权力过大；还有就是内阁与军机处的出现等。到了乾隆五十六年（1791），议政大臣的职名被取消，议政王大臣会议自然也随之退出了历史舞台。在笔者看来，议政大臣与议政王大臣会议的取消是清朝建立统一国家封建政权的必然结果，因为封建统治很大程度上也就意味着皇权专制的逐渐确立，而皇权的集中必然意味着臣权的削弱，所以它们权力的逐渐丧失也就不足为奇了。

2. hošo i beile 和硕贝勒

"hošo"一词的意思为："四方之方，方隅，东南、西南、东北、西北四角之角。"[②]由此可见，它主要是一个方位词。但是 hošo 与专主一旗的贝勒联系在一起就有了新的含义，可指代某一旗，也是清代早期封号。清代早期习惯在爵位、封号之前加上"和硕"一词，以显示权力与地位，例如和硕多罗亲王（hošo i doronggo cin wang）、和硕墨尔根戴青贝勒（hošo i mergen daicing beile）。虽然和硕贝勒系清代早期的封号，但另一方面其也是一个重要官职，因为他同样是议政大臣中的重要成员，如

[①] 商鸿逵等编著《清史满语辞典》，上海古籍出版社，1990，第120页。
[②] 商鸿逵等编著《清史满语辞典》，上海古籍出版社，1990，第113页。

《东华录·天命四》记载：天命七年（1622）三月，更明定皇子八人为和硕贝勒，共议国政。但随着时间的推移，"和硕"一词被取消，贝勒也仅仅成为清仿明制封爵后的爵号，其展现的权力与地位已不能和清代早期相比。

3.jargūci 扎尔固齐

扎尔固齐借自蒙语，汉语意思为理事官，其主要的职能是职掌案件的初审。明万历四十三年（1615），努尔哈赤设置理讼听证大臣五人，并设扎尔固齐十人佐理。凡有听断之事，先经扎尔固齐十人审问，转交五大臣，五大臣再审，而后报告给贝勒。在笔者看来，扎尔固齐的职能与明清时期的大理寺卿类似，不同的是它有很强的民族政权色彩，这也意味着它存在的时间不会长久。天命十一年（1626），皇太极设立了十六佐管大臣和十六调遣大臣，正式标志了扎尔固齐的废止。

4. bithe i boo 文馆

baksi　　巴克什

天聪三年（1629），皇太极设立文馆 bithe i boo（书房），并把文馆里的 baksi（文臣）分为两班。"命巴克什达海同笔帖式刚林、苏开、顾尔马浑、托布戚等四人翻译汉字书籍，巴克什库尔缠同笔帖式吴巴什、查素喀、胡球、詹霸等四人记注本朝政事，以昭信史。"[①] 由此可见文馆的职能：一是翻译汉文典籍，二是记录本朝政事。实际上，文馆就是皇太极的政治咨询机关，即内阁最早的雏形，是受当时明朝的影响而设立的。但这时的文馆还并非中央一级行政机构，馆内人员也是数额不定，并且没有首长。

5. dorgi ilan yamun 内三院

内三院于崇德元年（1636）设立，包括内国史院、内秘书院、内弘文院三个机构，其具体职能是：内国史院，负责记录饮食起居、撰拟诏令、

---

① （清）蒋良骐：《东华录》，林树惠、傅贵九校点，中华书局，1980，第23页。

纂修实录等；内秘书院，负责撰写与外藩之间的往来书信、记录各机构的奏疏等；内弘文院，负责注释历代行事的好坏、颁布各种制度等。此时其已经初具内阁的规模，由此可见内三院的进步。此外，内三院的官制这时较之文馆也有了一些变动，那就是正式出现了首长——大学士。三院共大学士四人，学士五人，分别由满人、汉人、蒙古人担任。这时内三院正式成为中央一级的行政机构。值得一提的是，内三院跨了入关前与入关后两个时间段，入关后的内三院较之入关前又有了些变化，如顺治二年（1645）与翰林院的合并、顺治六年（1649）侍读学士与侍讲学士的增加以及顺治八年（1651）大学士品级的确定等等。

6. dorgi yamun 内阁

aliha da　　大学士

aisilame icihiyara aliha bithei da　　协办大学士

dorgi yamun i ashan i bithei da　　内阁学士

"内阁"一词满语音译为多尔吉衙门，设立于顺治十五年（1658），是清入关后帮助皇帝处理国政重要的中央行政机构。虽然内阁在此后经历了两次裁撤，但其最后还是在康熙九年（1670）正式确定下来，成为定制。

内阁设有大学士（aliha da）、协办大学士（aisilame icihiyara aliha bithei da）、内阁学士（dorgi yamun i ashan i bithei da）、内阁侍读（dorgi yamun i adaha bithei da）等等。其中大学士（满语称为阿里喀达，汉字为中堂）一般兼殿阁衔，分为满汉两种，品级为正一品，地位好比明朝时的丞相，十分崇高。协办大学士为大学士的副职，主要职能是协助大学士处理内阁事务，"最早为雍正元年至五年间（1723~1727）有署大学士。二年有协理大学士。六年又有额外大学士。十年至十三年（1732~1735）复设有协理大学士。到乾隆四年（1739）才有协办大学士，以后并改为常设。其品级，比大学士稍低，为从一品"[①]。剩下的侍读学士、学士、中书等稍微低一级的官员都在内阁以下的机构内任职。总体来

---

① 张德泽：《清代国家机关考略》，中国人民大学出版社，1981，第5页。

看，虽然清代内阁名义上是中央行政中枢机关，但却并无实权，无形中造就了在清朝统治时期内皇权与阁权的相安无事，这和明朝后期皇权与阁权的激烈斗争形成了鲜明对比。由此可见，清朝统治者完全吸取了明朝的教训，成功压住了阁权，将内阁真正变成了皇帝的顾问机构，进而把中国封建君主专制统治推向了顶峰。最后，内阁在乾隆之后逐步被削弱，并于宣统三年（1911）四月被废止。

bithe i boo（文馆）、dorgi ilan yamun（内三院）、dorgi yamun（内阁）这三个机构虽然其中有过反复（这里指内三院与内阁名称的变换），但总的来看是一脉相承的。如果非要找出它们三者的不同，在笔者看来，那就是受汉文化影响的深浅不同。文馆与内三院都是入关前设立的，受汉文化影响程度不深，自然各方面都十分简单；而内阁受汉文化影响程度比较深，各部及官职分工较之文馆与内三院更加明确，规模也更加完备。

（二）六部机构及官职名称

虽然清代六部是以明代官制为蓝本设立的，其职掌也相近，但就总体而言，明清两代的六部还是有很多不同的。当然我们这里所说的不同主要还是体现在入关前满族社会的一种特有的制度——八旗制度在六部内的渗透，而相比入关前，入关后的六部则更为接近明代六部。它们满语的书写形式分别为：

hafan i jurgan	吏部	biogon i jurgan	户部
dorolon i jurgan	礼部	cooha i jurgan	兵部
beidere jurgan	刑部	weilere jurgan	工部

值得一提的是入关前后的一些官职职掌有了很大的改变。

1. 贝勒（beile），天聪五年开始总理部务，其中贝勒多为各旗旗主。顺治元年停贝勒总理部务。

2. 承政——尚书（aliha amban）

3. 参政——侍郎（ashan i amban）

4. 理事官——郎中（icihiyara hafan）

5. 副理事官——员外郎（aisilabukū hafan）

6. 额哲库——主事（ejekū hafan）

7. 启心郎（mujilen bahanabukū），清朝独创官职，其职能是通过校理汉典籍来沟通满汉关系，顺治十五年裁撤。

8. 笔帖式（bithesi），前身为巴克什，后来在1631年改称笔帖式，亦为清朝独创官职，主要记录档案、翻译等，一直沿用到清末。

（三）管理民族事务机构

理藩院为清代管理少数民族事务的中央行政机构，乃清朝独创。最初设有蒙古衙门（monggo jurgan），后于崇德三年（1638）改名为理藩院（tulergi golo be dasara jurgan）。两词的意思分别为"蒙古衙门"与"处理外藩事务衙门"。如果非要分出两者的区别，笔者主要认为有两点。

一是管理范围的大小。当时蒙古衙门主要是为了处理蒙古事务而设立的，而理藩院则是在蒙古衙门的基础上将管理范围扩大到了蒙古以外的少数民族地区。这种范围上的扩大在一定程度上也就意味着清王朝对各民族统治程度的加深以及统一多民族国家正在逐步形成。

二是下属机构与官职的多少。入关后，理藩院较之蒙古衙门（入关前的理藩院）在下属机构与官职的数量上有了很大的增加，分工也更加明确了。

二 入关后设立的中央行政机构及官职

虽然清入关后设立的中央行政机构及官职也有独创，但总体来看，其大都是通过沿袭明制而设立的，民族特色较之入关前也有所淡化。

1. 军机处机构及官职名称

军机处（coohai nashūn i ba），全名为"办理军机事务处"（coohai nashūn i baita be icihiyara ba），设立于雍正七年（1730），为清代独创。虽然在乾隆年间经历了一次裁撤风波，但军机处还是存在了一百八十多年，直到宣统三年被撤废。

cooha：军事，有关军事的。nashūn：事机、情况。ba：地方。我们把军机处的满文词语分开来看就很容易发现它的职能是处理军务。当然了，处理军务只是其在初设时的职能，虽然随着时间的推移，军机处的职能也进一步扩大，甚至权力还超过了内阁，成为职掌国家大政重要的中央行政机构，但军机处大多是按皇帝的命令来处理政务。张德泽在《清代国家机关考略》里将军机处的职能总结为以下几个："拟写皇帝发布的谕旨；办理皇帝交议的大政；审办大狱案件；奏补文武官员；考查行军之山川道里与兵马钱粮；查考大典旧案与考证历史事件。"[1] 因此，我们不难看出军机处绝对服从皇帝的特点。

与其他行政机构相比，军机处的职官设置显得尤为简单。主要有军机大臣（coohai nashūn i amban）与军机章京（coohai nashūn i janggin），而这样的职官设置往往会发展为权力过于集中，进而威胁到皇权。但清朝皇帝却很好地处理了这一点，例如军机大臣与军机章京都由满汉大学士、尚书、侍郎等兼任，不设定额的军机大臣，亲王不担任军机大臣，等等。自然，军机大臣、军机章京也就与军机处一样，只是清朝皇帝维护统治的工具而已。

2. 内务府机构及官职名称

内务府（boo i amban i yamun）全称为总管内务府衙门，是直接为皇帝及其家族服务并管理宫廷事务的机构。

虽然内务府设立于顺治时期，但其与满族社会一项特有的制度——包衣（booi）制度却渊源极深。"包衣"在《清史满语辞典》中的解释为：家的、家人，指给使的奴仆。[2] 早在努尔哈赤时期，包衣就已经出现了，其主要来源包括俘虏、投充之人等等。其实那时的包衣说白了就是为主人世代服役的奴仆，毫无特权可言，而这种情况在入关后有了极大的改善。包衣被分成了两部分：一部分为上三旗（内府三旗）服务，隶属内务府；另一部分为下五旗服务，隶属各个王府。另外，他们也可以拥有自己的财产，甚至还可以做官，但就整体而言，还是内务府的包衣地位更高，待

---

[1] 张德泽：《清代国家机关考略》，中国人民大学出版社，1981，第25~26页。
[2] 商鸿逵等编著《清史满语辞典》，上海古籍出版社，1990，第34页。

遇更好。由于是为皇族及其家族服务的专门机构，内务府存在的时间更长一些，一直到了民国十三年，内务府才随着溥仪的被逐而消失。

内务府总管（boo i amban）又称为包衣昂邦，汉语意思为家内之臣，是管理内务府事务的最高官员。品级为正二品，无定员，"由侍卫、府属郎中、内三院（内务府所属上驷院、武备院、奉宸苑，非清初之内三院）卿内简用，或以王公、内大臣、尚书、侍郎兼任"[1]。其下设有堂郎中主事、各司员外郎主事、笔帖式等等。

虽然内务府在很大程度上起源于满族的包衣制度，但我们并不能完全把它当作清代独创，因为换个角度来说，内务府也可以说是参考明朝二十四衙门而设立的，因为它下属的一些部院是沿明制而设的。此外，内务府还曾被十三衙门所取代。在很大程度上来说，内务府也可以说是满汉文化融合的产物。

3.翰林院及相关机构

翰林院（bithei yamun），顺治元年（1644）沿明制设立，初期并非独立的行政机构，而是与内三院合并在一起，其间还经历了两次裁撤（顺治二年、顺治十八年）。直到康熙九年（1670），翰林院才再次成为独立的中央行政机构。

翰林院的职官设置具体为："翰林院掌院学士，兼礼部侍郎，满、汉各一人，从二品。侍读学士，满汉各三人，从四品。侍讲学士，满、汉各三人，从四品。侍读，满、汉各三人，从五品。……笔帖式，满四十人，汉军四人。"[2] 其主要职掌经筵日讲，入值侍班、暂摄批本等事，而这些职能与内阁还颇有些相似之处。

此外，翰林院下设国史馆（gurun i suduri kuren）、起居注馆（ilire tere be ejere yamun）、庶常馆（geren giltusi be tacibure kuren）三个附属机构。它们职掌的分别为：纂修清朝国史之事；记录皇帝言行，编纂起居注；深造新进士。其中庶常馆是沿明制所设，而国史馆与起居注馆

---

[1] 张德泽：《清代国家机关考略》，中国人民大学出版社，1981，第174页。
[2] （清）黄本骥编《历代职官表》，上海古籍出版社，1965，第115页。

则是清入关后的独创。其实不论是沿袭还是独创，这三个机构很大程度上都是在吸收汉文化的基础上设立的。

4. 其他沿袭明制建立的中央行政机构

总体来看，这部分的中央行政机构与明朝时期相比各方面都没有太大的变化，因此笔者只将机构满汉名称列举出来，以供参考。

dasan be hafumbure yamun	通政使司
beiden be tuwancihiyara yamun	大理寺
gurun i juse be hūwašahabure yamun	国子监
oktosi be kadalara yamun	太医院
uksun be kadalara yamun	宗人府
dergi gurung ni baita be aliha yamun	詹事府
wecen i baita be aliha yamn	太常寺
adun be kadalara yamun	太仆寺
adun i yamun	上驷院
sarin be dagilara yamun	光禄寺
doro jorire yamun	鸿胪寺

通过对清代中央行政机构官制词语的分析，我们不难看出清代中央行政机构及官职只是当时满汉文化相互影响、融合的一个缩影罢了，这里既有汉文化对满文化的影响（如入关后一些沿袭明制设立的机构：通政使司、太常寺、鸿胪寺等等），又有满文化对汉文化的渗透（如六部、内务府的设立）。就其他方面而言，还有很多地方也都能体现这一特点。现在有些观点往往认为满文化是愚昧落后的，其实这是片面地看问题。诚然，我们不否认他们有一些落后的遗存，但在入关前后的一段时间里基本摒弃了这些遗存，同时还在吸收汉文化基础上对其他民族的文化采取了尊重与兼容并蓄的态度，因此造就了清朝时期中华民族文化的多样性。总之，满文化是中华民族文化的重要组成部分，其对中华民族文化的发展繁荣做出了应有的贡献。

第二节　文化观念词语语义变迁

满语名号是清代统治者赐予有功之臣的一种美称，主要包括赐号、谥号。名号是对一个人一定时期内或一生功绩的总结，很显然是一种价值评价，另外，名号赐予者多为社会上层，他们的好恶在一定程度上又影响着社会的价值取向。"语言既然是文化的表现形式，文化的发展变化就不可能不在语言中有所表现。"[①]1616年努尔哈赤建立了"后金"，顺治元年（1644），以满族为主的清军打过山海关，入驻京师，成为统治全国的中央政权。入关前后满语名号呈现出了明显的阶段性特点。本节以满语名号的变化为线索，从入关前后名号的文化倾向性阐释满族价值取向的变迁。

一　满族入关前崇尚蒙古族文化

女真与蒙古族人民犬牙相错而居，彼此之间的文化交往源远流长。努尔哈赤以明代东北一酋长的身份统一东北一隅，为满族与其他民族的交往奠定了一定的政治基础。努尔哈赤制订了联蒙政策，自此后"善待蒙古，结为姻亲，联为羽翼，资彼之力，建立巩固的满蒙联盟，是后金—清的基本国策之一"[②]。这一国策在促进满族与蒙古族之间的文化交流的同时，使清入关前的文化具有蒙古族文化倾向性，而这种文化倾向性充分体现在满语的名号中。

借词乃是民族间相互接触、交往的过程中相互借用的词语，是民族间文化交往的活化石。正如戴昭铭先生所言，"民族文化交流的先导也是语言，没有语言和语言之间的翻译就无法进行文化交流。语言的翻译实际上是语言符号形式的转换和意义的借入。在这种转换和借入过程中也为译语一方带来了外族文化"[③]。

[①] 戴昭铭：《文化语言学导论》，语文出版社，1996，第27页。
[②] 周远廉：《清朝兴起史》，吉林文史出版社，1986，第299页。
[③] 戴昭铭：《文化语言学导论》，第27页。

据笔者统计，清入关前的赐号主要借自蒙古语和蒙古族职官名称。满语赐号借自蒙古语名号主要有 cing baturu（青巴图鲁）、guying baturu（古英巴图鲁）、šongkoro（硕翁科罗巴图鲁）、mergen（墨尔根）。

cing baturu（青巴图鲁），cing（青），借自蒙古语，义为"诚、诚心的"。

mergen（墨尔根，亦作墨儿根、默儿根、莫尔根、墨勒根、莫尔棍），借自蒙古语，汉义为"贤、智、贤明、睿、神枪手"。

guyeng baturu（古英巴图鲁）。guyeng（古英）借自蒙语，义为"（马驴等牲畜眼上长的）赘疣"。

满语赐号借自蒙古职官名称的主要有 darhan（达尔汉）、baturu（巴图鲁）、jinong（济农）、joriktu（卓礼克图）。

满语 darhan（达尔汉）系借自蒙语，义为"神圣的"。能得此赐号者，一般为"平民或奴隶因军功及其他勋劳而被主人解放之人。此种人可免除徭役赋税，并享受一些特权"[①]。

jinong（济农）在《蒙汉大字典》中的解释为：①古代蒙古封建贵族的称号之一，或写作"吉农""吉囊"；②统帅；③济农（负责成吉思汗祭祀事务的人）。满语 jinong（济农）"借自蒙古语。初用于明宣德八年。明人记载中写作'吉能'、'吉囊'。济农为专予蒙古王公的赐号。天聪二年（1628）四月，皇太极赐敖汉部额驸琐诺木杜稜号济农。康熙年间废弃"[②]。

兹做具体阐释，此部分蒙古语的解释均出自《清史满语辞典》和《蒙汉大字典》。

"东北女真地区从大蒙古国开始建立起就处于蒙古势力范围之内，虽然在明初的一段时间内明朝的势力推进到整个女真故地，但 15 世纪中期至 16 世纪中后期努尔哈赤崛起之前，女真各部或处于被蒙古征服（如脱脱不花可汗时期），或在其政治压力下进行供赋（如图们札萨克图汗时期）的状态，在政治和文化上难免不受蒙古的影响。"[③] 纵观 baturu（巴图鲁）

---

① 商鸿逵等编著《清史满语辞典》，第 50 页。
② 商鸿逵等编著《清史满语辞典》，第 128 页。
③ 哈斯巴根：《清早期扎尔固齐官号探究——从满蒙关系谈起》，《满语研究》2011 年第 1 期，第 72 页。

赐号中的这些蒙古语借词，其词义主要集中在勇猛、果敢这一语义场上，这说明满族在与蒙古族的长期交往过程中，主要吸纳了蒙古族骁勇善战的尚武文化因素。

满族作为狩猎民族，与游牧的蒙古族有着相似的生活方式，所以两个民族在价值取向上有一定的相似性。蒙古族有着较强的军事实力，且与明朝也有矛盾，故清入关以前，在政治、军事上都要依附蒙古王公贵族的支持。清初统治者为了拉拢蒙古王公，便赐予蒙古王公蒙古语名号，在文化值取向上也更倾向于蒙古族文化，所以清代入关前的名号具有以蒙古族名号命名的倾向性。依据蒙古文创制满文就是蒙古文化对满族文化影响的最好的证明。

后金时期，统治者对蒙古文化的倾向性与对中原儒家文化的态度形成了鲜明的对比，"清太祖努尔哈赤时期对儒学的体认甚浅，甚至有俘获儒生以后立即处死的极端行为"[①]。

清太宗皇太极认识到，"自古国家，文武并用，以武功勘祸乱，以文教佐太平"[②]。出于统治的需要，他对儒学的态度才稍有改变。天聪三年（1629），设立文馆，"命儒臣分为两直，巴克什达海同笔帖式刚林、苏开、顾尔马浑、拖布戚等四人，翻译汉字书籍；巴克什库尔缠同笔帖式吴巴什、查素喀、胡球、詹霸等四人，记注本朝政事"[③]。且于同年举行儒生考试，选拔汉人儒生为其统治服务。

天聪五年（1631），针对"诸贝勒、大臣，因溺爱子弟不令就学，或谓我国虽不读书，亦未尝误事"等现象，皇太极下令诸贝勒、大臣子弟读书，并强调儒家义理对国家治理的重要性："独不思昔我兵之弃滦州，皆由永平驻守贝勒失于援助，遂至永平、遵化、迁安等城相继而弃，岂非未尝学问、不明义理之故乎？今我兵围明大凌河城，经四越月，人皆相食，犹以死守。虽援兵尽败，凌河已降，而锦州、松山、杏山，犹不忍委弃

[①] 陈东：《清代经筵制度研究》，博士学位论文，山东大学，2006。
[②] 《清太宗实录》，中华书局，1985~1987年影印本。
[③] 《清太宗实录》。

而去者，岂非读书明道理，为朝廷尽忠之故乎？"①1636年，清太宗皇太极改年号为崇德（wesihun erdemungge）。年号本身说明皇太极已经认识到了儒家仁德思想对巩固其统治的重要性。

但是，崇德元年十一月，皇太极集诸王、贝勒、大臣等于翔凤楼，让内弘文院大臣读《金世宗本纪》。在总体评价金代皇帝优劣后，吐露自己不能完全接受汉族文化的顾虑："先是，儒巨巴克什、达海、库尔禅等，屡劝朕改满洲衣冠效汉人服饰制度，朕不从。辄以为朕不纳谏，朕试设为比喻，如我等于此聚集，宽衣大袖，左佩矢，右抉弓，忽遇硕翁科罗巴图普劳萨挺身突入，我等能御之乎？若废骑射，宽衣大袖，待他人割肉而后食，与尚左手之人，何以异那？朕发此言，实为子孙万世之计也。在朕身岂有变更之理？恐子孙忘旧制，废骑射以效汉人俗，故常切此虑耳。"② 由此可知，皇太极对于儒家文化的重要性虽有一定的认识，但心中仍存芥蒂。

综上所述，清在入关以前，文化上是倾向于蒙古族文化的，这一点从满语名号的构成上得以体现。

二 满族入关后崇尚儒家文化

自汉武帝"罢黜百家，独尊儒术"，儒家学说一跃成为中国封建社会的主要统治思想，成为汉族传统文化的核心。孔子作为"圣人"也备受统治者及中原民众的敬仰，所以要尊重汉族传统文化，首先必须尊孔崇儒。满族入关后，为了统治的需要，清代统治者的思想观念也在逐步转变，并逐步接受儒家思想文化。

1. 尊孔崇儒

清代统治者转变观念是从尊孔开始的，顺治皇帝袭封孔子后裔孔允植为"衍圣公"，首开清代尊孔之例。不仅如此，为了更好地学习儒家思想文化，顺治十二年开设了日讲。但是有的学者认为，"顺治十二年（1655）

---

① 《清太宗实录》。
② 《清太宗实录》。

开始的日讲日期比较随意。因为文华殿尚未建成，日讲场地不定，顺治帝首次日讲并没有坚持多少时日"①。

不仅如此，顺治十四年（1657），还举行了经筵大典，经筵主要是指为皇帝专设的讲经论史的御前讲席，是皇帝学习儒家文化的教育形式之一。关于此事，史书载："经筵大典始于顺治十四年至咸丰十年（1860），圣祖仁皇帝生知好古，终始典学。顺治九年题准，每岁春秋各举经筵一次。大学士知筵学事。……十四年议准，每年春秋二次举行。"②由此可见顺治帝对于儒家经典的重视。

康熙八年（1669）四月十五日，康熙为了彰显自己尊孔崇儒的决心，不顾鳌拜等的阻挠，首次去国子监视学，举行了临雍大典，③恢复了顺治朝所定的孔子、曾子、颜回、子思、孟子等圣人子孙送监读书的"圣裔监生例"，亲自指定了孔兴询等15人到国子监学习。鳌拜被铲除后，康熙更是不遗余力地推行其尊孔崇儒的政策，在宫中特建传心殿，专祀孔子。康熙二十二年（1683）十一月，康熙第一次南巡，亲诣孔庙参谒，并行三跪九叩大礼，特赐"万世师表"匾额，悬挂于大成殿，并决定重修孔庙。他还亲自撰写孔子、孟子、周公庙的碑文，以及孔子、颜回、曾子、子思、孟子的赞文。④

雍正帝即位后，为了确保统治的合法性、正统性，继续推行尊孔崇儒的政策，尤其是儒家礼制。雍正在上谕中就称孔子为"道冠古今，德参天地；树百王之模范，立万世之宗师"⑤。雍正对孔子的地位给予高度评价的同时，还将孔子的先世五代均封以王爵，故有学者认为"清代其实是历代最崇儒的王朝"⑥。满族人虽然是后来的认同者，但掌握儒家文化的程度却比较高，如康熙与乾隆两位皇帝，他们的儒家文化修养，远远高于

---

① 陈东：《清代经筵制度研究》，博士学位论文，山东大学，2006。
② 《大清会典（雍正朝）》，文海出版社，2000，第3877页。
③ 《圣祖仁皇帝实录》，中华书局，1985~1987年影印本。
④ 《圣祖仁皇帝实录》。
⑤ 《世宗宪皇帝实录》，中华书局，1985年影印本。
⑥ 孙隆基：《清季民族主义与黄帝崇拜之发明》，《历史研究》2000年第3期，第76页。

一般的汉族皇帝。

据学者考证，清代经筵进是用满、汉两种语言进讲，"讲内容完全局限于四书、五经。五经之中其实也只讲《尚书》和《易经》。真正伴有日讲的经筵只有康熙时期短短的十五年（康熙十年至二十五年）。康熙日讲内容也主要是四书，另外再加上《春秋》和《通鉴》。如此而已"①。另据学者统计，有清一代的经筵次数分别为："康熙帝在位 61 年，御经筵60 次。"②"嘉庆皇帝在位 25 年，共御经筵 24 次（包括嘉庆三年的 1 次临雍）。"③"道光帝在位 30 年,御经筵 26 次（含道光三年 1 次临雍）。""咸丰帝在位 11 年，共御经筵 9 次（包括咸丰三年的 1 次临雍）。"④自咸丰以后，经筵大典虽然退出了历史舞台，"但却为皇帝和皇太后专设有不同形式的'日讲'"⑤。

2. 谥号及其用字

满族入关后，清统治者仿照中原王朝的谥法制度，逐步仿效前朝创制了自己的谥法名号，这是其由地方民族政权逐步上升为国家统治政权的明显标志，也表明满族统治者为了适应统治需要逐渐接受中原儒家文化。

满族入关后，清代统治者就以身作则地承袭中原谥法文化，确立了以儒家的 gosin（仁）、hiyoošungga（孝）、gosingga（慈）、erdemu（德）等字为核心内容的帝后谥号体系，此乃学习和倡导儒家文化的重要表现之一。不仅如此，统治者还将这尊儒文化推广到所属臣僚的身上，并以此来评判臣僚的一生功绩。兹仅以清代宗室亲王的谥号用字为例，试说明清代统治者对儒家文化的倡导与接受。

清代统治者给予亲王的谥号用字含义主要集中于忠君尊礼、崇德尚仁、尽勤建功等几个方面。

---

① 陈东：《清代经筵制度研究》，博士学位论文，山东大学，2006。
② 陈东：《清代经筵制度研究》，博士学位论文，山东大学，2006。
③ 陈东：《清代经筵制度研究》，博士学位论文，山东大学，2006。
④ 陈东：《清代经筵制度研究》，博士学位论文，山东大学，2006。
⑤ 陈东：《清代经筵制度研究》，博士学位论文，山东大学，2006。

（1）崇德尚仁

仁是儒家思想的最高境界，想达到"仁"的境界就需要人民自身不断提升并完善自己的品德。清代亲王的谥号含义多集中于儒家的仁、德二字之上，如 hairacuka（怀）、hafuka（通）、yonggo（仪）、genggiyen（昭）、fulehun（惠）、fujurungga（懿）等。

hairacuka（怀），可爱的，可惜的。在谥号中，慈仁的且年纪轻轻便夭折的人曰怀。《御制清文鉴》解释 hairacuka 为：

hairaci acara jaka be，hairacuca sembi.（译：爱惜事物曰怀。）

hafu（通），一曰 hafuka hafu，本为穿、通、透之义。用作谥号，指做善事不停止的人，即行善无滞的人给谥曰通。

yongsu（仪），一曰 yonggo yongsu，本礼、礼仪、礼节、礼貌之义，后被用作谥号，指做善事守礼法的人，即善行足法曰仪。

erdemu（德），《御制清文鉴》解释为：

mujilen giyan be yongkiyaha，yabun doro de acanaha be，erdemu sembi.

（译：内心完备，符合品行称作德。）

从其解释可知，清代统治者已经深刻地理解了德的含义。在清代亲王的谥号中，也有尚德的体现。如 genggiyen（昭）、fulehun（惠）、temgetulehe（宪）、fujurungga（懿）、necihiyen（靖）、nemgiyen（温）。

genggiyen（昭）在《御制增订清文鉴》中有两个解释：

① banitai sure eiten babe hafu sarangge be genggiyen sembi.（译：天生聪明广博称作明。）

②"明（人部聪智类）；清；光明；封谥用语：文、昭。"

在谥号中，明德有功、容仪恭美曰昭（genggiyen）。

fulehun，《御制清文鉴》解释为：

gūnin gosingga berede amuran niyalama be fulehun sembi.（译：把仁义、恩惠给所爱的人称为恩惠。在谥号中，勤施无私曰惠。）

fujurungga，《御制清文鉴》解释为：

banin ambalinggū arbušara yangsangga be，fujurungga sembi.（译：天

203

性大方，威仪风采称作尊重。）

《御制增订清文鉴》解释 fujurungga 为："尊重（人部容貌类）；端庄；有风度；封谥用语：孝懿。"在谥号中，贤善著美曰懿。

除此之外，temgetulehe（宪，博闻多能、行善可纪）、toktobuha、necihiyen（靖，以德安众）、nemgiyen（温，德性宽和）等封谥词也是清代统治者崇仁尚德的反映。

（2）忠君尊礼

"仁"是儒家文化的核心，"礼"是其外在的表现，故而儒家文化也被称为礼文化。在封建社会里，"忠君"最大的表现就是"守礼"，即遵守封建社会的一切政治制度，故而在家天下的封建宗法制社会有"求忠臣于孝子之门"之说。儒家大力倡导这种"忠君守礼"的价值观念也为清代统治者所承袭，并反映在亲王的谥号用字上。如 gingguji（恪）、gungnecuke（恭）、olhoba（慎）、tondo（忠）、gulu（纯）hošonggo（端）、gingule（谨）、dorolon（履）、kimcikū（密）等语义上。

gingguji，《御制清文鉴》解释为：

yaya baita de olhoba niyalma be, gingguji sembi.（译：凡事谨慎者曰恪。）

在清代谥号中，温恭朝夕、威容端严曰恪。此字在清代亲王谥号中出现了 9 次，出现频次最高。另据学者统计，有清一代共有"9 位郡王均卒谥曰'恪'"[①]，由此可见清代统治者对臣子温恭朝夕的期望。

《御制清文鉴》解释 gungnecuke 为：

tob ginggun i arbun be, gungnecuke sembi.（译：正谨的样子称作恭。）

在清代谥号中，敬以事上、既过能改、尊贤敬让曰恭。

《御制清文鉴》解释 olhoba 为：

ajige mujilen i ginggulere be, olhoba sembi.（译：小心恭谨称作慎。）

在清代谥号中，夙夜敬畏曰慎。无论是恭还是慎，均充分体现了等级观念，体现了对君主的忠诚。在清代亲王谥号中，恭、慎二字出现 7 次，仅次于恪字。

[①] 程大鲲:《清代宗室贵族的封爵与谥号》,《兰台世界》1997 年第 4 期，第 39 页。

"忠"在女真文中读作"团朵"(tondo)[①]。满文 tondo(忠),《御制增订清文鉴》解释为:

amban oho niyalma unenggi gūnin i ejen be uilere be, tondo sembi.
(译:臣子有血缘般诚心侍奉主子,称作忠。)
在谥号中廉方公正、危身奉上称为 tondo(忠)。
gulu(纯)在《御制清文鉴》中有两个解释:
① yaya fiyan akū ilha akū suje be, gulu sembi.
(译:凡无颜色、无花的绸缎称为纯。)
② jabun tob tondo oilorgi fiyan be miyamirakū niyalma be, gulu sembi.
(译:行为端正,不装饰自己的。)

gulu 的本义是没有修饰装饰的东西,即朴素朴实之义,而在谥号中却引申为"中正和粹、安危一心",强调对主子原本的忠心,不得有丝毫的杂念。

hošonggo,《御制清文鉴》解释为:

muheliyen de bakcilaha gisun, duin durbejengge ba, hošonggo sembi.
(译:与圆相对,四方的地方称为方。)

hošonggo,在封谥用语中,守礼执义曰端。

gingule,在谥号中为谨,但谥中无确切的解释。《清代满蒙汉文词语音译对照手册》中"ginggulembi"为"敬亲""致敬",由此可推知 gigule 乃尊敬之义。

除此之外,olhošon 在《御制增订清文鉴》中的解释为:"敬人小心谨慎;封谥用语:僖。"hingsengge(憙,表里如一),一曰 hišengge。[②] unenggi(诚,肫笃无欺)、jirmin(厚,忠诚自植)、jiramin(质,朴实无华)、nomhon(良,小心敬事、竭忠无隐)等谥字皆体现了忠君守礼

[①] 金启孮编著《女真文辞典》,文物出版社,1984,第 115 页。
[②] 程大鲲:《清代宗室亲王之封谥》,《满语研究》1997 年第 2 期,第 36 页。

的观念。

不仅如此，亲王的赐号用字也反映了"忠君尊礼"的观念，如 dorolon dao cin wang（履端亲王）、dorolon lingge cin wang（礼烈亲王）中的 dorolon（履、礼）和 kimcikū cin wang（密亲王）中的 kimcikū（密）等字。

dorolon 乃礼、礼仪、典礼、仪式之义。《御制清文鉴》解释为：

doro yoso acaben yangse be toktobufi, niyalma gingguleme dahame yaburengge be dorolon smebi. luwe ioi bitehede, kumun towan cihyan daile, abakai jui ci tucimbi sehebi.（译：迎接人时的样子，把施教称为礼。《论语》："礼乐征伐自天子出。"）

另外，仁义礼智的礼。dorolon 用作封谥语，纳民轨物曰礼。

kimcikū 乃"详察的，省察的，谨慎的，冷静的"之义。《御制清文鉴》解释为：

yaya baita de dulemšerkū kimcire mangga niyalma be, kimcikū sembi.（译：凡事认真仔细曰密。kimcikū 用作封谥语，思虑详慎曰密。）

3. 倡和祈顺

"尊礼"仅是封建社会等级制度的外在体现，等级制度虽然规定了社会各个阶层的行为边界，但各阶层间是相互联系的，为了避免各阶层间矛盾的尖锐化，儒家从精神角度提出了"礼之用，和为贵"。由此，外在的制度化的"礼"和内在的精神化的"和"达到了刚柔相济的内外统一。社会的稳定是历代统治者所期望的，儒家所倡导的和顺观念也是清代统治者所企盼的，这些观念也在亲王谥号上有所体现，如 ambalinggū、tob、elgiyen（庄）、hūwaliyasun（和）、elhe（安）、ijishun（顺）、fulu（裕）等词。

ambalinggū 乃"大方"之意。《御制增订清文鉴》解释为：

① beye amba cira fiyangga bime, ujen fisin niyalma be ambalinggū sembi.（译：风貌魁伟，稳重之人称作大方。）

② yabun banin doronggo yangsangga be ambalinggū sembi.（译：风

姿堂堂，庄重有文采称作大方。）

elgiyen（庄），《御制清文鉴》解释为：

labdu fulu be，elgiyen sembi.geli elgiyen tumin seme hobofi gisurembi fencen dabun sere gunin.（译：多足称作宽裕，另外，希望连续不断的丰收，共同富裕。）

其中 fencen dabun 在《御制清文鉴》中的解释为：

yaya fulu elgiyen be hendum bihede，fencen daben sembi.（译：共同富裕。）

elgiyen 在《御制增订清文鉴》中的解释为："宽裕（人部富裕类）、封谥用语：裕。"

在清代谥号中，ambalinggū、tob、elgiyen 译为庄，履正志和者曰庄。

elhe 在谥号中译为安，和好不争曰安。《御制清文鉴》解释 elhe 为：

yaya hūdun akū manda be, elhe sembi.（译：不快的，慢的。）

geli elhe alahai seme holbofi gisorembi.（译：不断问安。）

ašašara arbušara nesuken i arbun.（译：动挪平和的样子。）

elhe 在《御制增订清文鉴》中有两个义项分别为：

①安、缓、封谥用语：康。

② tacihiyan wen ambarame selgiyebufi，gubci ba enteheme toktoho，sunja hacin i jeku ambula bargiyafi，banjire irgen hethe de sebjelere be，elhe sembi.（译：宣教化，天下永定，五谷丰收，民足乐，称作安。）

fulu 在谥号中译为裕，宽和自得曰裕。在《清代满蒙汉文词语音义对照手册》中，fulu 有"优长、指头套、有余"几个义项。①

不仅如此，亲王的赐号用字也反映了"倡和祈顺"的观念，如 dahašūn cin wang（顺亲王）中的 dahašūn（顺）和 giyangga kimciko cin wang（理密亲王）中的 giyangga（理）等字。

dahashūn，顺。《御制清文鉴》解释为：

---

① 江桥整理《清代满蒙汉文词语音义对照手册》。

ama eme ungga ursei tacibuha joriha geisun be jurceraku dahameyabure be，dahashūn sembi.（译：不违背父母等长辈们的教导，唯命是从曰顺。）

giyangga，有理的，其是 giyan 的关系形容词形式。其中 giyan 在《御制清文鉴》中的解释为：

doro juregan i lak seme acanara babe，gansembi.（译：道义适中的、恰到好处的地方。）

4. 尽勤建功

清代统治者不仅期望臣子能够恪守礼仪、尽忠君主，而且还期望臣子能够尽勤建功。这些期望在给予亲王的谥号中亦有所体现，如 dasaha（修）、kicebe（勤）、kengse、dacun（毅）、fašangga（襄）、horonggo（武）等。

dasaha 乃是 dasambi 的一般过去时形式，被用作谥号。dasambi 有"治、改正、改正、整围、医治"[1]等诸多义项。由 dasanmbi 的义项可知，dasanmbi 最初应该是用于狩猎之时调整围猎方式用的，而后来逐渐演变为政治、文学上的改正和医学上的医治。在谥号中，克勤事业曰修（dasaha），夙夜匪懈曰勤（kicebe）。在清代亲王谥号中出现 4 次，频次较高。

dacun，《御制清文鉴》解释为：

yaya jeyengge jaka be lekfi sacire faitarade dara sain ninggebe dacun sembi.bata sita de ušan fašan akū，yabun gisun dekengse laša be dacun sembi. geli yaya jeyengge geli gurguguibure sain be inu gala dacun.seme gisurembi.（译：一切磨得锋利的，拦腰斩断的东西；对于事物不牵扯精力，行为言语果断；另外，一切锋利的东西；还有射中动物，手段敏捷的称为果。）

在谥号中，致果克敌、强而能断曰毅（dacun、kengse）。

---

[1] 江桥整理《清代满蒙汉文词语音义对照手册》。

《清代满蒙汉文词语音义对照手册》将 faššangga 解释为"有功业的"。fašan,"功业"。在谥号中,甲胄有劳曰襄(fašangga)。

horonggo,《御制清文鉴》解释为:

horon bisirengge be, horonggo sembi. luwen ioi bithede, hargašaci horonggo sehebi.(译:存在威力的曰威武。)

除上述所述,horonggo(武)、gungge(烈)、ulhisu、kicebe(敏)也都是赞扬臣子建功立业的谥号。

由此可见,有清一代的帝后及亲王的谥号主要集中于孝、仁、慈、德、忠、礼、勤、和、顺等词上,这些词恰恰是儒家文化的内核、汉民族文化的基调,这些名号的用字充分反映了满族入关前后随着社会环境的变化价值观念的变迁。正如某些学者所言,"一个时代有一个时代的文化发展,有一个时代的道德观念。时代变了,政治取向变了,它的文化内涵、道德观念也就会发生变化,与此相适应的词义在意义和色彩上也就会随之发生相应的变化"[1]。

第三节 故宫满文门匾语义变迁

北京故宫与沈阳故宫在中国宫殿建筑史上占有重要地位,堪称宫殿建筑群中的精品。两故宫不仅是中国王朝宫殿建筑传承发展的载体,更是中华民族文化交融演进的见证。而沈阳故宫为清太祖努尔哈赤与清太宗皇太极所建造的宫殿,充分体现出民族文化特色。两故宫的满文门匾从形式到内容,都蕴含着深厚丰富的民族文化特色与民族语言文化接触交融的发展变迁轨迹。

沈阳故宫与北京故宫的满文门匾是满族文化的一种外在表现形式,同时这种表现形式更蕴含着丰富的文化内涵,是满族文化传承变迁的生动载体。沈阳故宫与北京故宫中的满文门匾在文字译写与形式上有所差异,

---

[1] 苏新春:《文化的结晶——词义》,吉林教育出版社,1994,第19页。

探究其差异与变化原因,可见满族入关前后在文字表述方面发生的改变与民族文化心理、文化模式发展变迁的内在深层关系。

一 沈阳故宫与北京故宫门匾特色

清代对宫殿门匾十分重视,必须请旨奏办并且焚香恭拜。据《乾隆钦定大清会典则例》记载:"顺治十二年,又定:修造宫殿、竖柱、上梁、合龙门,悬匾,均请旨,遣大臣祭告。需用红花,户、工二部支给。"①清代的殿名多由皇帝亲自题写,牌面上多有皇帝御笔的钤印。据《武英殿镌刻匾额现行则例》载:"御笔匾额用粉油青色,其金字需用金箔,一个尺八寸金字,需金箔五百八十八张。"匾额形式多样,以北京故宫为例,就有如意云纹斗匾,见于乾清宫、坤宁宫、武英殿等主要宫殿;浮雕九龙斗匾,见于奉先殿、宁寿门、养性殿、体和殿等;浮雕七龙斗匾,见于储秀宫、翊坤宫、太极殿、景祺阁等;浮雕五龙斗匾,见于延趣楼、竹香馆等;浮雕四龙斗匾,具有此匾的有养心殿、建福宫、漱芳斋等处。

沈阳故宫与北京故宫匾额上的文字起初均为满、蒙、汉三种,此形式在沈阳故宫中体现了意在联络蒙古,加强统治基础。清军入关后,为了昭示满族对全国的统治,统治者在对紫禁城的修缮与改建中同样在匾额上同时使用三种文字。然而在顺治十三年十二月二十四日(1657年2月6日),顺治皇帝颁旨:"太庙牌匾停书蒙古字,止书满汉字。"②继而于顺治十四年正月初十,"工部奏言'各坛庙门上匾额,或从太庙例,去蒙古字,止书满汉字'"③。顺治皇帝此举意在维护其宠妃董鄂氏的地位,使其免受其他蒙古后妃的排挤。自此,沈阳故宫与北京故宫建筑的匾额几乎均为满汉文合璧,但也有例外,如北京故宫外西路区域的慈宁门匾额,依旧为满、蒙、汉三种文字题写,其蒙古文得以保留是因为此处为顺治帝的母亲、身为蒙古族人的孝庄文皇后的寝宫。与之类似,沈阳故宫的文德坊与武功坊的匾额亦为三种文字书写。除此,北京故宫的太和殿、中和殿、

---

① 《乾隆钦定大清会典则例》卷126。
② 《清世祖实录》,中华书局,1985,第821页。
③ 《清世祖实录》,第826页。

保和殿、午门、东华门、西华门等宫门上的匾额仅用单一的汉文书写。究其原因，是清末宣统帝退位后，根据《优待条件》仍居宫禁，故宫南部三大殿等外朝部分交给民国政府，袁世凯窃取了辛亥革命的果实，复辟帝制，为平息民众愤懑，将外朝宫殿、宫门上的满文统统去掉，以示反清。

二 沈阳故宫与北京故宫满文门匾差异

虽然沈阳故宫与北京故宫多数匾额文字为满汉合璧，但在译法上与书写形式上却存在较大差异。

1. 译法差异

沈阳故宫的满文匾额译法大多为意译或者意译兼借汉文音译，仅有极少一部分为汉文音译。

沈阳故宫东路的大政殿为早期建筑，其作为沈阳皇宫内举行重大活动最庄严神圣之所，如皇帝即位、宣布军令、颁行政令、举行国宴等重要仪式皆行于此。大政殿匾额上的满文为 amba dasan i diyan。其中 amba 义为大小之大，dasan 义为政治，diyan 即汉语借词"殿"。还有定名于崇德元年（1636）的大清门，其匾额上的满文为 daicing duka，daicing 即汉语借词"大清"，duka 即门之义。可见大政殿和大清门之满文匾额均为意译兼借汉文音译。与之相似，崇政殿为 wesihun dasan i diyan。wesihun 意为高贵，dasan 意为政治，diyan 即殿；清宁宫为 genggiyen elhe gung，其中 genggiyen 有明亮、清静之意，elhe 有太平、安宁之意，gung 即汉语借词"宫"。衍庆宫为 hūturi badaraka gung，意为"扩大的、滋生的，有福气的宫"。永福宫为 enteheme hūturingga gung，意为"永远的、有福气的宫"。另外还有继思斋（cibtui gūnihangga jai）、迪光殿（ijishūn i eldere diyan）、崇谟阁（bodogon be wesihulere g'o）、文溯阁（šu songko asari）、霞绮楼（boconggo tugi i taktu）、师善斋（sain be alhūdara jai）、日华楼（eldengge šun i taktu）、太庙门（taimiyoo duka）等，均为此种译制形式。相反的，沈阳故宫中满文匾额单纯为汉文音译的可谓是凤毛麟角，仅有凤凰楼（fung hūwang leo）、关雎宫（guwan jioi gung）、麟趾宫（lin jy gung）、翔凤阁（siyang fung g'o）寥寥几处。

相较于沈阳故宫，北京故宫中的满文匾额音译的数量要远远多于意译，其大量运用了汉语借词，如乾清宫（kiyan cing gung）、坤宁宫（kun ning gung）、交泰殿（giyoo tai diyan）、景阳宫（ging yang gung）、钟粹宫（jung ts'ui gung）、体和殿（ti ho diyan）、奉先殿（fung siyan diyan）、螽斯门（jung sy men）、承光门（ceng guwang men）、万春亭（wan cun ting）、颐和轩（i ho hiyan）、咸和右门（hiyan ho io men）、苍震门（ts'ang jen men）、凝祥门（ning siyang men）、绛雪轩（giyang siowei hiowan）、储秀宫（cu sio gung）、景祺阁（ging ki g'o）、景运门（ging yūn men），诸如此类，不胜枚举。而其意译匾额，仅有皇极殿译为 amba ten deyen，意思是"大""极""殿"；御书房，写作 han i bithei boo，han 意为"汗"，即皇帝，bithe 意为书，boo 意为房屋。另有宁寿门（nikton jalafungga duka）、锡庆门（urgun isabura duka）、重华门（dabkūri eldengge duka）、诚肃殿（unenggi ginggun deyen）以及履顺门（fehun ijishūn duka）、体元殿（ikengge be dursurere deyen）、长春宫（forgon enteheme obure gung）、斋宫（targara gung），屈指可数。

2. 译法差异形成原因探析

沈阳故宫与北京故宫满文匾额的译法存在如此大的差异，与历史文化背景密切相关。

沈阳故宫始建于天命、天聪与崇德年间，匾额的命名也多形成于此。此时的满族统治者虽已逐步吸收汉文化，但这需要漫长的过程，在这期间，仍保存着原有民族文化特色，用词形象直白，不似汉文深蕴内涵。如崇政殿、清宁宫、大政殿等，此类名称可直接运用满文意译，较为方便。沈阳故宫中还有一些宫殿，为乾隆时期改建增修，即便此时满文已发生了一些改变，且同一时期的北京故宫已出现大量音译满文匾额，较多地运用了汉语借词，但乾隆皇帝遵循祖制，"敬天法祖"，使沈阳故宫后期建筑匾额上的满文仍多为意译。即便如此，沈阳故宫中仍有少量音译满文匾额，探其成因，主要在于汉文化与满文化的差异。如凤凰楼中的"凤凰"一词，是汉族文化传说中的百鸟之王，常用来象征祥瑞。由于满族传统文化中无"凤凰"之传说，满文中自然也没有与"凤凰"对应的词语，故只能用音译来题写匾额。同此，翔凤阁亦是如此。此外，关雎宫中的"关雎"一词，取自《诗经·国风》："关关雎鸠，在河之洲。窈窕淑女，君子好逑。"① 在《诗经》的满文翻译中，此诗译作：

guwendure　guwendure　jirgio　birai　jubki de　bimbi,
鸟的鸣叫声　的鸣叫声　雎鸠　河的　洲　　在

fujurungga ambaling gūmergen sargan jui,
有风采的　雄伟　聪慧　女　孩

ambasa saisa i sain holbon.
贤者的　好　　配偶

由此可见，此诗的满文翻译仅能诠释其字面含义，而文中意境的烘托及人物内心的情感表达却无法完整再现。《毛诗序》中将"关雎"释为"歌咏后妃之德"。皇太极以"关雎"命名宫殿，表达了他对屋主人宸妃海兰珠的无限爱恋以及对其高尚品德的颂赞。而满文的意译无法表达皇太极的内心情感，故而完全采用汉文音译。与之类似，还有麟趾宫中的"麟趾"一词。麟即麒麟，是传说中的一种仁慈之兽。趾即足，有趾为足，无趾为蹄。在《诗经·国风·周南》中的《麟之趾》中曰："麟之趾，振振公子，于嗟麟兮！"② 后以麟趾喻指善良、仁德之人并有祥瑞之意。因此，为了更加完善地表达其意蕴，此满文的译法为音译。综上因素，汉文化与满族文化的差异反映在沈阳故宫满文匾额上则是意译多于音译。

"随着满族入关建立统治，满汉族的交融更加密切广泛。满族在政治上虽然处于统治地位，但在经济、文化以及语言上都受到汉族更为强烈的影响，此乃历史发展必然规律所致。"③ 始建于明朝永乐年间的北京故宫，其满文匾额却多形成于满族入主中原后的顺治、康熙等时期。此时的匾额所书汉文多承袭明代，只是在固有的汉文旁加书满文，虽又经过重

---

① 程俊英译注《诗经译注》，上海古籍出版社，1985，第3页。
② 程俊英译注《诗经译注》，第19页。
③ 赵阿平：《满族语言与历史文化》，第176页。

建修葺,其形式也多同于此。同沈阳故宫满文匾额出现音译的原因相似,北京故宫汉文匾额也隐含着丰厚的汉文化内涵,如乾清宫的"乾清"二字,其"乾"为八卦之一,《易说卦》:"乾,健也。"① 又"乾为天,为圜,为君,为父"②。康熙帝在《乾清宫读书记》中写道:"夫乾为健,天得一以清,所贵执中而建极。"意为天永远运行不息。乾清宫承载了皇帝遵循天的法则、永清海内的美好希冀。而养心殿的殿额取自《孟子·尽心》:"养心莫善于寡欲。"③ 意在告诫皇帝思想修养的最高境界就是克制各种欲念,心要诚,意要敬。翊坤宫的名称源于《汉书·礼乐志》:"附而不骄,正心翊翊。"④ 翊意为敬也,坤即地也,翊坤为敬地之意。螽斯门的"螽斯"取自《诗经·国风》:"螽斯羽,诜诜兮。宜尔子孙,振振兮。"⑤ 螽斯即蝗虫,用蝗虫多子喻人的多子,来祝愿皇族多子多孙。诸如此类的文化内蕴很难用满文来意译。另外,北京故宫的一些汉文匾名是相互照应的,如乾清宫与坤宁宫、承乾宫与翊坤宫、吉祥门与如意门、日精门与月华门、澄瑞亭与浮碧亭、万春亭与千秋亭等等,皆对仗工整,相得益彰,不失为汉文化中的奇葩。如若用满文意译,是无法彰显其文学魅力的。纵使如此,北京故宫中仍存有少量满文意译的匾额,包括斋宫、宁寿宫等,而这些宫殿多用作祭祀斋戒、忆祖寻根,故使用满文意译,以保持本民族特色。

此外,形成于满族入关后的北京故宫满文匾额,相较于满族入主中原前沈阳故宫的满文匾额,其满文大量音译成汉文,或者说使用了大量的汉语借词的另一原因,在于满族自入关后,进一步扩大了与汉族的接触交流,两个民族的交往更加频繁密切。满族深知若要统治管理一个以历史悠久、经济发达的汉族为主体的国家,必须要取长补短,积极进取,吸收汉文化的先进之处;同时亦为了与汉民族友好相处,联络汉族官僚地主、

---

① 黄寿祺、张善文译注《周易译注·说卦》,上海古籍出版社,2007,第435页。
② 黄寿祺、张善文译注《周易译注·说卦》,第438页。
③ 陈器之译注《孟子通译》,湖南大学出版社,1989,第496页。
④ (汉)班固:《汉书·礼乐志第二》,上海古籍出版社,2003,第699页。
⑤ 程俊英译注《诗经译注》,第10页。

文人，以减少汉人的抵触情绪，扩大统治基础，缓和民族矛盾，维护社会稳定，从而使满族统治者在中原地区站稳脚跟，蓬勃发展。在向汉文化学习与借鉴中，满族不但吸纳了大量的汉语借词，而且还将其改造成了符合本民族语言规律的形式，使得满语文趋于丰富，日臻完善，能够适应社会发展。于是，在满语文中出现了大量的汉语借词，其中包括官职名称、行政区划名称等，自然，北京故宫的多数满文匾额也由此形成。

3.书写形式差异与形成原因

沈阳故宫与北京故宫的满文匾额在书写形式上也存在差异，即沈阳故宫的匾额几乎均为满文居左，汉文居右。而北京故宫则恰恰相反，多为汉文居左，满文居右。

形成这种差异的原因是，满文的书写是自左向右的，因而左为上，右为下。沈阳故宫中匾额的满文书于左侧，以凸显满族的尊贵。而北京故宫的满汉文顺序颠倒，正是揭示出此时满族已受到了汉族文化的较大影响。在汉族文化中，尤其是古代汉字，均是自右向左书写，因此右为上，左为下。虽然入关后的满族仍突出民族尊崇，维护自己的统治地位，继续重视"国语骑射"，但却将本民族的文字书于汉字的右侧，即依从汉文化中的重要位置，从中明显体现出满族文化在汉族文化潜移默化的影响下，难以摆脱汉文化的传统观念。

三 由两宫满文门匾差异看满族文化的变迁

沈阳故宫与北京故宫的满文匾额在译法与书写形式上均存有差异，从中我们可以看到满语文的发展变化，可以窥探出满族入关前后文化的变迁。

清初，满语文在社会生活中处于一种生机勃勃的状态。清太宗皇太极有云，"国家承天创业，各有制度，不相沿袭，未有弃其国语反习他国之语者"，"我国官名及城邑名俱当易以满语"[①]。此时的满语文得到广泛使用，大到记注政事、翻译汉文典籍、颁行历书，小到制作官衔及马主姓

---

① 《清世祖实录》卷18，第237页。

名的字牌。《啸亭杂录》载:"国初,满大臣不解汉语,故每部置启心郎一员,以通晓国语之汉员为之。"[①] 启心郎即为沟通语言者。同时此时期还鼓励满人学习汉语。然而这种情形未持续太久,满族入关定鼎中原后,认识到本民族文化不及汉族先进,同时也为了缓和民族矛盾,扩大统治范围,开始实行满汉文通行并用,包括表文、祝文、敕书、谕旨、牌匾、碑文、铸造印鉴及钱币等。满族统治者在此过程中,很快觉察到满语文在强大汉文化的影响下,逐渐被轻视。在这种意识下,统治者的民族意识被唤醒。从顺治帝始,因"习汉书入汉俗渐忘我满洲旧制",下令"永停其习汉字诸书,专习满书"[②]。康熙时期亦三令五申强调学习满语文,并编写大量学习满文的工具书。在如此巨大的努力下,满文也只与汉文平分秋色,难分伯仲。然而此景不长,时至雍正、乾隆朝,满语文地位逐渐衰落,有记载称,乾隆四十四年(1779),盛京地区"各处所用汉文者多,用满文者少,且能说满语之人仅十之一二"。此外,大臣的奏折、文书亦多用汉文。虽皇帝对此类情况屡加训斥,但也无力回天,满语文的衰微是清代社会发展的必然结果,沈阳故宫与北京故宫满文匾额差异正是这种结果的外在表现之一。

语言是文化的载体,客观反映出文化的发展变迁。因而满语文如实体现了满族文化的发展变迁,我们从中看到了满族入关前后的足迹。

在入关前,满族偏安一隅,相对封闭,即便有些许方面受到了汉文化影响,但仍难以撼动其鲜明的民族特性,因此其文化保持得较为完整;但当满族入主中原后,原本世居辽沈地区的大部分满族人亦"从龙入关",迁居至京畿地区,另有一部分满族人因八旗官兵驻防全国各要地而分解至全国各地,自此,相对封闭固定的整体被打散,形成了一种"大杂居,小聚居"的格局。满族人统一居住地开始散落,取而代之的是与其他民族杂处,这样,满汉语言文化持续接触交融,满族语言文化与历史悠久的汉文化相对,必将在汉文化的强势影响下受到潜移默化的浸染。再加之满

---

① (清)昭梿:《啸亭杂录》,中华书局,1980,第43页。
② 《清世祖实录》卷84,第658~659页。

族统治者深知若仅靠本民族力量去管辖幅员辽阔、人口众多的汉族及其他民族，是万分困难的。在安抚汉民、化解汉人的反抗情绪，联络汉族官僚地主、文人的过程中，满族人自然接受吸收了汉文化。因此，从主观与客观两方面来看，满汉文化相融合是历史发展的必然。从生产生计、衣食住行到官制礼乐、文字教育等，处处有所体现。满族统治者虽仍具有强烈的民族意识，竭力维持"国语骑射""旗民有别"，维护祖制，但同时也主张满汉相互学习文化，希图在保持本民族固有文化特色的同时，吸收汉文化精髓，以巩固统治，实现长治久安。

虽然入关后的满族文化相比之入关前，受到了汉文化较为广泛与深远的影响和渗透，但满族统治者并没有故步自封，因循守旧，强迫汉民族及其他民族学习满语文，应用满语文，实行文化专制。满族统治者积极进取，锐意改革，以一种豁达、积极向上的姿态吸收汉文化的精华，呈现出文化变革。但总体观之，这并不是满族文化发展的停滞与衰落，而是其为了顺应历史进程，适应新的历史形势，使自身更好地生存、进步与发展而做出的积极调整，使之汲取精华，更为丰富繁荣。更为重要的是，满族文化在变革中，始终没有脱离中华民族主体，始终承认自身是中华文明中的一分子，始终保持着中华民族一体的格局。满族文化在外界与自身因素的作用下，在以满文化为主体的多民族文化融汇中，发展进步，从而成为中华民族灿烂文明中的一颗明珠。

主要参考文献

一 历史档案著述类

（清）阿桂等：《满洲源流考》，乾隆四十二年殿版刻本，辽宁民族出版社，1988。

《白塔信炮章程》，嘉庆朝，武英殿刻汉满文合璧本。

（清）曹雪芹：《红楼梦》，人民文学出版社，2008。

（晋）陈寿撰，裴松之注《三国志》，中华书局，1959。

（清）崇彝：《道咸以来朝野杂记》，北京古籍出版社，1982。

道光朝《明兴阿等奏折》。

杜文凯编《清代西人见闻录》，中国人民大学出版社，1985。

（清）鄂尔泰等修《八旗通志·初集》，乾隆四年武英殿刻本，东北师范大学出版社，1985。

（宋）范晔撰，（唐）李贤等注《后汉书》，中华书局，1965。

（清）方式济：《龙沙纪略》，《龙江三记》，黑龙江人民出版社，1985。

（唐）房玄龄等：《晋书》，中华书局，1974。

（清）福格：《听雨丛谈》，汪北平点校，中华书局，1984。

（清）富察敦崇：《燕京岁时记》，北京古籍出版社，1981。

（清）富俊辑《续编兼汉清文指要》，嘉庆十四年三槐堂刻本。

（清）高士奇：《扈从东巡日录》，李澍田《长白丛书初集》，吉林文史出版社，1986。

《高宗纯皇帝实录》，中华书局，1985。

关嘉录、修永功、关照宏译《天聪九年档》，天津古籍出版社，1987。

光绪朝《大清会典事例》,中华书局,1991年影印本。

光绪朝《锡伦折》,复印本。

(清)何刚德:《春明梦录》,上海古籍出版社,1983。

贺长龄等编《清经世文编》,中华书局,1992。

(清)弘昼等:《八旗满洲氏族通谱》,乾隆九年武英殿刻本,辽海书社,2002年影印本。

(宋)洪皓:《松漠纪闻》,李澍田主编《长白丛书初集》,吉林文史出版社,1986。

季永海、刘景宪译编《崇德三年满文档案译编》,辽沈书社,1988。

(清)蒋良骐:《东华录》,中华书局,1980。

金毓黻主编《辽海丛书》(1~5册),辽沈书社,1985年影印本。

《康熙起居注》,中华书局,1984。

康熙朝《满汉合璧西厢记》,康熙四十九年刻本。

康熙朝《同文广汇全书》,康熙四十一年听松楼藏版。

孔晁注《逸周书》,中华书局,1991。

(清)来保等奉敕撰《平定金川方略》,乾隆十三年刻本,复印本。

(宋)李昉等:《太平御览》,中华书局,1960。

李洵等点校《钦定八旗通志》,吉林文史出版社,2002。

(唐)李延寿:《北史》,中华书局,1974。

辽宁省档案馆、辽宁社会科学院历史所编《明代辽东档案汇编》,辽沈书社,1985。

辽宁省档案馆译《盛京内务府粮庄档案译编》,辽沈书社,1993。

(清)刘献廷:《广阳杂记》,中华书局,1957。

(后晋)刘昫等:《旧唐书》,中华书局,1977。

马甫生等标校《八旗文经》(标点本),辽宁古籍出版社,1988。

《卖柑者言》,复印本。

《满汉合璧古文观止》,新疆人民出版社,1988。

《满蒙汉合璧教科书·尚勇》,复印本。

《满蒙汉三合教科书·徐偃王》,宣统元年刻本。

（宋）欧阳修、宋祁：《新唐书》，中华书局，1975。

潘喆、李鸿彬、孙方明编《清入关前史料选辑》第三辑，中国人民大学出版社，1991。

潘喆、李鸿彬、孙方明编《清入关前史料选辑》第一辑，中国人民大学出版社，1984。

潘喆、孙方明、李鸿彬编《清入关前史料选辑》第二辑，中国人民大学出版社，1989。

（清）蒲松龄著，扎克丹译，永志坚校注《满汉合璧·聊斋志异选译》，新疆人民出版社，1993。

《清朝文献通考》，浙江古籍出版社，2000。

《清初史料丛刊》，辽宁大学历史系，1983年影印本。

《清会典》，中华书局，1991年影印本。

《清实录》，中华书局，1986。

《清世宗宪皇帝圣训》，光绪四年石印本。

《三国志》卷三，复印本。

《圣谕广训》，雍正二年官修本。

《师说》，复印本。

《水浒传》，满汉合璧稿本。

（清）萨英额：《吉林外记》，咸丰元年钞本，吉林文史出版社，1986。

（清）沈启亮：《大清全书》，康熙二十二年京师宛羽斋刻本。

（清）沈启亮辑《大清全书》，辽宁人民出版社，2008。

（汉）司马迁：《史记》，中华书局，1977。

（明）宋濂：《元史》，中华书局，1976。

同治朝《库克吉泰奏折》，满汉合璧复印本。

（清）图里琛：《异域录》，雍正元年刊行，复印本。

（清）图里琛著，庄吉发校注《满汉异域录校注》，1983。

（元）脱脱等：《金史》，中华书局，1976。

（元）脱脱等：《辽史》，中华书局，1974。

《太宗文皇帝实录》，中华书局，1985。

（清）万富辑著，凤山修订《重刻清文虚字指南编》二卷，光绪二十年京都隆福寺聚珍堂刻本。

（元）王实甫：《满汉合璧西厢记（锡伯文）》，永志坚整理，新疆人民出版社，1991。

王树楠等：《奉天通志》，东北文史丛书编辑委员会，1983。

（清）王先谦：《东华续录》，光绪十三年重刻本。

王锺翰点校《清史列传》，中华书局，1987。

王锺翰辑录《朝鲜〈李朝实录〉中的女真史料选编》，辽宁大学历史系，1979。

魏声和等编《吉林乡土志》，吉林文史出版社，1986年影印本。

（北齐）魏收：《魏书》，中华书局，1974。（北齐）

（清）魏源：《圣武记》，世界书局复印本，1936。

（清）温达等：《亲征平定朔漠方略》，康熙四十七年殿刻本。

（清）文康：《儿女英雄传》，三秦出版社，2007。

（清）邬黑：《出使交趾纪事》，康熙二十三年殿刻本。

吴晗辑《朝鲜李朝实录中的中国史料》（1~12册），中华书局，1980。

（清）吴振臣：《宁古塔纪略》，《龙江三记》，黑龙江人民出版社，1985。

（清）吴振棫：《养吉斋丛录》，中华书局，2005。

（清）舞格寿平：《清文启蒙》，雍正八年宏文阁刻本。

（清）西清：《黑龙江外记》，梁信义、周诚望注释，黑龙江人民出版社，1984。

（清）徐珂：《清稗类钞》，中华书局，1984。

（宋）徐梦莘：《三朝北盟会编》，上海古籍出版社，1987。

（清）徐宗亮等：《黑龙江述略（外六种）》，黑龙江人民出版社，1985。

（汉）许慎：《说文解字》，天津古籍出版社，1991。

（汉）许慎撰，（清）段玉裁注《说文解字注》（经韵楼藏版），上海古籍出版社，1981。

（清）玄烨敕撰《御制清文鉴》，清康熙四十七年武英殿刻本。

《雍正朱批谕旨》，故宫博物院，1987。

《御制五体清文鉴》，民族出版社，1957。

（清）杨宾：《柳边纪略》，《龙江三记》，黑龙江人民出版社，1985。

叶玉麟选注《国语》，商务印书馆，1934。

尹桑阿、王熙任：《大清会典》，清康熙二十九年内府刻本。

雍正朝《谕行旗务奏议》，复印本。

（宋）宇文懋昭撰，崔文印校证《大金国志校证》，中华书局，1986。

（清）允禄等奉敕修纂《钦定满洲祭神祭天典礼》，乾隆四十五年内府朱格抄本。

（清）札克丹译《择译聊斋志异》，道光二十八年刻本，光绪三十三年北京二酉堂翻刻本。

（清）长顺等修《吉林通志》，光绪二十二年刻本，吉林文史出版社，1986。

（清）昭梿：《啸亭杂录》，中华书局，1980。

（清）赵尔巽等：《清史稿》，中华书局，1977。

（清）震钧：《天咫偶闻》，古籍出版社，1982。

（清）志宽、培宽等编《清文总汇》，光绪二十三年荆州驻防翻译总学刻本。

"中央研究院"编《明实录》，台湾"中央研究院"语言研究所，1962。

中国第一历史档案馆、中国社会科学院历史研究所译注《满文老档》，中华书局，1990。

中国第一历史档案馆译编《清初内国史院满文档案译编》，光明日报出版社，1989。

中国人民大学清史研究所、中国第一历史档案馆译《盛京刑部原档》，群众出版社，1985。

中仁主编《雍正御批》，中国华侨出版社，1999。

中央研究院历史语言研究所编《明清史料（丙编）》，商务印书馆，1936。

中央研究院历史语言研究所编《明清史料（甲编）》，商务印书馆，1930。

中央研究院历史语言研究所编《明清史料（辛编）》，商务印书馆，1936。

中央研究院历史语言研究所编《明清史料（乙编）》，商务印书馆，1936。

《醉翁亭记》，满汉合璧复印本。

二 今人著作类

语言学类

季永海、刘景宪、屈六生:《满语语法》,民族出版社,1986。
刘景宪、赵阿平、赵金纯:《满语研究通论》,黑龙江朝鲜民族出版社,1997。
金启琮:《满族的历史与生活—三家子屯调查报告》,黑龙江人民出版社,1981。
爱新觉罗·瀛生:《满语杂识》,学苑出版社,2004。
赵阿平:《满族语言与历史文化》,民族出版社,2006。
赵阿平、朝克:《黑龙江现代满语研究》,黑龙江教育出版社,2001。
赵阿平、郭孟秀、何学娟:《濒危语言—满语、赫哲语共时研究》,社会科学文献出版社,2013。
戴庆厦主编《中国濒危语言个案研究》,民族出版社,2004。
戴昭铭:《文化语言学导论》,语文出版社,1996。
邢福义主编《文化语言学》(增订本),湖北教育出版社,2000。
徐世璇:《濒危语言研究》,中央民族大学出版社,2001。
丁石庆:《达斡尔语言与社会文化》,中央民族大学出版社,1998。
马清华:《文化语义学》,江西人民出版社,2006。
胡增益编著《鄂伦春语简志》,民族出版社,1986。
道布编著《蒙古语简志》,民族出版社,1983。
胡增益主编《新满汉大词典》,新疆人民出版社,1994。
安双成主编《汉满大辞典》,辽宁民族出版社,2007。
赵阿平:《论满语词的构成》,《满语研究》1989年第2期。
赵阿平:《论满语词汇的特点》,《满语研究》1990年第2期。
赵阿平:《满—通古斯语言与萨满文化(一)》,《满语研究》1997年第1期。
赵阿平:《满语词汇语义研究》,《西北民族研究》2015年第1期。
肖可:《满语同义词的辨析与运用》,《满语研究》1991年第1期。

赵阿平:《满语多义词与同音词的辨别及运用》,《满语研究》1991年第2期。
赵阿平:《满语情态动词语义研究》,《北方语言论丛》2013年第2期。
赵阿平:《满语语义文化内涵探析(四)》,《满语研究》1994年第2期。
赵阿平:《满语语义文化内涵探析(一)》,《满语研究》1992年第2期。
赵阿平:《满语中动物词语的文化含义(上)》,《满语研究》1995年第2期。
赵阿平:《满语中动物词语的文化含义(下)》,《满语研究》1996年第1期。
赵阿平:《试论满语词的组合类型》,《满语研究》1989年第1期。
赵阿平、石文蕴:《沈阳、北京两故宫满文门匾与满族文化发展变迁》,
　　《清前历史与盛京文化》2015年第7期。
赵志强:《八旗满汉称谓解读》,《满语研究》2006年第1期。
江桥整理《清代满蒙汉文词语音义对照手册》,中华书局,2009。
李树兰:《满语动词zhafambi的词义分析》,《满学研究》第3辑,民族出
　　版社,1996。
长山:《满语词源及文化研究》,社会科学文献出版社,2014。
祈美琴、强光美编译《满文〈满洲实录〉译编》,中国人民大学出版社,
　　2015。
斯钦朝克图:《蒙古语五畜名称与草原文化》,《论草原文化》(第六辑),
　　内蒙古教育出版社,2009。
綦中明:《从满语名号看清入关前后的文化倾向》,《黑龙江民族丛刊》
　　2015年第2期。
綦中明:《清代满语年号及其文化内涵》,《黑龙江民族丛刊》2016年第5期。
孙浩洵:《从清代中央行政官职机构词语看满汉文化关系》,《满族研究》
　　2012年第1期。
孙浩洵:《浅析八旗制度"niru"、"jalan"、"gūsa"的文化涵义》,《满族研
　　究》2013年第3期。
尹鹏阁:《努尔哈赤与满洲"aidagan"文化》,《兰台世界》2014年第27期。
郭贵春:《语义学研究的方法论意义》,《中国社会科学》2007年第3期。
何俊芳:《中国少数民族双语研究:历史与现实》,中央民族大学出版社,
　　1998。

〔美〕布龙菲尔德:《语言论》,袁家骅等译,商务印书馆,1985。

〔英〕简·爱切生:《语言的变化:进步还是退化?》,徐家祯译,语文出版社,1997。

〔瑞士〕索绪尔:《普通语言学教程》,高名凯译,商务印书馆,1980。

〔日〕细谷良夫:《清朝八旗制度的"gūsa"和"旗"》,《北京国际满学研讨会论文集》,1992。

历史学类

王锺翰:《清史补考》,辽宁大学出版社,2004。

王锺翰:《清史新考》,辽宁大学出版社,1997。

王锺翰:《清史杂考》,人民出版社,1957。

王锺翰主编《中国民族史》,中国社会科学出版社,1994。

孟森:《明清史论著集刊正续编》,河北教育出版社,2000。

孟森:《清史讲义》,广西师范大学出版社,2005。

孟森等:《清代野史》,中国人民大学出版社,2006。

郑天挺:《清史探微》,北京大学出版社,1999。

郑天挺:《探微集》,中华书局,1980。

金毓黻:《东北通史》,五十年代出版社,1981。

杨保隆:《肃慎挹娄合考》,中国社会科学出版社,1989。

干志耿、孙秀仁:《黑龙江古代民族史纲》,黑龙江人民出版社,1987。

孙进己等:《女真史》,吉林文史出版社,1987。

张博泉编著《金史简编》,辽宁人民出版社,1984。

戴逸主编《简明清史》,人民出版社,1984。

袁闾琨等:《清代前史》,沈阳出版社,2004。

李燕光、关捷主编《满族通史》,辽宁民族出版社,1991。

腾绍箴、腾瑶:《满族游牧经济》,经济管理出版社,2001。

腾绍箴:《努尔哈赤评传》,辽宁人民出版社,1985。

滕绍箴:《满族发展史初编》,天津古籍出版社,1990。

滕绍箴:《清代八旗子弟》,中国华侨出版公司,1989。

赵志强:《清代中央决策机制研究》,科学出版社,2007。

佟悦、陈峻岭:《辽宁满族史话》,辽宁民族出版社,2001。

《民族问题五种丛书》辽宁省编辑委员会编《满族社会历史调查》,辽宁人民出版社,1985。

其他类

〔俄〕史禄国:《北方通古斯的社会组织》,吴有刚、赵复兴、孟克译,内蒙古人民出版社,1985。

〔俄〕史禄国:《满族的社会组织——满族氏族组织研究》,高丙中译,商务印书馆,1997。

刘小萌:《满族从部落到国家的发展》,辽宁民族出版社,2001。

刘小萌:《满族从部落到国家的发展》,中国社会科学出版社,2007。

刘小萌:《满族的社会与生活》,北京图书馆出版社,1998。

刘小萌:《清代北京旗人社会》,中国社会科学出版社,2008。

庄孔韶:《人类学通论》,山西教育出版社,2002。

〔英〕爱德华·B.泰勒:《人类学——人及其文化研究》,连树声译,广西师范大学出版社,2004。〔英〕马林诺夫斯基:《巫术科学宗教与神话》,李安宅译,中国民间文艺出版社,1986。

〔美〕莫尔根:《古代社会》,杨东莼、张栗原、冯汉骥译,生活·读书·新知三联书店,1957。

〔美〕史蒂文·瓦戈:《社会变迁》(第5版),王晓黎等译,北京大学出版社,2007。

〔美〕克莱德·伍兹:《文化变迁》,施惟达、胡华生译,云南教育出版社,1989。

张佳生主编《中国满族通论》,辽宁民族出版社,2005。

金启孮:《北京郊区的满族》,内蒙古大学出版社,1989。

爱新觉罗瀛生:《老北京与满族》,学苑出版社,2005。

常人春:《老北京的穿戴》,北京燕山出版社,1999。

定宜庄:《清代八旗驻防制度研究》,天津古籍出版社,1992。

赵展:《满族文化与宗教研究》,辽宁民族出版社,1997。

支运亭主编《八旗制度与满族文化》,辽宁民族出版社,2002。

张杰、张丹卉:《清代东北边疆的满族(1644—1840)》,辽宁民族出版社,2005。

关纪新:《老舍与满族文化》,辽宁民族出版社,2008。

富育光、孟慧英:《满族萨满教研究》,北京大学出版社,1991。

完颜佐贤编著,于岱岩校订《康乾遗俗轶事饰物考》,内蒙古大学出版社,1990。

王纲:《清代禁酒政策论》,《文史杂志》1991年第1期。

王宏刚、富育光编著《满族风俗志》,中央民族学院出版社,1991。

王宏刚、于晓飞:《大漠神韵——神秘的北方萨满文化》,四川文艺出版社,2003。

王禹浪:《金代黑龙江述略》,哈尔滨出版社,1993。

祁美琴:《试释满洲包衣》,《中央民族大学学报》1995年第3期。

王孝华:《金代女真人与酒》,《北方文物》2007年第3期。

范俊卿:《清代扳指小议》,《上海工艺美术》2008年第1期。

(清)高士奇:《扈从东巡日录》,陈见微点校,吉林文史出版社,1986。

何明、吴明泽:《中国少数民族酒文化》,云南人民出版社,1999。

高玉蕾:《女性詈语"蹄子"小探》,《语文学刊》2011年第3期。

郭福金:《法特地名小考》,《吉林师范学院学报》(哲学社会科学版)1984年第4期。

姚伟钧:《中国传统饮食礼俗研究》,华中师范大学出版社,1999。

张宏源:《清代皇帝的朝服》,《紫禁城》1991年第3期。

杨泓:《扳指与火药袋——艺术品的前世今生》,《紫禁城》2008年第2期。

奇文瑛:《满-通古斯语民族鹿崇拜钩沉》,《中央民族大学学报》(哲学社会科学版)2005年第4期。

韩有峰编著《鄂伦春族风俗志》,中央民族学院出版社,1991。

傅英仁搜集整理《满族神话故事》,北方文艺出版社,1985。

黑河市地方志编纂委员会编《黑河地区志》,生活·读书·新知三联书店,

1996。

黑龙江省文史研究馆编《黑土金沙录》,上海书店,1993。

黑龙江省文物考古队:《密山县新开流遗址》,《考古学报》1979年第4期。

胡朴安:《中华全国风俗志·吉林·宁古塔风俗杂谈》,九州出版社,
　　2007。

李华编《明清以来北京工商会馆碑刻选编》,文物出版社,1980。

《牡丹江文史资料》第七辑《宁古塔满洲谈往录》,1992。

《孙吴县志》编纂委员会办公室编《孙吴县志》,黑龙江人民出版社,
　　1991。

逊克县地方志编纂委员会编《逊克县志》,黑龙江人民出版社,1991。

阎景全:《黑龙江省阿城市双城村金墓群出土文物整理报告》,《北方文物》
　　1990年第2期。

傅英仁搜集整理《满族神话故事》,北方文艺出版社,1985。

杨锡春:《满族风俗考》,黑龙江人民出版社,1988。

后 记

本专著为国家社会科学基金项目"满语词汇语义研究"（批准号：13BYY129）的最终成果，也是由香港大学与黑龙江大学合作、香港意得集团资助的项目成果。本专著在多方关切指导与大力支持下，历经十年艰辛探索于今付梓，我们深感荣幸。在此之际，由衷感谢所有给予我们亲切关怀指导、鼎力支持相助的各位恩师专家、益友同人、族胞亲人们。本项目研究参考引用了古今中外诸多有关文献资料，各位编著者是我们敬佩的良师益友，在此一并致谢。

本项目在本人多年对满语词汇语义及文化探讨研究的基础上，获得国家社会科学研究基金项目立项后，由本人带领学生们持续系统深化研究，在指导学生探讨研究内容的过程中，选取一部分纳入本专著。

绪　论（赵阿平）

第一章　满语词汇语义概论（赵阿平）

第二章　满语词汇特点（赵阿平）

第三章　满语词汇语义辨析（赵阿平）

第四章　满语八旗制度词语文化语义（赵阿平）

第五章　满语饮食服饰词语文化语义（尹鹏阁）

第六章　满语动物词语文化语义

第一节　野猪类词语文化语义（尹鹏阁）

第二节　鹰类词语文化语义（赵阿平）

第三节　鹿类词语文化语义（尹鹏阁）

第四节　犬马词语文化语义（赵阿平）

第五节　蛇虎豹词语文化语义（赵阿平）

第七章　满语词汇语义发展变迁
第一节　政治制度词语语义发展（赵阿平、孙浩洵）
第二节　文化观念词语语义变迁（綦中明）
第三节　故宫满文门匾语义变迁（赵阿平、石文蕴）

后　记（赵阿平）

本项目的研究得益于黑龙江省满语研究所、黑龙江大学满族语言文化研究中心的良好学术氛围，尤其是多年来在黑龙江大学校领导的高度重视下，在有关部门的大力支持下，学科建设取得跨越式发展。本书作为重点研究项目纳入"满-通古斯语言文化研究文库"持续出版。

承蒙社会科学文献出版社的鼎力支持，特别是人文分社社长宋月华、总编辑李建廷，为本书的出版付出极大的努力与心血，在此诚致敬意与谢意。

本项目对满语词汇语义及文化的研究仅为总体工作的阶段成果，尚有诸多问题有待持续深化研究。满语词汇语义研究是满语基础理论研究的重点与难点，在此我还恳请各位主管领导与专家继续给予重视及指导支持。本项目研究存有不足之处，敬请方家学者赐教指正。

赵阿平 谨识
2020年12月于黑龙江大学

图书在版编目(CIP)数据

满语词汇语义及文化研究/赵阿平,尹鹏阁著. --北京:社会科学文献出版社,2021.11
ISBN 978-7-5201-9301-6

Ⅰ.①满… Ⅱ.①赵…②尹… Ⅲ.①满语-词汇-语义-研究②满语-词汇-文化研究 Ⅳ.①H221.3

中国版本图书馆 CIP 数据核字(2021)第 227739 号

满语词汇语义及文化研究

著　　者 / 赵阿平　尹鹏阁

出 版 人 / 王利民
责任编辑 / 李建廷
责任印制 / 王京美

出　　版 / 社会科学文献出版社
　　　　　　地址:北京市北三环中路甲29号院华龙大厦　邮编:100029
　　　　　　网址:www.ssap.com.cn
发　　行 / 市场营销中心(010)59367081　59367083
印　　装 / 三河市尚艺印装有限公司
规　　格 / 开　本:787mm×1092mm　1/16
　　　　　　印　张:15.25　字　数:225千字
版　　次 / 2021年11月第1版　2021年11月第1次印刷
书　　号 / ISBN 978-7-5201-9301-6
定　　价 / 128.00元

本书如有印装质量问题,请与读者服务中心(010-59367028)联系

▲ 版权所有 翻印必究